T0272315

Claridad mental

Julia Galef

Claridad mental

Por qué algunas personas
ven las cosas claramente
y otras no

OCEANO

CLARIDAD MENTAL
Por qué algunas personas ven las cosas claramente y otras no

Título original: THE SCOUT MINDSET. Why Some People See Things
Clearly and Others Don't

© 2021, Julia Galef

Fotografía en la página 150 de Myles McDonald. Used with permission.

Traducción: Aridela Trejo

Diseño de portada: Cristóbal Henestrosa
Fotografía de la autora: © Eric Chisholm

D. R. © 2022, Editorial Océano de México, S.A. de C.V.
Guillermo Barroso 17-5, Col. Industrial Las Armas
Tlalnepantla de Baz, 54080, Estado de México
info@oceano.com.mx

Primera edición: 2022

ISBN: 978-607-557-469-1

Impreso en México / Printed in Mexico

Para Luke, el mejor centinela del mundo

ÍNDICE

INTRODUCCIÓN

Cuando piensas en alguien con excelente juicio, ¿qué rasgos se te ocurren? Tal vez inteligencia, ingenio, valor o paciencia. Son virtudes admirables, pero hay un rasgo que se ignora y debería estar en primer lugar de la lista, pero ni siquiera tiene nombre.

Así que le puse *mentalidad centinela*, es decir, *la motivación para ver las cosas como son, no como te gustaría que fueran.*

La mentalidad centinela te permite reconocer cuando te equivocas, identificar tus puntos débiles, poner a prueba tus suposiciones y cambiar el rumbo. Te motiva a plantearte preguntas honestas como: "¿Tuve la culpa en esa discusión?", "¿Vale la pena correr este riesgo?", "¿Cómo reaccionaría si alguien del otro partido político hiciera lo mismo?". Como decía el físico Richard Feynman: "El primer principio es que no debes engañarte, y toma en cuenta que eres la persona más fácil de engañar".

Nuestra capacidad para engañarnos fue un tema popular entre 2000 y 2010. Medios de comunicación y libros como *How We Know What Isn't So* (Cómo sabemos lo que no es), *Why People Believe Weird Things* (Por qué la gente cree cosas extrañas), *Mistakes Were Made (But Not by Me)* [Los errores que cometemos (pero yo no)], *You Are Not So Smart* (No eres tan inteligente), *Denialism* (Negacionismo), *Why Everyone (Else) Is a Hypocrite* [Por qué todos (los demás) son hipócritas], *Las trampas del deseo* y *Pensar rápido, pensar despacio* pintaron una imagen poco halagadora del cerebro humano, diseñado para engañarnos: racionalizamos nuestros errores y defectos para excusarnos. Nos gusta ilusionarnos. Elegimos la evidencia que confirme nuestros prejuicios y respalde nuestras creencias.

Esta descripción no está mal, pero le falta algo.

Sí, con frecuencia racionalizamos nuestros errores, pero a veces también los reconocemos. Cambiamos de opinión menos de lo que deberíamos, pero más de lo que podemos. Somos criaturas complejas, a veces nos ocultamos la verdad y otras veces la afrontamos. Este libro aborda el lado menos explorado de la moneda, cuando no nos engañamos y podemos aprender de esos aciertos.

Este libro comenzó en 2009 cuando dejé la universidad para dedicarme a un proyecto que me apasionaba y terminó convirtiéndose en mi carrera profesional: ayudar a los demás a resolver preguntas difíciles en sus vidas personales y profesionales. Al principio, imaginé que demostrar que estos temas en la vida cotidiana implicaría conocimientos de probabilidad, lógica y sesgos cognitivos. Pero luego de años de organizar talleres, leer ensayos, hacer consultorías y entrevistar a la gente, caí en cuenta de que el razonamiento no era el antídoto universal que había creído.

Ser consciente de la necesidad de examinar nuestras suposiciones no mejora el juicio en automático, como no mejora la salud saber que es necesario hacer ejercicio. Elaborar una lista de prejuicios y falacias no es útil, a menos que sepas reconocerlos en tu propia manera de pensar. La lección más grande que aprendí es algo que la ciencia ha confirmado y que veremos en este libro: el conocimiento no limita el juicio tanto como la actitud.

Esto no quiere decir que yo sea un modelo de la mentalidad centinela, dicho sea de paso. También racionalizo mis errores; evito afrontar los problemas, ante las críticas respondo a la defensiva. Más de una vez mientras trabajaba en este libro, me di cuenta de que había desperdiciado una entrevista porque había dedicado ese tiempo a convencer a mi entrevistado de la validez de mi tesis, en vez de procurar entender su punto de vista (no se me escapa la ironía de mi estrechez de miras en una entrevista sobre amplitud de miras).

Pero he mejorado, y tú también puedes hacerlo; es el objetivo de este libro. Mi enfoque tiene tres ángulos.

1. LA VERDAD NO INTERFIERE CON TUS OBJETIVOS

Muchos se niegan a ver la realidad fielmente porque creen que es un obstáculo para sus objetivos: si quieren ser felices, exitosos e influyentes es mejor verse a sí mismos y al mundo a través de una lente distorsionada.

Cuando escribí este libro uno de mis objetivos era desmitificar ciertas ideas. Existen muchos mitos sobre el autoengaño, y algunos han sido obra de científicos prestigiosos. Por ejemplo, quizás has leído algún artículo o libro que argumenta que "estudios demuestran" que el autoengaño es parte de la salud mental y que ver el mundo desde una óptica realista fomenta la depresión. En el capítulo 7 examinaremos investigaciones dudosas que sustentan dichos argumentos y descubriremos que los psicólogos que defienden los beneficios del pensamiento positivo se han engañado.

O quizá, como muchos, creas que cuando estás haciendo algo difícil, como iniciar una empresa, debes tener una seguridad. Te sorprendería saber que algunos de los emprendedores más famosos del mundo esperaban que sus empresas fracasaran. Jeff Bezos calculó la probabilidad de éxito de Amazon en alrededor de 30 por ciento. Elon Musk estimó que cada una de sus empresas, Tesla y SpaceX, tenía 10 por ciento de probabilidad de éxito. En el capítulo 8 vamos a explicar su razonamiento y por qué es útil tener un panorama claro de tus probabilidades.

También es probable que compartas esta opinión generalizada: "Sí, es bueno ser objetivo si eres científico o un juez. Pero si eres un activista que quiere cambiar el mundo, no necesitas ser objetivo, sino apasionado". De hecho, como veremos en el capítulo 14, la mentalidad centinela complementa la pasión. Vamos a remontarnos al peor momento de la crisis del sida en la década de 1990 para descubrir por qué la mentalidad centinela fue crucial para que los activistas pusieran un alto a la epidemia.

2. HERRAMIENTAS PARA VER CON CLARIDAD

Este libro contiene herramientas concretas para desarrollar una mentalidad centinela. Por ejemplo, cómo saber si tu razonamiento es tendencioso. No es tan sencillo como saber si eres prejuicioso. En el capítulo 5 vamos a realizar experimentos como la prueba del advenedizo, la prueba del escéptico selectivo y la de conformidad para descifrar tu razonamiento sobre lo que crees y lo que quieres.

¿Cómo decidir qué tan seguro estás sobre una creencia particular? En el capítulo 6 vamos a practicar técnicas de introspección que te ayudarán a identificar tu nivel de certeza entre 0 y 100 por ciento, y reconocer qué se siente cuando aseguras algo en lo que no crees.

Cuando intentas escuchar "la otra versión" de los hechos, ¿te frustras o molestas? Es posible que tu enfoque sea incorrecto. En el capítulo 12 compartiré algunos puntos para facilitar el aprendizaje desde perspectivas opuestas.

3. VALORA LAS RECOMPENSAS EMOCIONALES DE UNA MENTALIDAD CENTINELA

Las herramientas concretas son importantes, pero también me gustaría que te quedes con algo más. Podría parecer desalentador hacerle frente a la realidad con todas sus incertidumbres y decepciones. Pero durante la lectura de este libro te daré ejemplos de *exploradores* (mi término para denominar a personas especialmente buenas en algunos aspectos de la mentalidad centinela, aunque nadie es perfecto), y te percatarás de que no parecen estar deprimidos. En buena medida, están serenos, alegres, son divertidos y decididos.

Lo anterior se debe a que la mentalidad centinela tiene recompensas emocionales, aunque no parezca obvio. Resistir la tentación del autoengaño y saberse capaz de afrontar la realidad incluso cuando es desagradable, empodera. Entender el riesgo y aceptar las probabilidades que tienes en frente produce cierta ecuanimidad. Y experimentar la libertad de explorar ideas y seguir la evidencia, a donde sea que te lleve, sin sentirse atado a lo que "debes" pensar, produce una sensación de ligereza.

Valorar estas recompensas emocionales motiva a conservar la mentalidad centinela. Con ese fin, he incluido algunos ejemplos de centinelas inspiradores que han ayudado a muchos —a mí incluida— a cultivar una mentalidad centinela en el transcurso de los años.

Nuestro viaje nos llevará por los mundos de la ciencia, los negocios, el activismo, la política, el deporte, las criptomonedas y el preparacionismo. Vamos incursionar en las guerras de las culturas, las guerras de las mamis y las guerras de la probabilidad. En el camino, vamos a descifrar las respuestas de interrogantes como: ¿por qué la cola de un pavorreal le daba asco a Charles Darwin? ¿Por qué un escéptico profesional del cambio climático cambió de bando? ¿Por qué algunos miembros de estafas piramidales tipo culto logran salirse y otros no?

Este libro no es un sermón sobre la irracionalidad. Tampoco es un intento de regañarte para que pienses "adecuadamente". Es un recorrido de una forma distinta de ser, basada en la búsqueda de la verdad, útil y satisfactoria y en mi opinión, tristemente infravalorada. Me emociona compartirla contigo.

PRIMERA PARTE

En defensa de la mentalidad centinela

CAPÍTULO 1

DOS FORMAS DE PENSAR

E n 1894, una empleada de limpieza en la embajada alemana en Francia encontró algo en un bote de basura que sembraría el caos en el país. Se trataba de un oficio hecho trizas, y la empleada era una espía francesa.[1] Entregó el oficio a un empleado de alto rango en el ejército francés, quien al leerlo supo que alguien en sus filas había vendido secretos militares muy valiosos a Alemania.

El oficio no estaba firmado, pero de inmediato sospecharon de un oficial de nombre Alfred Dreyfus, el único miembro judío del personal general del ejército. Dreyfus era uno de pocos oficiales con el rango para tener acceso a la información sensible mencionada en el oficio. No era querido. Para sus colegas era frío, arrogante y presuntuoso.

Mientras el ejército investigaba a Dreyfus se empezaron a acumular las anécdotas sospechosas en su contra. Un hombre reportó verlo merodeando y haciendo preguntas muy inquisitivas. Otro reportó haberlo escuchado alabar al imperio alemán.[2] Habían visto a Dreyfus por lo menos una vez en un sitio de apuestas. Se rumoraba que, pese a estar casado, tenía una amante. No eran señales de un hombre precisamente confiable.

Oficiales del ejército francés estaban casi seguros de que Dreyfus era el espía, por lo que lograron conseguir una muestra de su caligrafía para compararla con el oficio. ¡Coincidía! Bueno, por lo menos se parecía. Sí, había algunas inconsistencias, pero no podía ser coincidencia que la caligrafía se pareciera tanto. Querían asegurarse, por lo que enviaron el oficio y la muestra de la caligrafía de Dreyfus a dos expertos.

El experto número 1 confirmó la correspondencia y reivindicó a los oficiales. No obstante, el experto número 2 no estaba convencido. Afirmó que era muy probable que las dos muestras provinieran de distintas fuentes.

No se esperaban un veredicto mixto. Pero recordaron que el experto número 2 había trabajado en el Banco de Francia. El mundo de las finanzas estaba poblado de judíos poderosos. Y Dreyfus era judío. ¿Cómo confiar en el juicio de alguien con conflictos de interés tan grandes? Los oficiales tomaron una decisión. El culpable era Dreyfus.

Dreyfus se declaró inocente, pero fue inútil. Lo arrestaron y una corte militar lo declaró culpable de traición el 22 de diciembre de 1894. Lo sentenciaron a confinamiento solitario de por vida, en la isla del Diablo, nombre muy acertado para una antigua colonia de leprosos en la costa de la Guayana Francesa, del otro lado del océano Atlántico.

Dreyfus estaba en shock. Cuando lo encarcelaron contempló el suicidio, pero decidió que tal acto demostraría que era culpable.

Antes de exiliarlo se celebró un evento público, que denominaron "la deshonra de Dreyfus", para retirarle sus emblemas militares. Cuando un capitán arrancó una insignia del uniforme de Dreyfus, un oficial gritó un chiste antisemita: "Recuerden que es judío, seguro está calculando el valor de esa insignia de oro". Lo hicieron desfilar frente a sus antiguos colegas, periodistas y una multitud de espectadores, él gritaba: "¡Soy inocente!". Mientras la muchedumbre lo insultaba y gritaba: "¡Mueran los judíos!".

Cuando llegó a la isla del Diablo lo encerraron en una pequeña cabaña de piedra sin contacto humano más que con sus guardias, quienes se negaron a hablarle. De noche, lo esposaban a su cama. De día, escribía cartas al gobierno rogando que reabrieran su caso. Pero para Francia, el caso estaba cerrado.

"¿PUEDO CREERLO?" *VS.* "¿DEBO CREERLO?"

Puede no parecerlo, pero la intención de los oficiales que arrestaron a Dreyfus no era culpar a un hombre inocente. Desde su punto de vista, conducían una investigación objetiva con evidencia que inculpaba a Dreyfus.[3]

Aunque para ellos su investigación fue objetiva, claramente la distorsionaron sus motivaciones. Tenían la presión de encontrar rápidamente al espía y ya estaban predispuestos a desconfiar de Dreyfus. Cuando arrancó la investigación tenían otro incentivo: demostrar su teoría o quedar mal y perder sus empleos.

Esta investigación es un ejemplo de un aspecto de la psicología humana que se denomina razonamiento motivado direccional —o razonamiento motivado—, en el cual nuestras motivaciones inconscientes afectan las conclusiones que extraemos.[4] La mejor descripción del razonamiento motivado que conozco es del psicólogo Tom Gilovich. Cuando queremos que algo sea cierto, nos preguntamos, "¿Puedo creerlo?", buscando un pretexto para aceptarlo. Cuando no queremos que sea cierto, entonces nos preguntamos: "¿Debo creerlo?", buscando un pretexto para rechazarlo.[5]

Cuando los oficiales comenzaron a investigar a Dreyfus, evaluaron rumores y evidencia circunstancial preguntándose: "¿Es posible aceptar esta evidencia para demostrar su culpabilidad?", apelando más a la credulidad que a los motivos para sospechar de él.

Cuando el experto 2 aseguró que la caligrafía de Dreyfus no era la misma que en el oficio, los oficiales se preguntaron: "¿Debemos creerlo?", e inventaron un pretexto para no hacerlo: el supuesto conflicto de interés del experto número 2 debido a su fe judía.

Los oficiales incluso habían buscado evidencia incriminadora en el domicilio de Dreyfus sin éxito. De modo que se preguntaron. "¿Aún podemos creer que Dreyfus es culpable?", y también encontraron un pretexto: "Lo más probable es que haya tirado la evidencia antes de que llegáramos".

Incluso si nunca has escuchado la frase *razonamiento motivado*, estoy segura de que estás familiarizado con el fenómeno. Está en todas partes, aunque recibe distintos nombres: negación, ilusión, sesgo de confirmación, justificación de los propios actos, exceso de confianza, autoengaño. El razonamiento motivado es fundamental en el funcionamiento de nuestras mentes y resulta extraño concederle un título especial, tal vez sólo debería llamarse razonamiento.

El razonamiento motivado es evidente en cómo la gente comparte las noticias que demuestran las narrativas que validan sus opiniones sobre Estados Unidos, el capitalismo, "los jóvenes", e ignoran todo lo que no los respalda. También es visible en cómo racionalizamos las señales de alarma en una relación nueva y emocionante, y siempre creemos estar haciendo más trabajo del que nos corresponde. Cuando un colega se equivoca, es porque es incompetente, pero cuando nosotros nos equivocamos, es porque estamos muy presionados. Cuando un político del partido rival infringe la ley, demuestra que todo el partido es corrupto, pero cuando lo hace uno de los políticos que apoyamos, es un individuo corrupto.

Incluso hace dos mil años, el historiador griego Tucídides describió el razonamiento motivado de las ciudades que se creían capaces de destronar a los gobernantes de Atenas: "Sustentaban [su] juicio en ilusiones no en predicciones sensatas, pero es un hábito de la humanidad... emplear la razón soberana para ignorar lo que no desea".[6] Se trata del primer registro del fenómeno que he encontrado hasta ahora. Pero no dudo que, miles de años antes, a los humanos les haya molestado y entretenido el razonamiento motivado del prójimo. Quizá si nuestros ancestros del Paleolítico hubieran desarrollado un lenguaje escrito, habríamos encontrado una queja en las cuevas de Lascaux: "Og está loco si cree que es el mejor cazador de mamut".

EL RAZONAMIENTO COMO COMBATE DEFENSIVO

Lo complicado del razonamiento motivado es que, si bien es fácil identificarlo en los demás, cuando se trata de nosotros mismos no *parece* razonamiento motivado. Cuando razonamos nos da la impresión de que estamos siendo objetivos, justos; creemos que evaluamos los hechos sin emoción alguna.

No obstante, debajo de la superficie es como si fuéramos soldados defendiendo nuestras creencias frente a la evidencia que nos amenaza. De hecho, la metáfora del razonamiento como combate defensivo es inherente a la lengua inglesa, a tal grado que es difícil hablar de razonamiento sin recurrir a lenguaje militar.[7]

Defendemos nuestras creencias como si fueran posiciones militares, incluso fortalezas, diseñadas para resistir los embates. Las creencias pueden estar firmemente arraigadas, fundamentadas en hechos o avaladas por argumentos, poseer cimientos sólidos. Podemos tener opiniones concluyentes o fe inquebrantable.

Los argumentos son métodos para atacar o defenderse. Alguien puede combatir nuestra lógica, echar por tierra nuestras ideas, encontrar un argumento que derribe nuestras creencias. Pueden desafiar, minar, destruir o socavar nuestras posturas. Así, buscamos evidencia para respaldar, apuntalar, reforzar nuestras posturas. Con el tiempo, cimentamos, afianzamos o consolidamos nuestras ideas. Resguardamos nuestras creencias como soldados atrincherados ante las descargas del enemigo.

¿Y si cambiamos de opinión? Nos rendimos. Si un hecho es ineludible, lo reconocemos, lo admitimos, cedemos, como si permitiéramos que traspasara nuestra fortaleza. Si nos damos cuenta de que nuestra postura es indefendible, la abandonamos, nos damos por vencidos, cedemos, como si entregáramos un territorio en una batalla.[8]

En los próximos capítulos vamos a analizar el razonamiento motivado, o como le llamo, *mentalidad de soldado*. ¿Por qué el cerebro está constituido así? ¿El razonamiento motivado nos beneficia o perjudica? Pero primero, me da gusto informarles que no ha terminado la historia del pobre Dreyfus, continúa con la llegada de un nuevo personaje.

PICQUART REABRE EL CASO

El coronel Georges Picquart hace su entrada: en apariencia, es un hombre convencional, no del tipo que cause problemas.

Picquart nació en 1854 en Estrasburgo, Francia, en una familia de soldados y funcionarios, y ascendió en el ejército francés muy joven. Como la mayoría de sus compatriotas, era católico. Y también, como la mayoría de sus compatriotas, era antisemita. Eso sí, no era agresivo. Era un hombre refinado y le parecía que la propaganda antisemita, como la que imprimían los periódicos nacionalistas franceses, era de mal gusto. Pero el antisemitismo estaba en el ambiente, y creció con una instintiva actitud despectiva hacia los judíos.

Por lo tanto, cuando en 1894 Picquart se enteró de que el único miembro judío del ejército francés resultó ser espía, lo creyó sin dudar. Cuando Dreyfus se declaró inocente durante el juicio, Picquart lo estudió de cerca y concluyó que estaba fingiendo. Y durante la ceremonia de "degradación", cuando le retiraron las insignias a Dreyfus, el propio Picquart hizo el chiste antisemita ("es judío, seguro está calculando el valor de esa insignia de oro").

Poco después de que desterraran a Dreyfus a la isla del Diablo, ascendieron al coronel Picquart y lo pusieron al mando del departamento de contraespionaje que había dirigido la investigación de Dreyfus. Se le había encargado acumular evidencia adicional contra Dreyfus por si cuestionaban su condena. Picquart comenzó a buscarla, pero no encontró nada.

No obstante, surgió un asunto más urgente y prioritario, ¡había otro espía! Habían descubierto más cartas destruidas dirigidas a los alemanes. En esta ocasión, el culpable parecía ser un oficial francés de nombre Ferdinand Walsin Esterhazy, quien era alcohólico y apostador, tenía muchas deudas, por lo que tenía interés en vender información a Alemania.

Cuando Picquart analizaba las cartas de Esterhazy se dio cuenta de algo: la caligrafía precisa, inclinada, le resultaba asombrosamente familiar... Le recordaba al oficio original que se le atribuyó a Dreyfus. ¿Se lo estaba imaginando? Picquart recuperó el oficio original y lo colocó junto al de Esterhazy. Casi le da un infarto. La caligrafía era idéntica.

Picquart le mostró las cartas de Esterhazy al analista caligráfico interno del ejército, quien había testificado que la letra de Dreyfus era la del oficio original. "Sí, esta letra corresponde con la del oficio", afirmó el analista.

"¿Qué pasaría si le digo que estas cartas son recientes?", preguntó Picquart. El analista se encogió de hombros. En ese caso, los judíos deben de haber entrenado al nuevo espía para imitar la letra de Dreyfus. Para Picquart este argumento no era plausible. Con un nudo en la garganta, empezó a aceptar la conclusión inevitable: habían sentenciado a un hombre inocente.

Le quedaba un recurso: el archivo de evidencia que se usó contra Dreyfus en su juicio. Sus colegas le aseguraron que, para convencerse de la culpabilidad de Dreyfus, sólo bastaba con consultarlo. Así que Picquart lo recuperó para revisarlo. Pero una vez más se decepcionó. El archivo incriminatorio no contenía evidencia irrefutable, sólo especulación.

A Picquart le indignaron las racionalizaciones de sus colegas, el desinterés en la pregunta de si habían sentenciado a un hombre inocente a morir en la cárcel. Siguió investigando, pese a que la resistencia del ejército se tornó en una enemistad abierta. Sus superiores lo enviaron a una misión peligrosa esperando que no regresara. Cuando esta estrategia fracasó, lo arrestaron por filtrar información sensible.

Pero después de diez años, de un periodo en la cárcel y múltiples juicios, Picquart tuvo éxito: absolvieron a Dreyfus y lo reincorporaron al ejército.

Dreyfus vivió otros treinta años tras su restitución. Su familia lo recuerda estoico con respecto al calvario, aunque nunca recuperó la buena salud tras años en la isla del Diablo. Esterhazy, el espía real, huyó del país y murió en la pobreza. Y Picquart siguió padeciendo el acoso de los enemigos que había hecho en el ejército. Sin embargo, en 1906 el primer ministro Georges Clemenceau lo designó ministro de Guerra, en virtud de su desempeño durante el que se conoció como "el caso Dreyfus".

Cuando le preguntaban a Picquart sobre su proceder —por qué sus esfuerzos para desvelar la verdad que exoneró a Dreyfus, poniendo en riesgo su carrera y su libertad— su respuesta era sencilla y siempre la misma: "Porque era mi deber".

"¿ES VERDAD?"

El caso Dreyfus polarizó a la nación y asombró al mundo. No obstante, para mí, su aspecto más intrigante es el héroe improbable, el coronel Picquart. Al igual que sus colegas, Picquart tenía razones para creer en la culpabilidad de Dreyfus. No confiaba en los judíos y le desagradaba Dreyfus como individuo. Además, sabía que si revelaba la inocencia de Dreyfus, el precio sería muy alto: un escándalo desproporcionado para el ejército y un revés en su propia carrera por haber causado el escándalo. Pero a diferencia de sus colegas, esos motivos no distorsionaron su capacidad de distinguir entre la verdad y la mentira, lo posible y lo imposible.

El proceso en el que Picquart cayó en la cuenta de la inocencia de Dreyfus es un ejemplo asombroso de lo que los científicos cognitivos denominan *razonamiento motivado por la precisión*. A diferencia del *razonamiento motivado direccional* que evalúa las ideas preguntando: "¿Puedo creerlo?" o "¿Debo creerlo?", el razonamiento motivado por la precisión evalúa las ideas preguntando: "¿Es cierto?".

Cuando Picquart buscó evidencia adicional contra Dreyfus, esperando encontrarla, no descubrió nada convincente. Cuando analizó la caligrafía de Esterhazy, reconoció el parecido con el oficio que supuestamente había escrito Dreyfus. Cuando le ofrecieron un pretexto conveniente para explicar la nueva evidencia ("Seguramente entrenaron al espía para imitar la caligrafía de Dreyfus"), no lo aceptó pues le pareció poco plausible. Y cuando estudió el archivo de evidencia contra Dreyfus, que siempre había asumido como condenatorio, se dio cuenta de que no lo era para nada.

Si el razonamiento motivado direccional es equivalente a ser un soldado que combate la evidencia amenazante, el razonamiento motivado por la precisión es equivalente a un explorador que dibuja un mapa de un paisaje estratégico. ¿Qué hay pasando esa colina? ¿Aquél es un puente que cruza el río o mis ojos me engañan? ¿Cuáles son todos los peligros, atajos y las oportunidades? ¿Sobre qué aspectos necesito más información? ¿Qué tan confiable es mi información?

El explorador no es indiferente, puede aprender que el camino es seguro, que su contraparte es débil o que hay un puente ubicado convenientemente en donde necesita cruzar el río. Pero ante todo, quiere aprender lo que le espera, no engañarse dibujando un puente en su mapa si en la vida real no lo hay. Tener mentalidad centinela implica querer que tu "mapa" —la percepción propia y el mundo— sea lo más preciso posible.

Desde luego, todos los mapas son simplificaciones imperfectas de la realidad, como bien lo sabe un explorador. Buscar un mapa preciso implica ser consciente de los límites de tu conocimiento, identificar las regiones del mapa particularmente incompletas o quizás erróneas. Siempre estar dispuesto a cambiar de opinión frente a nueva información. A partir de la mentalidad centinela, tus creencias no se ven "amenazadas". Si descubres que te equivocaste, genial, mejoraste tu mapa y es un beneficio.

LA MENTALIDAD ES DECISIVA PARA EL JUICIO

La vida consiste en tomar decisiones subjetivas, y cuanto más evites distorsionar tu percepción de la realidad, mejores serán.

La mentalidad centinela evita que te engañes sobre cuestiones difíciles que acostumbramos a racionalizar, como: ¿Debo de hacerme estudios para averiguar si tengo esa enfermedad? ¿Es hora de renunciar o sería darme por vencido demasiado pronto? ¿Acaso esta relación mejorará? ¿Qué tan probable es que mi pareja cambie de opinión sobre tener hijos?

En el ámbito laboral, estas preguntas difíciles podrían incluir: ¿De verdad tengo que despedir a ese empleado? ¿Cuánto necesito prepararme para la presentación de mañana? ¿Es mejor para mi empresa que recaude fondos? ¿De verdad necesito seguir mejorando este producto antes de sacarlo al mercado o estoy buscando motivos para no dar el siguiente paso?

La mentalidad centinela nos motiva a cuestionar nuestras conjeturas y poner a prueba nuestros planes. Sin importar si estás proponiendo una presentación para un producto o una maniobra militar, plantearte "¿cuáles son las probabilidades de que esto no salga bien?" te permite reforzar tu plan con anticipación y hacerle frente a todas esas contrariedades. Si eres médico, implica contemplar diagnósticos alternativos antes de confirmar tu primera propuesta. Un médico clínico se preguntaba —si, por ejemplo, sospechaba que un paciente tenía neumonía—, "¿Si no es neumonía, qué más podría ser?".[9]

Incluso los empleos que a simple vista no dependen de tener una mentalidad centinela suelen hacerlo, si los analizas de cerca. La mayoría relaciona la abogacía con defender o pelear por una de las partes, lo cual suena a mentalidad de soldado. Pero cuando un abogado elige sus casos y se prepara para ir a juicio, debe ser capaz de hacerse una idea precisa de las fortalezas y debilidades de su caso. Si sobreestimas a tu parte te espera un despertar duro en el tribunal. Por eso los abogados con amplia experiencia suelen asegurar que las aptitudes más importantes que tuvieron que aprender en el transcurso de su carrera profesional son la objetividad y el escepticismo propio. Como ha afirmado un prominente abogado: "Cuando eres joven, tienes tantas ganas de ayudar a tu cliente que te convences de que no hay incertidumbres, incomodidades ni obviedades que estás ignorando...".[10]

Al relacionarnos con otras personas creamos narrativas independientes que parecen hechos objetivos. Lo que para una persona es: "Mi pareja me está ignorando fríamente", para otra es: "Estoy siendo respetuoso y dándole espacio". La "autenticidad" de una persona puede ser una "falta de respeto" para otra. Tener la disposición de contemplar otras interpretaciones —o simplemente creer que *puede haber* otras interpretaciones razonables además de la propia— exige una mentalidad centinela.

Si eres la clase de persona que acepta la verdad, incluso si es dolorosa, animas a las personas a ser honestas contigo. Puedes *decir* que quieres que tu pareja te comunique cualquier problema en su relación o que quieres que tus empleados te compartan sus problemas en la empresa, pero si cuando escuchas la verdad respondes a la defensiva o eres agresivo, es probable que no la vuelvas a escuchar. Nadie quiere ser el mensajero que acaba mal.

MENTALIDAD DE SOLDADO	MENTALIDAD CENTINELA
Razonar es un combate defensivo.	Razonar es como dibujar un mapa.
Decidir qué creer planteando: "¿Puedo creerlo?" o "¿Debo creerlo?", según los motivos.	Decidir qué creer planteando: "¿Es verdad?".
Descubrir que te equivocaste implica una derrota.	Descubrir que te equivocaste implica revisar tu mapa.
Buscar evidencia para fortalecer y defender tus creencias.	Buscar evidencia para que tu mapa sea más preciso.
Conceptos relacionados: razonamiento motivado direccional, racionalizar, negación, autoengaño, ilusión.	Conceptos relacionados: razonamiento motivado por la precisión, buscar la verdad, descubrimiento, objetividad, honestidad intelectual.

El centinela y el soldado son arquetipos. En realidad, nadie es un centinela impecable, así como nadie es un soldado puro. Fluctuamos entre mentalidades en un solo día y de un contexto a otro.

Un inversionista puede ser centinela en el trabajo, poniendo a prueba sus suposiciones y descubriendo que se equivocaron con respecto al mercado... y después volver a casa y ser un soldado en su vida personal, reticente a reconocer los problemas en su matrimonio o a contemplar la posibilidad de que podría equivocarse. Una emprendedora podría adoptar la mentalidad centinela mientras habla con una amiga sobre su empresa, pensando en voz alta si su plan es un error... y después ser un soldado al otro día en la oficina, defendiendo su plan, por instinto, cuando su socio la critica.

Todos somos una mezcla de centinela y soldado. Pero algunos, en ciertos contextos, son mejores centinelas. Como a Picquart, les interesa genuinamente revelar la verdad, incluso si no es lo que esperaban, y no están dispuestos a aceptar argumentos falsos más convenientes. Les motiva poner a prueba sus teorías y descubrir sus errores. Son más conscientes de la posibilidad de que su mapa de la realidad sea deficiente y más dispuestos a cambiar de opinión. Este libro se centra en lo que están haciendo bien esas personas y qué podemos aprender de ellas para dejar de ser soldados y volvernos centinelas.

Lo primero es tomar en serio al soldado. ¿Por qué la mentalidad de soldado es muchas veces nuestra respuesta automática? ¿Por qué es tan tenaz? O, en otras palabras, si la mentalidad centinela es tan maravillosa, ¿por qué no todos recurren a ella constantemente? Es el tema del siguiente capítulo: ¿qué protege el soldado?

CAPÍTULO 2

¿QUÉ PROTEGE EL SOLDADO?

Cuando quiero cambiar algo, debo entender por qué se hace así en primer lugar; siempre procuro acatar esta regla.

Se le conoce como la reja de Chesterton, en honor a G. K. Chesterton, el escritor británico que la propuso en un ensayo en 1929.[1] Imagina que descubres un camino con una reja que lo atraviesa sin razón aparente. Te preguntas: "Por qué construirían esta reja aquí? Parece innecesario y estúpido, la voy a derribar". Pero Chesterton argumentó que si no entiendes la razón de ser de la reja no puedes estar seguro de que es correcto derribarla.

Hay costumbres o instituciones de antaño que son como esas rejas, afirmó. Al no entender su uso, reformistas ingenuos querrán derribarla. Pero individuos más reflexivos sabrán que, pese a no entender su uso, lo mejor es analizarlo antes de actuar. Y entonces, tal vez destruirla.[2]

En este libro propongo una especie de reforma. Planteo que, en muchas situaciones, si no es que en todas, sería mejor no invocar nuestra mentalidad de soldado —nuestra reacción automática— y sustituirla por la mentalidad centinela. Me gustaría ser una reformista reflexiva, no ingenua. No importa lo convincente que parezca la mentalidad centinela, el argumento está incompleto hasta que sepamos por qué estamos recurriendo a nuestra mentalidad de soldado. ¿Acaso encontramos beneficios contundentes en el razonamiento motivado? ¿Qué perderíamos?

Expertos en muchos ámbitos han explorado el razonamiento motivado desde distintas aristas: psicología, economía conductual, psicología evolutiva, filosofía. Existe mucha bibliografía que estudia la pregunta: "¿Cuál es la función del razonamiento motivado?". Me di a la tarea de dividirla en seis categorías que se superponen: comodidad, autoestima, confianza, persuasión, imagen y sentido de pertenencia.

COMODIDAD: ELUDIR EMOCIONES INCÓMODAS

En 2016 había una ilustración que estaba en todos lados en internet porque capturaba con mucha precisión el ánimo global. Un perro con sombrero, sentado frente a un escritorio. A su alrededor, la habitación se incendiaba. El perro finge sonreír e insiste que todo está bien.

La mentalidad de soldado es útil para eludir emociones negativas como temor, estrés y arrepentimiento. A veces lo hacemos mediante la negación, como el perro, para quien todo está bien. Otras, recurrimos a narrativas reconfortantes en torno al mundo y decidimos no estudiarlas muy de cerca. *Todo pasa por algo. La gente tiene lo que merece. Después de la tormenta viene la calma.*

En la fábula de Esopo, "El zorro y las uvas", un zorro encuentra un racimo de uvas jugosas en lo alto de una rama, pero no las alcanza. Concluye que seguramente están amargas. Cuando las cosas no salen como queremos, invocamos este tipo de razonamiento. Cuando la persona con la que tuvimos una primera cita genial no nos responde el teléfono, tal vez decidimos que de todas formas era muy aburrida. Cuando no nos quedamos con el trabajo, concluimos que es mejor así, porque el horario era brutal.

Un primo cercano de las uvas amargas es el limón dulce: cuando no parece posible solucionar un problema intentamos convencernos de que el "problema" es más bien una bendición, y que, incluso si pudiéramos, no lo cambiaríamos. Hasta hace muy poco tiempo en la historia de la humanidad, el parto implicaba inevitablemente padecer dolor insoportable. Como no había nada que hacer al respecto, muchos médicos y clérigos sostenían que el dolor era *bueno*, porque fomentaba el crecimiento espiritual y la fortaleza de carácter. En 1856, según un obstetra, Dios enviaba los dolores del parto "y, sin lugar a dudas, sabiamente".[3]

Desde que tenemos acceso a la anestesia epidural, dejamos de insistir en la dulzura de ese limón en particular. No obstante, afirmamos cosas similares sobre el envejecimiento y la muerte: que son hermosos y le dan sentido a la vida. "Quizá la mortalidad no es un mal, quizás es una bendición", argumentó Leon Kass, presidente del Consejo de Bioética del presidente George W. Bush. Sugiere que nuestra capacidad de sentirnos amados depende de si somos conscientes de la finitud de nuestras vidas.[4]

Pero esta historia tiene un giro inesperado, lo reconfortante no siempre es optimista. A veces es lo opuesto: como no hay esperanza alguna, mejor ni preocuparse. Si estás cursando una clase difícil es tentador concluir que no tiene sentido o será imposible mejorar tu calificación. Este momento brinda mucho alivio. Tal vez decides que no tiene sentido prepararse para un posible desastre, como un terremoto o tsunami, así que para qué pensar en eso. Eric Klinenberg, profesor de sociología en la Universidad de Nueva York, estudia la psicología del desastre. Asegura que: "La mayoría se resigna, cree que es el destino y está fuera de su control".[5]

AUTOESTIMA: SENTIRSE BIEN CON UNO MISMO

En la película *Election*, el personaje Tracy Flick es ambiciosa y trabajadora, pero le cuesta hacer amigos. "Está bien. Aprendí a aceptar que muy pocas personas están destinadas a ser especiales y estamos solos... si vas a ser excepcional, tienes que estar sola", se convence.[6] Al igual que Tracy, solemos recurrir a la mentalidad de soldado para proteger el ego, así encontramos narrativas halagadoras para hechos que no lo son. *Quizá no sea rica, pero tengo integridad. No tengo muchos amigos porque intimido a la gente.*

Para defender el ego podemos utilizar toda clase de creencias que se vinculan de algún modo a nuestras fortalezas y debilidades. Si estás habituado a trabajar en un escritorio repleto de libros y documentos, quizá te escudas en que "el desorden es señal de creatividad". Si tienes tiempo e ingresos para viajar, quizá te convenzas de que "no puedes ser un individuo completo sin haber conocido el mundo". Si te fue mal en los exámenes de ingreso a la universidad, podrías excusarte con argumentos comprensivos tales como: "Los exámenes estandarizados no miden la inteligencia, sino la capacidad para hacer un examen".

Con el tiempo, nuestras ideas se amoldan a nuestras vivencias. A finales de la década de 1990 se realizó un estudio entre un grupo de alumnos durante el transcurso de cuatro años en la universidad, se monitoreó el promedio que esperaban, el promedio que obtuvieron y qué creían sobre la importancia de las calificaciones. Los alumnos que no rendían según sus expectativas terminaron concluyendo que "a fin de cuentas, las calificaciones no son tan importantes".[7]

La imagen que tenemos de nosotros mismos determina las ideas más elementales que albergamos del mundo. La gente de menores recursos es más propensa a creer que la suerte tiene un papel fundamental en su vida, mientras que la gente adinerada tiende a darle crédito exclusivamente al esfuerzo y el talento. Cuando el economista Robert Frank escribió en su columna de *The New York Times* que la suerte era un ingrediente importante (aunque no suficiente) del éxito, el comentarista de negocios de Fox, Stuart Varney, respondió furioso: "¿Sabes lo insultado que me sentí cuando lo leí?", preguntó a Frank. "Llegué a Estados Unidos hace treinta y cinco años, sin nada. Y salí adelante gracias a mi esfuerzo, talento y porque corrí riesgos, ¿y vas y escribes en *The New York Times* que se trata de suerte?".[8]

Otro giro inesperado, el razonamiento motivado en beneficio de la autoestima no siempre supone creerse brillante, talentoso y simpático. La psicología distingue entre *animarse*, es decir, estimular el ego con pensamientos positivos; y *protegerse*, es decir, evitar golpear el ego. En beneficio de protegerte podrías exagerar y esperar lo peor de ti. En un video muy popular, la youtuber Natalie Wynn lo denomina "epistemología masoquista", lo que duele es verdadero. Mucha gente se identificó con el concepto. Como dice un comentario: "Me parece más seguro asumir que los demás creen que soy fea, en vez de ilusionarme creyendo que alguien me considera bonita cuando no es así".[9]

CONFIANZA: MOTIVARNOS
PARA HACER COSAS DIFÍCILES

Cuando escribí este libro vivía en San Francisco, la ciudad en la que todo el mundo cree tener una idea para desarrollar la próxima empresa multimillonaria de tecnología. Es sabiduría popular que el optimismo es bueno, pues te anima a emprender desafíos, ignorar a tus detractores, perseverar cuando la situación se dificulta. Con razón en una encuesta sobre emprendimiento, casi todos los participantes calcularon que sus empresas tenían por lo menos 7 de 10 posibilidades de éxito, una tercera parte, afirmó que 10 de 10, pese a que el punto de partida del éxito de una *start-up* se acerca a 1 de 10.[10]

Una estrategia a la que recurrimos para justificar tal arrogancia es minimizar la relevancia del punto de partida y convencernos de que el éxito depende del esfuerzo. Como prometió un bloguero motivacional: "Si te comprometes, dejas la holgazanería y trabajas todos los días, la probabilidad de que tengas éxito haciendo lo que amas es de 100 por ciento".[11]

Otra estrategia mental es centrarse en las características de una situación que justifican optimismo e ignorar las que justifican pesimismo. Cuando fundé una organización sabía que la mayoría fracasa, pero me di ánimos creyendo que teníamos ventaja porque ya contábamos con patrocinadores. Era cierto, y era motivo de optimismo. Sin embargo, también pude haber observado que teníamos desventajas porque todos éramos jóvenes y no teníamos experiencia, lo cual también era cierto.

Necesitamos confianza para tomar decisiones difíciles e instrumentarlas con convicción. Por eso, quienes tienen a su cargo decidir evitan, en la medida de lo posible, contemplar las alternativas o desventajas de su plan. Un sociólogo de nombre Nils Brunsson estudió a una empresa sueca en la década de 1960 e identificó que cuando se reunían para "decidir" qué proyectos elegir, dedicaban muy poco tiempo a comparar las opciones. Elegían una opción y dedicaban buena parte de la reunión a identificar sus puntos positivos. "Así se entusiasmaban por sus proyectos, un aspecto que consideraban necesario para sortear las dificultades", concluyó Brunsson.[12]

La comodidad, la autoestima y la confianza son beneficios *emocionales*, es decir, el blanco absoluto del engaño somos nosotros mismos. Los siguientes tres beneficios de la mentalidad de soldado son un poco distintos. Persuasión, imagen y pertenencia son beneficios *sociales*, en estos casos, el blanco absoluto del engaño son los demás, y nosotros los intermediarios.[13]

PERSUASIÓN: CONVENCERNOS PARA CONVENCER A LOS DEMÁS

Cuando Lyndon B. Johnson era senador, tenía un ritual que sus amigos y asistentes denominaban "calentamiento". Cuando necesitaba convencer a alguien de algo, practicaba defendiendo esa postura, acaloradamente, una y otra vez, hasta creérsela. Tarde o temprano podría defenderla con total certeza, porque, para ese punto, estaba seguro, sin importar cuál había sido su postura inicial. "No era fingido. Tenía la capacidad de convencerse de que la 'verdad' conveniente en el presente era la verdad, y que cualquier cosa que entrara en conflicto con ella eran falsedades de los enemigos".[14]

La capacidad de Johnson para el autoengaño intencionado era peculiar. Pero todos lo hacemos, sólo que no a propósito: cuando necesitamos convencer a alguien de algo, nos motiva creerlo, y buscamos argumentos y evidencia para defenderlo.

Cuando los estudiantes de derecho se preparan para defender a su cliente (demandante o acusado) en un tribunal ficticio, se convencen de la rectitud moral y legal de su cliente, incluso cuando los asignan al azar.[15] Como emprendedora, si puedes compartir con entusiasmo sincero que tu empresa "la está haciendo" es posible que los demás te crean. Cabilderos, vendedores, recaudadores de fondos, exageran las fortalezas y restan importancia a los defectos en su causa o producto para facilitar venderla.

Una profesora se podría convencer de que su teoría es más original y así promulgarlo en su trabajo. Incluso si un puñado de especialistas en su campo de estudio se dan cuenta de que exagera, se puede salir con la suya. Con frecuencia, esto supone que malinterprete "accidentalmente" las tesis de sus colegas y refute un falso argumento.

Incluso los que no somos persuasores profesionales tenemos muchos argumentos con los que queremos convencer a amigos, familiares y colegas: *Soy buena persona. Merezco tu empatía. Estoy haciendo mi mejor esfuerzo. Soy un empleado valioso. Ahora sí, mi carrera está despegando.* Cuanto más nos convenzamos de estas percepciones, y cuanta más evidencia y argumentos reunamos para sustentarlas, más fácil será convencer a los demás (o eso creemos).

Como decía Johnson: "La convicción convence".[16]

IMAGEN: ELEGIR CREENCIAS QUE NOS HACEN QUEDAR BIEN

Cuando escogemos qué ponernos, un traje o jeans, piel o algodón, zapatos de tacón o calzado deportivo, la pregunta implícita es: "¿Qué clase de persona vestiría así? ¿Alguien sofisticado, de espíritu libre, diferente, centrado? ¿Así quiero que me vean los demás?".

Elegimos nuestras creencias de modo similar.[17] La psicología lo denomina *gestión de la impresión* y la psicología evolutiva, *teoría de señales*: cuando contemplamos una idea, de manera implícita nos preguntamos: "¿Qué clase de persona creería algo así? ¿Así quiero que me vean los demás?".

Las personas se presentan de distintas maneras mediante su ropa, y es el mismo caso con las creencias. A alguien le puede atraer el nihilismo porque lo hace ver provocador; a alguien más, el optimismo porque así parece simpático; otro puede recurrir a posturas moderadas en temas controvertidos para parecer maduro. El objetivo no es que los demás compartan tus creencias, como en la persuasión. El nihilista no intenta sumar adeptos al nihilismo. Sino que crean que *él* cree en el nihilismo.

Así como en la moda hay tendencias, también las hay en el mundo de las ideas. Cuando en tus círculos sociales se empiezan a popularizar ideas como "el socialismo es mejor que el capitalismo" o "el aprendizaje de las máquinas cambiará el mundo", podrías estar tentado a adoptarlas para estar a la moda. A menos que llevar la contraria sea parte de tu imagen; en cuyo caso, cuando una idea se populariza, te vuelves menos receptivo a ella.

Algunas preferencias en torno a la presentación de uno mismo son casi universales, pese a la inmensa variedad. Casi nadie prefiere ir sucio o con la ropa manchada. Del mismo modo, casi nadie quiere parecer desequilibrado o egoísta por sus creencias. Así que, en beneficio de nuestra imagen, recurrimos a explicaciones defendibles de nuestra conducta como: "El motivo por el que me opongo a las nuevas construcciones en mi barrio es porque me preocupa el efecto en el medio ambiente. ¡No porque no quiera que suba el valor de la propiedad!".

Una vez más, la incapacidad de entender algo puede ser útil. Recuerdo estar sentada con mis compañeros de clase en la preparatoria, hablando de que un conocido resentía el éxito de su amigo. Una chica en el grupo, Dana, expresó asombro:

—¿Por qué le tendrías celos a un amigo?

—Ay, Dana es tan inocente que ni siquiera entiende el concepto de celos —alguien contestó enternecido.

—Ya, en serio, ¡no entiendo! —Dana protestó acallando el coro—. ¿Por qué no te alegra que tu amigo esté feliz?

PERTENENCIA: ENCAJAR EN TUS GRUPOS SOCIALES

En algunas comunidades religiosas, perder la fe puede suponer perder tu matrimonio, tu familia y todo tu sistema de apoyo. Es un caso extremo, pero todos los grupos sociales tienen creencias y valores y se espera que sus miembros las compartan, como: "el cambio climático es un problema serio" o "los republicanos son mejores que los demócratas" o "nuestro causa es noble" o "los niños son una bendición". Es posible que discrepar no te valga la expulsión del grupo, pero sí te alejará de los otros miembros.

Para ser clara, adherirse al consenso no es una señal inherente de la mentalidad de soldado. En el webcomic *XKCD*, un padre plantea a su hijo la pregunta retórica milenaria: "Si tus amigos saltaran de un puente, ¿también lo harías?". La respuesta correcta es un: "No, claro que no" de mala gana. Pero en el cómic, el niño responde: "Tal vez", porque a fin de cuentas, ¿qué es más probable, que todos sus amigos enloquezcan al mismo tiempo o que el puente se incendie?[18] El niño tiene razón. En ocasiones, adherirse al consenso general es estrategia pura, porque no puedes investigar todo, en cada ocasión, y otras personas saben cosas que tú ignoras.

Se trata de razonamiento motivado cuando ni siquiera quieres saber si el consenso era erróneo. Una amiga mía, Katja, creció en lo que describe como un pueblo "hippie" en el que todos tenían firmes opiniones ambientales, incluida ella. Pero cuando entró a la preparatoria, Katja empezó a encontrar argumentos en línea o en sus libros de textos de economía que aseguraban que algunas políticas ambientalistas no son eficientes y que las empresas de explotación forestal no son tan nocivas como se cree.

Empezó a buscar defectos en la lógica del argumento. Sin embargo, en ocasiones, para su asombro, los argumentos parecían... correctos. En esos momentos sentía que el corazón se le paraba: "Me sentía mal cuando estaba frente a 'la respuesta incorrecta', cuando encontraba un argumento en defensa de las ciencias forestales para el que no tenía un buen contraargumento", me contó.

Encajar no se limita a coincidir con el consenso general. También demostrar tu lealtad al grupo rechazando cualquier evidencia que ponga en riesgo su honor. Quienes se identifican como *"gamers"* de corazón (es decir, respaldan afirmaciones del tipo "cuando alguien critica a los *gamers*, lo considero un insulto personal") son más escépticos frente a investigaciones que demuestran que los videojuegos violentos son nocivos.[19] Quienes se identifican como católicos ortodoxos (es decir, respaldan afirmaciones del tipo "los católicos son buenas personas"), son más escépticos cuando se acusa a un sacerdote católico de abuso sexual.

Y en algunos grupos, encajar supone restricciones respecto a lo que puedes querer o creer de ti mismo. Se le denomina *síndrome de alta exposición*: se degrada a cualquiera que parezca destacar, que muestre demasiado amor propio o ambición. Si quieres encajar en dicha cultura, podrías adoptar el hábito de restarle importancia a tus méritos y logros, incluso en privado.

Cuando consideras lo mucho que empleamos la mentalidad de soldado, se hace evidente por qué los remedios de siempre son inútiles. Esos remedios incluyen palabras como "enseñar" o "entrenar", por ejemplo:

Es preciso que enseñemos a los alumnos qué son los sesgos cognitivos.
Es preciso que preparemos a la gente para desarrollar pensamiento crítico.
Es preciso que entrenemos a la gente a desarrollar buen juicio y lógica.

Ninguno de estos enfoques ha demostrado ser efectivo para cambiar el pensamiento de las personas a largo plazo o fuera del salón de clases. Y eso no debería sorprendernos. Empleamos el razonamiento motivado no porque no tengamos otra opción, sino para proteger las cosas que nos son vitales: la capacidad para sentirnos bien sobre nuestras vidas y nosotros mismos, la motivación para intentar cosas difíciles y no rendirnos, la capacidad para quedar bien y convencer a otros, así como la aceptación que tenemos en nuestras comunidades.

Que recurramos a la mentalidad de soldado en automático para obtener resultados no necesariamente quiere decir que sea una *buena* estrategia. Para empezar, puede ser contraproducente. En la sección sobre la persuasión vimos que los estudiantes de derecho en un caso simulado leen los materiales del caso y se convencen de que su parte tiene la superioridad moral y legal. Sin embargo, esa seguridad no es útil para convencer al juez. Todo lo contrario, es mucho menos probable que ganen los alumnos que confían de sobra en los méritos de su cliente, tal vez porque no contemplan ni se preparan para cuando refuten sus argumentos.[20]

Incluso cuando la mentalidad de soldado no es contraproducente, sigue sin ser evidente que sea nuestro mejor recurso. En vez de estimular la autoestima negando tus defectos, podrías hacer lo mismo identificando y resolviendo esos defectos. En vez de buscar aceptación social omitiendo tus desacuerdos con tu comunidad, lo mejor sería buscar otra en la que encajes mejor.

Este capítulo comenzó con la pregunta de la reja de Chesterton: ¿qué fin tiene la mentalidad del soldado? ¿Podemos estar seguros de derribarla? De momento ya abordamos la primera mitad de la pregunta. Para aproximarnos a la segunda parte, debemos resolver si podemos obtener las cosas que valoramos con la misma eficiencia, o incluso mayor, sin la mentalidad de soldado. De eso trata el siguiente capítulo.

CAPÍTULO 3

POR QUÉ LA VERDAD ES MÁS VALIOSA DE LO QUE CREEMOS

Vamos a recapitular. En la mentalidad de soldado, la pregunta "¿*Puedo* creerlo?", a propósito de lo que queremos aceptar, y "¿*Debo* creerlo?", sobre lo que queremos rechazar, guía nuestro pensamiento. Recurrimos a la mentalidad de soldado para sostener creencias que estimulan el amor propio, nos reconfortan, nos levantan la moral, convencen a otros, cultivan una imagen interesante y nos ayudan a encajar en grupos sociales.

Según la mentalidad centinela, la pregunta "¿Es cierto?" guía nuestro pensamiento. Recurrimos a ella para ver las cosas claras, en beneficio de nuestro juicio; para resolver problemas, identificar oportunidades, resolver qué riesgos vale la pena correr, decidir cómo queremos vivir y, a veces, entender mejor el mundo que habitamos por pura curiosidad.

LAS FUNCIONES DE LA MENTALIDAD CENTINELA
Y LA MENTALIDAD DE SOLDADO

Con la mentalidad de soldado *adoptamos y defendemos* creencias que nos brindan…	Con la mentalidad centinela *vemos las cosas con claridad* para…
Beneficios emocionales: Comodidad: sobrellevar la decepción, la ansiedad, el remordimiento, la envidia. Autoestima: sentirse bien con uno mismo. Moral: afrontar los retos sin desánimo.	**Tomar buenas decisiones basadas en el juicio:** qué problemas vale la pena resolver, qué riesgos vale la pena tomar, cómo lograr nuestros objetivos, en quién confiar, qué vida quiero tener y cómo mejorar el juicio con el tiempo.
Beneficios sociales: Persuasión: convencer a otros de cosas que nos benefician. Imagen: parecer inteligente, sofisticado, compasivo, moral. Sentido de pertenencia: encajar en nuestros grupos sociales.	

HACEMOS SACRIFICIOS INCONSCIENTES

Ésta es una de las paradojas de los seres humanos: nuestras creencias cumplen distintas funciones al mismo tiempo. Invariablemente terminamos haciendo sacrificios: sacrificamos el juicio por la pertenencia. Si vives en una comunidad muy unida, quizá sea más fácil encajar si recurres a tu mentalidad de soldado para rechazar las dudas que te generen las creencias y los valores fundamentales de tu comunidad. Por otra parte, si albergas esas dudas, quizá te des cuenta de que es mejor rechazar las ideas de tu comunidad en torno a la moralidad, religión, roles de género y decidir llevar una vida menos tradicional.

Sacrificamos el juicio por la persuasión. Una amiga trabajaba en una reconocida organización benéfica y le asombraba que su presidente siempre se convencía de que todo dólar en el presupuesto estaba bien invertido, para defender esa postura con posibles donantes. Por otra parte, su percepción también le impedía eliminar programas que estaban fracasando, porque para él, no estaban fracasando. "Era imposible demostrarle una cosa muy evidente", recuerda mi amiga. En este caso, gracias a la mentalidad de soldado, el presidente era bueno para convencer a los demás de donar dinero, pero no para gastar bien ese dinero.

Sacrificamos el juicio por la moral. Cuando planeas algo, centrarte sólo en los aspectos positivos ("¡Qué gran idea!") te ayudará a entusiasmarte y motivarte para dar el gran paso. Por otra, si buscas los defectos de tu plan ("¿Cuáles son los aspectos negativos? ¿Qué podría salir mal?") es probable que identifiques si hay una alternativa mejor.

Hacemos estos sacrificios, y muchos otros, en general, sin notarlo. A fin de cuentas, el punto del autoengaño es que no es consciente. Si te descubrieras pensando, puntualmente: "¿Y si reconozco que me equivoqué?", sería irrelevante. De modo que las mentes inconscientes tienen la tarea de elegir, caso por caso, qué objetivos priorizar. A veces elegimos la mentalidad de soldado, promoviendo nuestros objetivos emocionales o sociales a expensas de la verdad. En otras, elegimos la mentalidad centinela pues buscamos la verdad, incluso si no resulta ser lo que esperábamos.

Y a veces, nuestras mentes inconscientes intentan hacer ambas cosas. Cuando impartía talleres educativos, siempre preguntaba a mis alumnos cómo estaban. Si había alguien que estaba confundido o contento, era mejor saberlo cuanto antes, para resolverlo. Nunca ha sido fácil para mí buscar retroalimentación, así que estaba orgullosa por hacer lo correcto esta vez.

Estaba orgullosa, hasta que me di cuenta de que estaba haciendo algo sin percatarme. Cuando preguntaba a un alumno: "¿Estás disfrutando el taller?", empezaba a asentar con la cabeza, con una sonrisa alentadora que sugería: *La respuestas es sí, ¿verdad? Por favor contesta que sí.* Era evidente que mis ganas de proteger mi autoestima y felicidad competían con las ganas de enterarme que había problemas por resolver. Se me quedó grabada la imagen de mí misma pidiendo comentarios honestos, mientras planteaba preguntas amañadas: la tensión entre el soldado y el centinela en una misma persona.

¿SOMOS RACIONALMENTE IRRACIONALES?

Debido a que es una constante ir y venir entre el centinela y el soldado de manera inconsciente, vale la pena preguntarse si somos buenos en ello. ¿Somos buenos para sopesar, con intuición, los costos y beneficios de conocer la verdad, en cualquier situación, contra los costos y beneficios de creer en una mentira?

Según la hipótesis de "irracionalidad racional", acuñada por el economista Bryan Caplan, la mente humana evolucionó hasta dominar estos intercambios.[1] Si el concepto suena a paradoja es porque emplea los dos sentidos de la palabra racional: la *racionalidad epistémica* supone tener creencias bien justificadas, mientras que la *racionalidad instrumental* supone actuar eficazmente para cumplir nuestros objetivos.

Por lo tanto, ser racionalmente irracional implica que somos buenos —sin ser conscientes— para elegir una dosis *apenas suficiente* de irracionalidad epistémica para cumplir nuestros objetivos sociales y emocionales, sin alterar mucho nuestro juicio. Un individuo racionalmente irracional negaría que tiene problemas, sólo cuando la comodidad de la negación es suficientemente notoria y su capacidad de solucionar el problema, suficientemente baja. Un CEO racionalmente irracional inflaría su percepción sobre la salud de su empresa sólo cuando el efecto positivo de su capacidad para convencer a sus inversores fuera suficientemente alta para superar el efecto negativo de sus malas decisiones estratégicas.

Entonces, ¿somos racionalmente irracionales?

Si lo fuéramos, ya no tendría mucho qué decir en este libro. Podría apelar a tu altruismo y animarte a elegir la mentalidad centinela para ser buen ciudadano. O bien, apelar a tu amor nato por la verdad por sí misma. Pero si ya hubieras encontrado un equilibrio ideal entre el centinela y el soldado, no podría sostener que la mentalidad centinela te brindaría mayores beneficios.

El hecho de que tengas este libro en tus manos anticipa la respuesta: no, para nada somos racionalmente irracionales. Cuando tomamos decisiones, lo hacemos a partir de varios prejuicios importantes, no calculamos sistemáticamente los costos y beneficios de la verdad. En lo que queda de este capítulo vamos a explorar cómo estos prejuicios nos orillan a sobrevalorar la mentalidad de soldado y elegirla más de lo que deberíamos, lo que nos lleva a desestimar la mentalidad centinela y elegirla menos de lo que deberíamos.

SOBREVALORAMOS LAS RECOMPENSAS INMEDIATAS DE LA MENTALIDAD DE SOLDADO

Uno de los aspectos más frustrantes de los seres humanos es nuestra facilidad para desestimar nuestras metas. Pagamos la membresía del gimnasio y casi no vamos. Nos ponemos a dieta y dejamos de seguirla. Cuando tenemos que escribir un artículo, procrastinamos hasta la noche anterior a la fecha límite, y terminamos maldiciéndonos por ponernos en esa situación.

La fuente de este autosabotaje es un *sesgo presente*, un rasgo de nuestra toma de decisiones intuitiva, según la cual nos preocupamos de más por las consecuencias a corto plazo y muy poco por las consecuencias a largo plazo. En otras palabras, somos impacientes, y cuando las posibles recompensas están más cerca, lo somos más.[2]

Cuando quieres adquirir la membresía para un gimnasio, en teoría, vale la pena. Pasas un par de horas a la semana haciendo ejercicio y, a cambio, te vas a ver bien y sentirte mucho mejor. ¿¡En dónde firmo?! Pero una mañana cualquiera, apagar la alarma y seguir durmiendo plácidamente o ir al gimnasio para dar un paso "imperceptible" en tus objetivos de salud, es mucho más difícil. La recompensa de dormir es inmediata, la recompensa de hacer ejercicio es difusa y tardada. Además, ¿qué diferencia hará una sesión de ejercicio en nuestros objetivos de bienestar a largo plazo?

Es bien sabido que el *sesgo presente* determina cómo decidimos comportarnos. Lo que no es tan sabido es que también determina cómo decidimos pensar. Al igual que quedarnos dormidos, no seguir la dieta o procrastinar en vez de trabajar, cosechamos los beneficios de pensar como soldados de inmediato, pero los costos son posteriores. Si te preocupa un error que hayas cometido y te convences de que no fue tu culpa, la recompensa es el alivio emocional instantáneo. El costo es que desperdicias la oportunidad de aprender de tus errores, y es menos probable que los prevengas en un futuro. Pero no te afectará hasta un punto incierto en el futuro.

Al principio de una relación (romántica, profesional, etcétera) es más efectivo sobreestimar los rasgos positivos de la otra persona. Cuando alguien te conoce, tiene muy poca información sobre tus cualidades como empleado o amigo, así que debe confiar en cuán seguro pareces de tus propias cualidades. Pero cuanto más tiempo conviven, mayor información recibe de tus debilidades y fortalezas y menos necesita recurrir a tu seguridad para determinarlas.

Ser demasiado optimista sobre tus posibilidades de éxito te motiva de inmediato. Pero esos beneficios disminuyen con el tiempo o incluso resultan contraproducentes cuando el éxito tarda en llegar más de lo que esperabas. En palabras de Francis Bacon: "La esperanza es buena en el desayuno, pero mala en la cena".

SUBESTIMAMOS EL VALOR DE ADOPTAR HÁBITOS DE CENTINELA

Cuando despiertas en la mañana y vas al gimnasio, los beneficios de la decisión no se limitan a las calorías que quemes o los músculos que tonifiques ese día, sino también en reforzar aptitudes y hábitos valiosos. El primero y más evidente, ir al gimnasio, pero también una aptitud más general como hacer cosas difíciles y el hábito de cumplir las promesas que te haces a ti mismo.

Lo sabemos en sentido abstracto, pero puede ser difícil valorar estos beneficios instintivamente, sobre todo cuando suena la alarma a las seis de la mañana y tu cama está cálida y cómoda. En términos de tus hábitos y aptitudes generales, un solo día no marca una diferencia importante. "Puedo ir mañana", decides al apagar la alarma. Y es verdad, pero mañana dirás lo mismo.

Del mismo modo, los beneficios de la mentalidad centinela no se limitan a trazar un mapa más preciso de la realidad, sino en los hábitos y aptitudes que refuerzas. Incluso cuando piensas en un tema como la política internacional, que no afecta tu vida directamente, tu forma de pensar sí te afecta *indirectamente* porque refuerzas hábitos de pensamiento. Cada que dices: "Buen punto, no se me hubiera ocurrido", se vuelve más fácil reconocer los buenos argumentos en general. Cada vez que optas por verificar un hecho antes de citarlo, es un poco más probable que recuerdes verificar los hechos en general. Cada vez que estás dispuesto a reconocer que te equivocaste, se vuelve más fácil reconocerlo en general.

Estos buenos hábitos se van acumulando con el tiempo. Pero en particular es difícil que el beneficio de "mejorar mis hábitos de pensamiento" compita contra los beneficios potentes e inmediatos de la mentalidad de soldado.

SUBESTIMAMOS LAS REACCIONES EN CADENA
DEL AUTOENGAÑO

Un tropo que se suele aprovechar mucho en las comedias de televisión es que "la decepción engendra mayor decepción". Te resultará familiar: el protagonista comete una ofensa menor, como olvidar comprar un regalo de Navidad para su esposa. Para cubrirlo, dice una mentira piadosa. Por ejemplo, le regala lo que originalmente había comprado para su padre, fingiendo haberlo comprado para ella. Pero necesita mentir de nuevo para encubrir la primera mentira: "Es una corbata… mmm, sí. ¡Tenía ganas de decirte que te ves muy sexy con corbata!", y para el final del capítulo, es responsable de que su esposa diario use corbata.

Exageran el tropo con fines cómicos, pero se basa en un fenómeno real: cuando mientes, es difícil predecir exactamente a qué comprometes a tu futuro yo.

Al igual que las mentiras que contamos a los demás, las mentiras que nos contamos a nosotros mismos tienen reacciones en cadena. Supongamos que acostumbras a racionalizar tus errores y, como consecuencia, te ves más perfecto de lo que eres en realidad. Esto tiene consecuencias en cómo ves a los demás: ahora, cuando tus amigos y familiares se equivoquen, quizá no te muestres empático. A fin de cuentas, *tú* nunca has cometido errores así. *¿Por qué no son mejores? No es tan difícil.*

O supongamos que, en beneficio de tu autoestima, te ves desde lentes color de rosa, y te crees más encantador, interesante e impresionante de lo que en realidad eres a ojos de los demás. Una posible consecuencia: ¿cómo explicas que las mujeres no tienen interés en salir contigo, si eres tan buen partido? Pues tal vez todas son superficiales.

Esa conclusión tiene sus propias reacciones en cadena. ¿Cómo explicar por qué tus padres, amigos o seguidores en internet intentan convencerte de que la mayoría de las mujeres no son tan superficiales como crees? Supongo que no puedes confiar en la honestidad de la gente, porque dice lo que cree, ¿no? Esa conclusión trastorna tu mapa de la realidad.

Estos ejemplos tienen fines ilustrativos y no necesariamente son representativos. Es difícil saber con exactitud cómo te afectará un acto particular de autoengaño en el futuro, o si lo hará. Tal vez en muchos sentidos, el daño es insignificante. Pero el hecho de que el daño sea retardado e impredecible debería ser motivo de alarma. Se trata del valor que solemos descuidar cuando sopesamos los costos y los beneficios de forma intuitiva. Subestimamos el costo de engañarnos y, por tanto, elegir la mentalidad de soldado con demasiada frecuencia y evitar la mentalidad centinela o elegirla muy poco.

SOBREESTIMAMOS LOS COSTOS SOCIALES

¿Le has mentido a tu doctor? Si es así, no eres el único. En dos encuestas recientes, 81 por ciento y 61 por ciento de pacientes, respectivamente, reconoció ocultar información importante a su médico sobre temas como si tomaban sus medicamentos o si entendían sus instrucciones.[3] ¿El motivo más frecuente por el que los pacientes se comportaban así? Vergüenza y temor a ser juzgados. Según el autor principal del estudio: "La mayoría quiere que su médico lo tengo en alta estima".[4]

Contempla la perversidad del intercambio. Primero, es casi seguro que tu doctor no te juzgue como temes. Ha atendido a cientos de pacientes con dolencias vergonzosas y malos hábitos similares. Más aún, la opinión de tu médico no importa, no tiene ningún efecto en tu vida, carrera o felicidad. Tiene mucho más sentido ser completamente honesto con tu médico para obtener el mejor consejo posible.

Éste es otro ejemplo de nuestra distorsionada intuición en lo que se refiere a costos y beneficios, pues sobreestimamos la importancia de la impresión que damos a los demás. Los costos sociales, como vernos raros o quedar como tontos, *parecen* más importantes de lo que son. La realidad es que, a diferencia de lo que te dice la intuición, la gente no te pone tanta atención y sus opiniones no tienen el efecto en tu vida que tú crees.

Como resultado, terminamos inventando intercambios trágicos, sacrificando mucha posible felicidad para eludir costos sociales relativamente bajos. Si invitas a alguien a salir y se niega, no es el fin del mundo, aunque así parezca. La posibilidad del rechazo es tan estresante que a veces justificamos no hacerlo, nos convencemos de que no nos interesa tener una relación o que ahora mismo no tenemos tiempo para salir, que nadie querría salir con nosotros de todos modos, así que no vale la pena intentarlo.

En el capítulo 2, en la sección de pertenencia, describí el síndrome de alta exposición, según el cual se pone límites a quien parece ser demasiado ambicioso. Es un fenómeno real, pero reaccionamos fuera de proporción. Julie Fry es economista y estudia las conductas en torno a la ambición en Nueva Zelanda, en donde históricamente ha sido común el síndrome. Un día se puso en contacto con una mujer a quien había entrevistado hacía dos años, para renovar el permiso de publicar su grabación.

En la entrevista original, la mujer había reconocido que la idea de la ambición no le llamaba la atención y que prefería estabilizarse en su carrera. Pero ahora estaba muy contenta dirigiendo un equipo en su empresa. Le contó a Fry que había cambiado a partir de su conversación sobre el tema de la ambición, pasó de no interesarle a pensar: "No es necesario ser presumida ni acaparadora, pero tal vez no esté mal crecer".[5]

Cuando nos permitimos reflexionar sobre un costo social que hemos eludido (o cuando alguien nos invita a reflexionar al respecto, como en el caso de esta neozelandesa), a veces nos damos cuenta de que no es para tanto. "Puedo asumir más responsabilidades en el trabajo y estaré bien. Nadie me va a odiar." Pero cuando dejamos que nuestro instinto tome la decisión, incluso el mínimo riesgo social provoca una reacción como: "¡Evítalo a toda costa!".

Incluso nos ponemos en riesgo para no hacer el ridículo frente a desconocidos. En *Big Weather: Chasing Tornadoes in the Heart of America*, Mark Svenvold describe su estancia en un motel en El Reno, Oklahoma, durante la llegada de un tornado. La televisión del motel transmitió una alerta y la advertencia del Servicio Meteorológico Nacional: "PROTÉJASE DE INMEDIATO". Svenvold se preguntó si pasaría sus últimas horas de vida en un motel barato.

Sin embargo, dudó en hacer algo. Dos hombres de la localidad tomaban cerveza fuera del motel, tranquilos en su camioneta, parecían impasibles ante la aproximación del tornado. ¿Estaba siendo ingenuo? La recepcionista del motel también se veía tranquila. Svenvold le preguntó si el motel tenía sótano para resguardarse. "No, no tenemos sótano", contestó en un tono que parecía de desprecio.

Más tarde, Svenvold recordó: "El desdén de la recepcionista, una residente, me avergonzó, me hizo sentir como un visitante ignorante, con su negacionismo" y los dos hombres en la calle "tomando cerveza impávidos", lo paralizaron. Después de treinta minutos de dudar de su propio juicio, se dio cuenta de que los hombres se habían ido, y hasta entonces se sintió autorizado para huir.[6]

Las recompensas inmediatas son muy tentadoras, incluso cuando los costos futuros son muy altos. Minimizamos el daño acumulativo de las creencias falsas y el beneficio acumulativo de adoptar hábitos centinelas. Maximizamos lo mucho que nos juzgan los demás y el efecto de sus opiniones en nuestras vidas. Como resultado de estas tendencias, solemos sacrificar nuestra capacidad de ver con claridad a cambio de recompensas emocionales y sociales cortoplacistas. Esto no quiere decir que la mentalidad centinela siempre sea la mejor opción, pero es común que favorezcamos al soldado, *incluso cuando el centinela es la mejor alternativa.*

Descubrir que por naturaleza nuestro cerebro elude tomar decisiones óptimas puede parecer negativo, pero significa que tenemos mucho espacio para mejorar —oportunidades que no hemos explorado para mejorar nuestras vidas— si aprendemos a depender menos de la mentalidad de soldado y más de la mentalidad centinela.

100%   100%
soldado   centinela

NOS IRÍA MEJOR SI, CONTRARIO A LO QUE NOS DICE EL INSTINTO, RECURRIÉRAMOS
A LA MENTALIDAD DE SOLDADO CON MENOS FRECUENCIA Y A LA MENTALIDAD
CENTINELA CON MAYOR FRECUENCIA.

UN MAPA CLARO ES MÁS ÚTIL

Si hubieras nacido hace cincuenta mil años, más o menos estabas atrapado en la tribu y la familia en la que habías nacido. Tampoco había muchas alternativas profesionales. Podías cazar, recolectar o tener hijos, según tu papel en la tribu. Si no te gustaba, ni modo.

Ahora tenemos muchas más alternativas. Sobre todo, si vives en un país relativamente desarrollado, tienes la libertad de elegir en dónde vivir, a qué carrera dedicarte, con quién casarte, si empezar o terminar una relación, tener hijos, cuánto dinero pedir prestado, cómo invertirlo, cómo gestionar tu salud física y mental, y más. Que tus decisiones mejoren o empeoren tu vida depende de tu juicio, y tu juicio depende de tu mentalidad.

Vivir en el mundo moderno también supone que tenemos muchas más oportunidades de arreglar lo que no nos gusta de nuestras vidas. Si no eres bueno en algo, puedes tomar clases, leer un libro, ver un tutorial en YouTube, contratar a un profesor o a alguien que lo haga por ti. Si te oprimen las costumbres sociales restrictivas de tu ciudad, puedes encontrar a personas afines en línea o mudarte a una ciudad más grande. Si tu familia es agresiva, puedes romper con ella.

Si eres infeliz, tienes la oportunidad de ver a un terapeuta, hacer más ejercicio, cambiar tu alimentación, probar antidepresivos, consultar libros de autoayuda o filosofía, meditar, hacer voluntariado o mudarte a un lugar con más luz solar durante todo el año.

No todas estas soluciones son igual de efectivas para todos y no todas valen el esfuerzo o el precio. Decidir cuáles vale la pena probar es cuestión de juicio. Decidir qué problemas en tu vida vale la pena solucionar, y con cuáles aprender a vivir, también es cuestión de juicio.

Debido a esta abundancia de oportunidades, la mentalidad de explorador nos resulta mucho más útil que a nuestros ancestros. A fin de cuentas, ¿qué sentido tiene reconocer la existencia de tus problemas si no los puedes solucionar? ¿Qué sentido tiene percatarte de los desacuerdos que tienes con tu comunidad si no puedes irte? Tener un mapa claro no es útil si sólo se te permite viajar en una dirección.

De modo que no debe sorprendernos que nuestros instintos subestimen la verdad pues evolucionaron en un mundo muy distinto, más apto para el soldado. Nuestro mundo está cambiando y premiando la capacidad de ver con claridad, sobre todo a largo plazo. Se está convirtiendo en un mundo en el que tu felicidad no depende tanto de tu capacidad para aclimatarte a la vida, o al grupo social en el que te tocó nacer.

Cada vez más, el mundo es de los centinelas.

SEGUNDA PARTE

Cómo adquirir consciencia

CAPÍTULO 4

SEÑALES DE UN CENTINELA

Uno de mis placeres culposos es un foro en Reddit titulado "¿Soy el idiota?", en el que la gente describe un conflicto reciente y pide a los demás que opinen quién se equivocó.

En una publicación de 2018, alguien en el foro describió este dilema.[1] Lleva un año en una relación sentimental con una chica y quiere que se mude con él. El problema es que ella tiene un gato y a él no le gustan. Por lo tanto, le gustaría que ella se deshiciera del gato antes de mudarse. Aunque ya le explicó su postura "muy tranquilo y racional", como él lo plantea, su novia se niega. Asegura que ella y su gato vienen en paquete. Él piensa que ella está siendo poco razonable y apela a Reddit para que lo apoyen.

Pero no lo hacen. Le informan que pese a que no le gustan los gatos, las mascotas son súper importantes para sus dueños, y no le puedes pedir a nadie que se deshaga de su gato sólo porque no te gusta. En este caso, el veredicto fue mucho más unánime que lo habitual: "Sí, eres un idiota".

Un factor clave que nos impide adoptar la mentalidad centinela es creer que ya pensamos así. En este capítulo vamos a estudiar algunos factores que nos hacen sentir centinelas (y no lo son), así como indicadores más inequívocos de la mentalidad centinela.

SENTIRTE OBJETIVO NO TE CONVIERTE EN CENTINELA

Esa frase que saqué de la publicación de Reddit "muy tranquilo y racional" es muy reveladora. Nos consideramos objetivos porque así nos *sentimos*. Analizamos nuestra lógica y nos parece sensata. No detectamos señales de ningún sesgo. Nos sentimos impasibles, imparciales.

Pero el hecho de que te sientas tranquilo no quiere decir que estés siendo justo, como demostró sin querer este usuario de Reddit. Y tener la capacidad de explicar una postura de manera "racional", en sus palabras —esboza un argumento convincente a favor de su postura— no quiere decir que ésta sea justa. Es evidente que tu argumento te parece convincente; a todos les parecen convincentes sus propios argumentos. Así funciona el razonamiento motivado.

De hecho, considerarte un individuo racional puede ser contraproducente. Cuanto más objetivo te consideres, más creerás que tu intuición y tus opiniones son representaciones precisas de la realidad, y menos vas a estar dispuesto a ponerlas en duda. "Soy una persona objetiva, por lo que mis opiniones sobre la regulación de las armas deben ser acertadas, a diferencia de la gente irracional que no está de acuerdo conmigo" o "No tengo prejuicios, así que si este candidato para la vacante me parece mejor, entonces debe serlo".

En 2008 sentenciaron al financiero Jeffrey Epstein por prostitución y tráfico de menores. Algunos años después, un periodista mencionó el caso en una entrevista con el físico Lawrence Krauss, amigo cercano de Epstein. Krauss desestimó las acusaciones con esta declaración: "Como científico, siempre juzgo las cosas a partir de evidencia empírica. Siempre estuvo rodeado de mujeres entre los 19 y los 23 años, pero nunca lo vi haciendo nada. Así que, como científico, asumo que, cualesquiera que hayan sido los problemas, le voy a creer a él, y a nadie más".[2]

Es una manera muy dudosa de apelar al empirismo. Ser buen científico no implica negarse a creer en nada hasta no verlo con tus propios ojos. Sencillamente, Krauss confía en su amigo más de lo que confía en las mujeres que acusaron a su amigo o a los investigadores que confirmaron estas acusaciones. No se trata de ciencia objetiva. Cuando partes de la premisa de que eres un pensador objetivo, tus conclusiones poseen un tinte de intachables que no merecen.

SER INTELIGENTE Y ESTAR BIEN INFORMADO
NO TE CONVIERTE EN CENTINELA

"¡Qué idiota!", exclamamos cuando alguien comparte una opinión extraordinariamente desacertada en Facebook. "Supongo que ya no importan los hechos ni la evidencia", suspiramos cuando leemos sobre alguna tendencia pseudocientífica. Periodistas escriben ensayos sombríos sobre "el culto a la ignorancia"[3] y el "antiintelectualismo, y publican libros con títulos como *Just How Stupid Are We? Facing the Truth About the American Voter* (¿Qué tan estúpidos somos? Enfrentando la verdad sobre el votante estadunidense).[4]

Este tipo de lenguaje parece sugerir que el problema con nuestro discurso —y el motivo por el que tanta gente tiene opiniones "equivocadas" en temas controvertidos— es una falta de conocimiento y razonamiento. Si la gente fuera más lista, estaría mejor informada y se daría cuenta de sus errores.

Pero ¿es cierto? Dan Kahan, profesor de derecho en la Universidad de Yale, encuestó a un grupo de estadunidenses para conocer sus opiniones políticas y creencias sobre el cambio climático. Como era de esperarse, son temas sumamente relacionados. Y reveló que era mucho más probable que los demócratas coincidieran con esta idea: "existe evidencia sólida del calentamiento global debido principalmente a actividades humanas como quemar combustibles fósiles", que los republicanos.[5]

Hasta aquí no hay sorpresas. El giro es que Kahan también evaluó "la inteligencia científica" de los encuestados con una serie de preguntas. Algunas eran acertijos diseñados para evaluar la capacidad de razonamiento, como: "Si 5 máquinas fabrican 5 aparatos en 5 minutos, ¿en cuánto tiempo 100 máquinas fabricarían 100 aparatos?". Otras preguntas eran pruebas de conocimiento científico elemental, como "los láseres concentran ondas de sonido, ¿cierto o falso?" y "¿qué gas compone la mayor parte de la atmósfera terrestre: hidrógeno, nitrógeno, dióxido de carbono u oxígeno?".

Si el conocimiento y la inteligencia te protegen del razonamiento motivado, entonces esperaríamos descubrir que cuanto más conocimiento científico, mayor coincidencia en torno a temas científicos. Kahan descubrió lo opuesto. En los niveles más bajos de inteligencia científica no existe polarización, apenas 33 por ciento de liberales y conservadores creen que el calentamiento global es causado por los seres humanos. Pero a medida que aumenta la inteligencia científica, empiezan a divergir las opiniones liberales de las

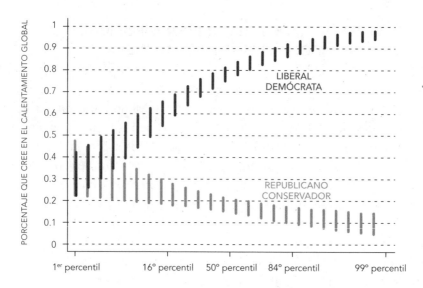

INTELIGENCIA CIENTÍFICA ORDINARIA

A MEDIDA QUE AUMENTA LA INTELIGENCIA CIENTÍFICA, LIBERALES
Y CONSERVADORES DISCREPAN EN TORNO A SI EXISTE "EVIDENCIA
CONCLUYENTE" SOBRE CAMBIO CLIMÁTICO CAUSADO POR EL HOMBRE.
Adaptado de Kahan (2017), gráfica 8, página 1012.

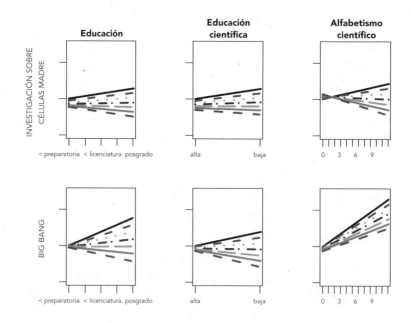

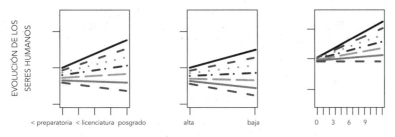

EN TÉRMINOS DE TEMAS CIENTÍFICOS CON IMPLICACIONES IDEOLÓGICAS
—INVESTIGACIÓN SOBRE CÉLULAS MADRE, EL BIG BANG Y LA EVOLUCIÓN—
LOS INDIVIDUOS MEJOR INFORMADOS GUARDAN MAYOR POLARIZACIÓN POLÍTICA.
Adaptado de Drummond & FischhofF (2017), gráfica 1, página 4.

conservadoras. Para cuando se llega al porcentaje más alto de la inteligencia emocional, del lado liberal, la creencia que el calentamiento global es causado por los seres humanos aumenta a casi 100 por ciento y del conservador, se desploma a 20 por ciento.[6] Surge el mismo patrón cuando se pregunta sobre otros temas científicos con implicaciones ideológicas: ¿el gobierno debe destinar recursos para investigar las células madre? ¿Cómo surgió el universo? ¿Los seres humanos evolucionaron a partir de una especie animal inferior? En todas estas preguntas los encuestados con mayor índice de inteligencia científica también sostenían las opiniones con mayor polarización política.[7]

Por como estoy hablando sobre la polarización, algunos lectores podrían inferir que creo que la verdad siempre radica en el centro. No, ése es un equilibrio falso. En cualquier tema en particular, la verdad podría estar cerca de la izquierda radical o la derecha radical, en donde sea. El punto es que cuanto más informados estemos, más cerca de la verdad nos encontraremos, *sin importar dónde se encuentre.* Pero vemos el patrón opuesto, en cuanto más informados estamos, más divergencia demostramos.

Se trata de un resultado crucial porque ser inteligente o estar informado sobre un tema en particular nos dan un falso sentido de seguridad sobre nuestro razonamiento. Un coeficiente intelectual alto y estudios superiores podrían darte una ventaja en dominios de ideología neutra, como resolver ecuaciones o decidir cómo invertir tu dinero. Pero no te protegerán de albergar prejuicios sobre preguntas con implicaciones ideológicas.

Por cierto, la pregunta, "¿algunos son más propensos a emitir prejuicios que otros?" tiene implicaciones ideológicas. Y seguramente los investigadores que estudian el prejuicio son víctimas del propio fenómeno de estudio.

Durante varias décadas, entre psicólogos, es popular que intrínsecamente los conservadores son más propensos al prejuicio que los liberales. Se trata de la teoría "la rigidez de la derecha", es decir, que el conservadurismo atrae a individuos con ciertos rasgos de personalidad innatos: estrechez de miras, autoritarismo, dogmatismo, miedo al cambio y la novedad. Si eres liberal, es una teoría irresistible, y una mayoría aplastante de psicólogos académicos lo son. Una encuesta reciente entre psicólogos sociales y psicólogos de la personalidad descubrió que el índice entre profesionales que se identifican como liberales o conservadores es casi de 14 a 1.[8]

Tal vez eso explica por qué la generalidad estuvo más dispuesta a aceptar la teoría de "la rigidez de la derecha", aunque la investigación que la demuestra es muy dudosa, por decir lo menos. Éstas son algunas de las preguntas típicas que se emplean para determinar si alguien tiene personalidad "rígida":[9]

¿Coincides en que se debería elogiar a "los homosexuales y las feministas" por tener el valor de desafiar "los valores familiares tradicionales"? Si no es así, entonces eres rígido.

¿Estás a favor de la pena de muerte? Si es así, eres rígido.

¿Apoyas el socialismo? ¿El aborto legal? Si no es así, sí, adivinaste, eres rígido.

Con suerte tardarás menos en reconocer el problema con esta investigación que los psicólogos académicos. Se supone que estas preguntas miden la rigidez, pero más bien están evaluando si tus creencias son conservadoras. Esto quiere decir que la teoría de que los conservadores tienen personalidades más rígidas que los liberales no es un descubrimiento empírico, es tautológico.

La inteligencia y el conocimiento son herramientas. Puedes aprovechar estas herramientas para ver el mundo con claridad, si eso quieres. O para defender un punto de vista particular, pero no hay nada inherente a dichas herramientas que te convierta en centinela.

MÁS BIEN, PRACTICAR LA MENTALIDAD CENTINELA SÍ TE CONVIERTE EN CENTINELA

Una noche en una fiesta hablaba de lo difícil que es tener discrepancias productivas en Twitter, a partir de las cuales la gente cambie de opinión. Un hombre en el grupo contribuyó:

—No me parece difícil para nada.

—Guau, ¿cómo le haces? —pregunté.

Se encogió de hombros:

—No es ningún secreto. Mencionas los hechos.

Fruncí el entrecejo, confundida.

—¿Funciona? ¿Mencionas los hechos y la gente cambia de opinión?

—Claro, siempre.

Al día siguiente, revisé su feed de Twitter para entender de qué me había perdido. Leí meses de tuits y no encontré un solo ejemplo que coincidiera con la descripción que me dio en la fiesta. Cuando alguien no estaba de acuerdo con alguno de sus tuits, él los ignoraba, se burlaba de ellos o sencillamente informaba que se equivocaban y con eso zanjaba el debate.

Es fácil *pensar* que cambiamos de opinión frente a la evidencia, que ponemos en práctica nuestros principios consistentemente o que somos razonables, sea o no cierto. La prueba de la mentalidad centinela no es si te consideras el tipo de persona que actúa así, sino que puedas señalar casos concretos en los que, sin lugar a dudas, actuaste así.

Creerse razonable, inteligente e informado, identificar el razonamiento motivado *parecen* indicadores de una mentalidad centinela, no obstante, poco tienen que ver con ella. La única prueba contundente de un centinela es que te conduzcas como tal. En lo que queda de este capítulo vamos a explorar cinco indicadores de la mentalidad centinela, señales conductuales propias de aquella persona que prioriza la verdad, que la investiga, aunque no esté obligada a hacerlo e incluso cuando no le favorezca.

1. Si te das cuenta de que los demás tenían razón, ¿lo reconoces?

En la Guerra Civil de Estados Unidos la ciudad de Vicksburg tuvo un papel clave por su ubicación estratégica en el río Mississippi. Quien la controlara podía manejar el movimiento de tropas y provisiones del país, de norte a sur. En palabras del presidente de los estados confederados, Jefferson Davis: "Vicksburg es el clavo que mantiene unidas las dos mitades".[10]

El líder del ejército de la Unión, el general Ulysses S. Grant, llevaba meses intentando sitiar Vicksburg. Por fin, en mayo de 1863, concibió un plan audaz

para acercarse a la ciudad desde una dirección inesperada, mientras utiliza-
ba subterfugios para ocultar el progreso de sus tropas a la Confederación. El
presidente Abraham Lincoln estaba preocupado, el plan le parecía demasiado arriesgado. Pero dos meses después, el Día de la Independencia, el ejército
de Grant se proclamó victorioso en el centro de Vicksburg.

Lincoln no había conocido a Grant en persona, pero decidió escribirle una
carta tras escuchar las noticias de la victoria. "Mi querido general", expresó su
gratitud y continuó: "Desearía decir algo más... Creí que debía reunirse con el
general Banks al sur del río; y cuando regresó al este de Big Black creí que era
un error. Ahora me gustaría reconocer que usted acertó y yo me equivoqué".[11]

Más tarde, tras leer la carta, un colega de Lincoln afirmó que coincidía a la
perfección con su forma de ser. Al presidente nunca se le dificultó reconocer
la superioridad de juicio de su interlocutor.[12]

En sentido estricto, la mentalidad centinela sólo exige que reconozcas tus
errores a título personal. En todo caso, la capacidad de reconocer "me equivoqué" frente a otra persona es una señal inconfundible de una persona que
prioriza la verdad por encima de su ego. ¿Se te ocurren casos en los que has
hecho lo mismo?

2. ¿Cómo reaccionas a las críticas personales?

Tal vez has tenido un jefe o amigo que jura respetar la honestidad y querer
que la gente sea directa, pero cuando alguien lo critica, reacciona mal. Se
ofende, se pone a la defensiva o contraataca. O tal vez agradece amablemen-
te el gesto de honestidad, pero a partir de entonces le retira la palabra a esa
persona.

Es mucho más fácil *decir* que aceptas las críticas que hacerlo. Pero en muchas instancias, recibir retroalimentación honesta es crucial para mejorar.
¿Podrías mejorar la habilidad de hablar en público? ¿Tus clientes tienen
quejas? ¿Hay cosas que estés haciendo como jefe, empleado, amigo, pareja
sentimental que frustren a los demás?

Para determinar qué tan cómodo te sientes con las críticas, no basta preguntarte si estás abierto a recibirlas. Mejor evalúa tu historial. ¿Has respondido a críticas? ¿Has premiado a un crítico (por ejemplo, con un ascenso)? ¿Te
esfuerzas para facilitar que los demás te critiquen?

Spencer, un amigo mío, es director de una empresa emergente y dirige varios equipos. Dos veces al año invita a todos sus empleados a llenar una encuesta sobre su rendimiento como director. La encuesta es anónima, para facilitar la sinceridad de los empleados. También ha aprendido a plantear sus preguntas de muchas formas para obtener más y mejores críticas. Por ejemplo, además de preguntar: "¿Cuáles son mis debilidades como jefe?", pregunta: "Si tuvieras que elegir un aspecto que deba mejorar, ¿cuál sería?".

No me va bien en esta característica de la mentalidad centinela; como recordarás, me acerqué a mis alumnos para pedir "retroalimentación honesta" mediante preguntas amañadas. Detesto recibir críticas personales y casi me tengo que forzar a oírlas. La diferencia entre Spencer y yo en este aspecto es muy marcada, como cuando me sugirió muy entusiasta:

—Julia, me acabo de enterar de un evento de citas rápidas. Tienes una 'cita' de cinco minutos con diez personas y después cada una te da sus impresiones y te sugiere cómo podrías mejorar. ¿Vamos?

—Spencer, preferiría cortarme una pierna con un cuchillo sin filo —le dije con total honestidad.

3. ¿Tienes la costumbre de reconocer si te equivocas?

Un lunes por la mañana, la periodista Bethany Brookshire se sentó frente a su escritorio y abrió su correo. Había recibido dos respuestas de científicos a quienes había escrito para solicitar una entrevista. Uno de ellos era de una científica, y comenzaba así: "Querida doctora Brookshire..." El otro era de un científico, y empezaba así: "Querida señorita Brookshire...".

Típico, pensó. Entró a Twitter, escribió este post y lo publicó:

Observación de lunes por la mañana:
La firma automática de mis correos incluye mi grado "doctora". Firmo
    mis correos sólo con mi nombre, sin el "doctora". Les escribo a mu-
    chos doctores.
Sus respuestas:
Hombres: "Querida Bethany". "Hola, señorita Brookshire".
Mujeres: "Hola, doctora Brookshire".
No ocurre 100 por ciento de los casos, pero la división es MUY clara.[13]

Su tuit fue compartido más de 2,300 veces. Una mujer comentó: "No me sorprende"; otra: "¡Claro que hay prejuicio!"; una más: "También me pasa".

No obstante, a medida que iba sumando respuestas de aliento, Brookshire empezó a avergonzarse. Para su publicación se basó en una impresión muy aproximada, de memoria, de cómo acostumbraban a responder a sus correos los científicos y las científicas con los que se escribía. Pero la información precisa estaba en su bandeja de correos. "¿No debería, al menos, demostrarlo?", se preguntó.

Revisó sus correos, hizo cuentas y descubrió que se había equivocado. De los científicos, 8 por ciento le había llamado "doctora" y las científicas, sólo 6 por ciento. Si bien la información era escasa como para sacar conclusiones seguras, no apoyaba para nada su observación inicial. Una semana después, decidió darle seguimiento a su tuit original y compartir los resultados de su investigación: "Nueva publicación: revisé la información. Y resulta que... me equivoqué".[14]

Para ser clara, que Brookshire se haya equivocado en este caso no quiere decir que *no* existan prejuicios de género en la ciencia. Sólo que en esta instancia particular, su impresión no fue acertada. "Todos nos identificamos porque se parece a nuestra realidad. En muchos casos, puede serlo, pero mi observación sobre mis correos fue un error", escribió en una publicación posterior en su blog.[15]

¿Se te ocurren ejemplos en los que hayas reconocido, por cuenta propia, que te equivocaste? Tal vez estabas a punto de dar una opinión en línea, pero primero decidiste buscar los contraargumentos y terminaste convencido. O quizás en el trabajo defendías una nueva estrategia, pero cambiaste de opinión cuando volviste a hacer cuentas con cuidado y te diste cuenta de que no sería factible.

4. ¿Tomas precauciones para evitar engañarte?

Una pregunta que suscitó debates acalorados entre los físicos del siglo XX fue si la expansión del universo iba en aumento o en descenso. Es importante, en parte porque es un buen indicador de cómo será el futuro: si la expansión va en aumento, entonces toda la materia existente seguirá distanciándose el resto de la eternidad. Si la expansión es más lenta, entonces tarde o temprano todo colapsará en un punto, como el Big Bang, pero al revés (de hecho, se denomina "gran implosión").

En la década de 1990, el físico Saul Perlmutter estuvo al frente del Proyecto Cosmológico de Supernovas, un equipo que investigaba la velocidad de expansión del universo mediante la medición de luz que proyectan las supernovas o explosiones estelares. Perlmutter sospechaba que la respuesta sería que la expansión iba en aumento, pero le preocupaba que el razonamiento motivado corrompiera el proceso de investigación. Sabía que incluso los científicos mejor intencionados se pueden engañar y terminar interpretando sus datos a su favor.

De modo que Perlmutter optó por un método denominado *análisis ciego de datos*. Empleó un programa de computadora para cambiar todos los datos de las supernovas al azar, y mantenerlos ocultos del equipo mientras procedía con su análisis. Como no podían ver sus cálculos originales, no podían modificar su análisis para obtener la respuesta que querían, ya fuera de manera consciente o inconsciente. Sólo cuando concluyeron los análisis el equipo pudo ver los resultados con los datos reales, y así confirmaron la teoría de la aceleración.

En 2015, Perlmutter ganó el Nobel por este descubrimiento. En cierto sentido, el análisis ciego de datos "requiere más trabajo, pero creo que garantiza mayor seguridad", comentó a un periodista.[16]

No todos los días pones a prueba una teoría digna de un premio Nobel sobre la naturaleza de la realidad, pero el mismo principio es válido para situaciones más ordinarias: ¿Procuras no sesgar la información que tienes? Por ejemplo, cuando pides a tu amigo su opinión sobre una pelea que tuviste con tu pareja, ¿describes el desacuerdo, sin revelar de qué lado estabas, para no influir en la respuesta de tu amigo? Cuando presentas un proyecto en el trabajo, ¿decides antes de tiempo qué elementos serán un éxito o un fracaso, para no estar tentado a modificar las metas después?

5. ¿Tienes buenos críticos?

Cuando Charles Darwin publicó *El origen de las especies* en 1859 sabía que caería como una bomba. El libro proponía la evolución a partir de la selección natural, una teoría cuya comprensión sería difícil y que rayaba en la blasfemia, pues derrocaba la imagen tradicional del dominio divino del hombre sobre el animal. Defender la evolución era "como confesar un asesinato", le contó a un colega científico.[17]

El libro generó una tormenta de críticas, que para Darwin fueron mortificantes, aunque las esperaba. Sus críticos presentaron argumentos débiles, exigieron una cantidad de evidencia poco realista y sus objeciones eran endebles. En público, Darwin se mantuvo cortés, pero desahogaba sus frustraciones en privado. "Owen es vengativo. Malinterpreta y altera mis afirmaciones de forma injusta", comentó sobre una reseña.[18]

Es común que el inconformista con una teoría alternativa sienta que los poderes fácticos lo desestiman injustamente. Sin embargo, Darwin fue un caso atípico porque también reconoció a un puñado de *buenos* críticos, además de los malos, quienes se habían tomado la molestia de entender su teoría y plantear objeciones inteligentes.

Uno de ellos fue el científico François Jules Pictet de la Rive, quien publicó una reseña negativa de *El origen de las especies* en la revista literaria *The Athenaeum*. A Darwin le impresionó la reseña de Pictet de la Rive a tal grado que le escribió una carta para agradecerle por resumir el argumento del libro con tanta precisión y por la imparcialidad perfecta de su crítica: "Coincido con todo lo que plantea. Reconozco sinceramente que no explico todas las enormes dificultades. La única diferencia entre nosotros es que le doy más importancia a explicar los hechos y un poco menos a las dificultades".[19]

Quizá conozcas a personas que critican tus creencias más arraigadas o tus decisiones de vida. Personas con ideas opuestas a las tuyas sobre temas políticos como la regulación de las armas, la pena de muerte o el aborto. Que disienten en temas científicos como el cambio climático, la nutrición o las vacunas. Que condenan la industria en la que trabajas, por ejemplo, tecnológica o militar.

Es tentador pensar que tus críticos son malintencionados, irracionales o están desinformados. Y tal vez algunos lo sean; pero no es probable que *todos* lo sean. ¿Conoces a alguien que critique tus creencias, profesión o decisiones vitales y que te parezca considerado, incluso si crees que se equivoca? ¿O por lo menos puedes mencionar motivos razonables por los que alguien podría discrepar contigo (incluso si no conoces a una persona que tenga esas opiniones)?

Tener la capacidad de reconocer a críticos razonables, tener la disposición de decir: "En esta ocasión, mi interlocutor tiene razón", admitir cuando te equivocas distingue a quienes les importa la verdad de quienes creen que les importa.

La señal absoluta de una mentalidad centinela puede ser recordar ocasiones en las que adoptaste la mentalidad de soldado. Si te parece algo retrógrada, recuerda que ese tipo de razonamiento es nuestro estado natural. Es universal, así están configurados nuestros cerebros. Si nunca te descubres en él, ¿es más probable que difieras del resto de la humanidad o que no seas tan consciente como consideras serlo?

No es sencillo aprender a reconocer tus prejuicios en el momento. Pero con las herramientas adecuadas es posible. De eso tratan los próximos dos capítulos.

CAPÍTULO 5

CÓMO PERCATARSE DE LOS PREJUICIOS

Para comprender lo insidioso que es el razonamiento motivado es útil un truco de magia. Una de las herramientas esenciales en la caja de todo mago es una estrategia de manipulación llamada *obligar*. En su forma más elemental, funciona así: el mago coloca dos cartas boca abajo y frente a ti. Para que el truco funcione, necesita que te quedes con la carta de la izquierda. Te dice: "Vamos a descartar una de estas cartas, por favor escoge una".

Si señalas la carta de la izquierda, te dice: "Ésta es tuya". Si escoges la de la derecha, te dice: "Vamos a descartar ésta". En cualquiera de los dos casos, te quedas con la carta de la izquierda y con la sensación de que la elegiste por voluntad propia. Si pudieras ver estas dos posibilidades al mismo tiempo, el truco sería evidente. Pero como terminas con una sola, nunca te das cuenta.

"Ésta es tuya"   "Vamos a descartar ésta"

Sucede lo mismo cuando el cerebro emplea el razonamiento motivado y te hace sentir que estás siendo objetivo. Supongamos que descubren que un político demócrata engaña a su esposa, pero para la votante demócrata no significa un motivo para no votar por él: "Lo que haga en su vida privada es asunto suyo", concluye un militante. No obstante, si el político adúltero hubiera sido republicano, el veredicto hubiera sido: "el adulterio es señal de una personalidad deficiente, y demuestra que no tiene lo que se necesita para gobernar".

Si la votante demócrata pudiera ver su reacción en ese mundo paralelo y compararla con su reacción en el mundo real, la influencia de sus inclinaciones sería indudable. Pero debido a que sólo ve uno de esos mundos, nunca se percata de que no es imparcial.

Para el cerebro es mucho más fácil "obligar" en temas que nunca has contemplado antes, porque no tienes principios preexistentes que estorben al escoger la respuesta conveniente. Posiblemente ya tengas opiniones contundentes sobre la severidad con la que se debe juzgar el adulterio, así que mejor pongamos este ejemplo: si te demandan y ganas, ¿quien te demandó debería cubrir los costos legales? Si eres como la mayoría (un estudio sugiere que 85 por ciento),[1] tu respuesta es sí. A fin de cuentas, si se te acusa falsamente, ¿por qué deberías gastar mil dólares en abogados? No sería justo.

Sin embargo, cuando replantearon sutilmente la pregunta en el mismo estudio ("Si demandas y pierdes, ¿te corresponde pagar los costos legales?") sólo 44 por ciento dijo que sí. Imaginarte en el papel de quien demanda y pierde evoca argumentos alternativos. Por ejemplo, quizá perdiste porque tu contraparte es adinerada y puede contratar a mejores abogados. No es justo disuadir a las víctimas de demandar porque si pierden no pueden costearlo, ¿cierto?

Los dos argumentos a favor y en contra de la política de "los perdedores pagan" tienen cierto mérito. Pero el que elijas dependerá de si eres el demandante o el acusado, y muy probablemente nunca se te ocurrirá que podrías haber pensado en un argumento opuesto si hubieras estado en el otro lado del caso.

UN EXPERIMENTO MENTAL OFRECE UNA PROBADA AL MUNDO PARALELO

Es imposible identificar el razonamiento motivado propio si lo analizas y concluyes que tiene sentido. Es preciso compararlo con cómo *hubieras* pensado en un mundo paralelo, en el que tus motivaciones fueran distintas, ¿juzgarías las acciones de aquel político de otra forma si estuviera en el partido de oposición? ¿Habrías evaluado ese consejo de otra forma si te lo hubiera dado tu amiga y no tu esposo? ¿Considerarías que la metodología del estudio es razonable si las conclusiones hubieran respaldado tu opinión?

Es evidente que no puedes saber cómo habrías razonado si las circunstancias fueran distintas. No puedes visitar el mundo paralelo, pero sí puedes hacer la mejor alternativa: asomarte con un experimento mental.

En las páginas siguientes vamos a explorar cinco experimentos mentales: la prueba de la doble moral, la prueba del advenedizo, la prueba de la conformidad, la prueba del escéptico selectivo y la prueba del sesgo del *statu quo*. Antes de empezar, hay una sugerencia importante para tener en cuenta cuando realices un experimento mental: intenta *imaginar* un mundo paralelo. Para entender la relevancia de esto, imagina a un niño de seis años que se acaba de burlar de otro niño. Su madre lo regaña e intenta enseñarle por qué está mal: "Ponte en el lugar de Billy, imagina que alguien se burla de ti enfrente de tus amigos. ¿Cómo te sentirías?". El niño responde sin pensarlo: "¡No me importaría!".

Es evidente que el niño no se está poniendo en los zapatos de Billy, ¿cierto? Cree que su respuesta es correcta pues sugiere que no ha hecho nada malo. Los experimentos mentales sólo funcionan si los pones en práctica. No formules la pregunta verbalmente, imagina un mundo paralelo, visualízate en él y observa tu reacción.

Te sorprenderá la diferencia. Una estudiante de derecho a quien conocí hace un par de años, a quien llamaré Keisha, no estaba contenta en la facultad de derecho y no le entusiasmaba la idea de ser abogada, pero siempre descartaba la posibilidad de renunciar. Una de sus amigas le preguntó:

—¿Estás estudiando derecho porque no quieres decepcionar a tus papás? Si supieras que no les importa, ¿cambiarías tu decisión?

—No, no sigo estudiando por ellos. Sería una locura —Keisha dijo con seguridad.

Su amiga la presionó un poco más, planteó la pregunta en términos más vívidos:

—De acuerdo, imagina que mañana tus papás te llaman y te dicen: "¿Sabes qué, Keisha? Hemos estado platicando y nos preocupa que no estés contenta en la facultad. Queríamos que supieras que no nos importa si lo dejas, queremos que hagas algo que disfrutes".

—En ese caso, lo dejaría en ese momento —respondió.

LA PRUEBA DE LA DOBLE MORAL

De joven, "Dan" (no es su nombre real) asistió a una preparatoria militar con poca diversidad de género. En su generación había unas 30 mujeres y 250 varones. Como las chicas tenían muchas opciones, solían buscar chicos muy atractivos, atléticos o encantadores.[2] Estos adjetivos no describían a Dan. Era torpe para socializar y de aspecto raro, y las chicas no le hacían caso. Dolido por la falta de interés, concluyó que todas las chicas eran "zorras engreídas".

Sin embargo, un día realizó un experimento mental que le hizo cambiar de opinión. Se preguntó: "Con toda sinceridad, ¿si la situación fuera a la inversa no harías lo mismo?". La respuesta era evidente. "Si ése fuera el caso, sin duda sólo le haría caso a las guapas". Este cambio de perspectiva no le mereció una cita de inmediato, pero sí lo hizo sentirse más tranquilo con la situación en la escuela y le facilitó relacionarse con las mujeres poco tiempo después.

Dan puso en práctica una versión de "la prueba de la doble moral": "¿Estoy usando un criterio para juzgar la conducta de los demás que no usaría para valorar mis propias acciones?". La prueba de la doble moral sirve tanto para grupos como para individuos. De hecho, seguramente la has encontrado en su versión más tradicional: en acaloradas discusiones políticas: "Ay, por favor, ¡deja de atacar a nuestro candidato! ¿Cómo habrías reaccionado si alguien de tu partido hubiera hecho lo mismo?".

Es mucho menos frecuente hacerse esa pregunta, pero a veces sucede. Me impresionó que la prueba surgió en 2009 en una discusión en línea sobre la intención de los demócratas de abolir el obstruccionismo. Un comentador —demócrata— expresó su desacuerdo: "Me imagino cómo habría reaccionado si [el presidente republicano George W. Bush] hubiera empleado la misma táctica para el presupuesto de guerra o algo similar. No me hubiera gustado para nada", comentó.[3]

Hasta ahora, estos ejemplos han implicado juzgar a individuos o grupos a partir de un criterio injusto. Pero esta prueba también puede revelar la doble moral opuesta: juzgarte con más severidad de lo que juzgarías a alguien en la misma situación. Si te avergüenzas por plantear una pregunta absurda en clase o una junta, imagina si alguien más hubiera planteado la misma pregunta "absurda". ¿Cómo hubieras reaccionado? ¿Habría sido igual de grave?

LA PRUEBA DEL ADVENEDIZO

La primera mitad de 1985 fue una época "desalentadora y frustrante" para la empresa de tecnología Intel, según su cofundador Andy Grove. Intel se especializaba en chips de memoria y prosperaba. Pero para 1984, sus competidores japoneses descubrieron cómo hacer chips más rápidos y eficientes que los de Intel. Los ejecutivos de Intel vieron que la participación de Japón en el mercado subió como espuma y la suya se desplomó. No sabían qué hacer. Los destruían en el mercado de chips de memoria. ¿Deberían intentar irse hacia otros mercados? Pero las memorias eran su identidad. La idea de dejar de ser una "empresa de memorias" era inconcebible, una especie de violación de un dogma religioso.

En su autobiografía, *Only the Paranoid Survive*, Grove describe la conversación que sostuvo con su cofundador, Gordon Moore, que terminó salvando a la empresa:

Teníamos el ánimo por los suelos. Me asomé por la ventana y, a la distancia, vi la rueda de la fortuna Ferris del parque de diversiones Great America. Volteé a ver a Gordon y le pregunté:

—Si nos despidieran y la junta directiva contratara a un nuevo CEO, ¿qué crees que él haría?

Gordon respondió sin dudarlo:

—Nos sacaría del mercado de las memorias.

Lo miré paralizado.

—¿Y por qué no salimos de la oficina y hacemos precisamente eso?[4]

Gracias a una perspectiva externa, reconocieron que abandonar el negocio de las memorias, en el que alguna vez destacaron, era la salida evidente y la decisión estaba prácticamente tomada. De esta forma Intel se recuperó con vigor de su desplome de mediados de la década de 1980, dejaron de hacer chips de memoria y optaron por microprocesadores, por los que hoy en día siguen siendo célebres.

El experimento mental de Grove y Moore se denomina *prueba del advenedizo*: imagina que alguien más se pone en tus zapatos, ¿qué haría en tu situación? Cuando tomas una decisión difícil, la interrogante de qué hacer se puede mezclar con otras preguntas de complejidad emotiva como: "¿Estoy en esta situación por mi culpa?" o "Si cambio de opinión ¿me van a juzgar?". El objetivo de la prueba del advenedizo es eliminar esas influencias para que gestiones tu situación de la mejor manera posible.

Para darle un giro, también puedes imaginar que *tú* eres el advenedizo. Supongamos que te quedan dos años para terminar el doctorado, pero cada vez te sientes más infeliz. Ya te planteaste la posibilidad de renunciar, pero la idea de que ya desperdiciaste años de tu vida en este camino es muy dolorosa, así que siempre encuentras un motivo para aguantar.

Imagina que te teletransportas a la vida de otra persona [tú]. No tienes relación alguna con sus decisiones pasadas, ningún deseo de parecer consistente ni demostrar nada. Sólo quieres sacarle el mejor provecho a la situación en la que te encuentras. Es como si te colgaras un letrero del cuello que dice: "Nueva administración".[5] ¿Cuál opción te genera más entusiasmo? ¿Pasar otros dos años en la universidad para titularte o renunciar para hacer otra cosa?[6]

LA PRUEBA DE CONFORMIDAD

De niña idolatraba a mi prima Shoshana, dos años mayor que yo y, para mí, súper sofisticada. Un verano, en un campamento familiar me presentó una banda de moda, New Kids on the Block. Sentadas en su casa de campaña, escuchando su último disco en la casetera, Shoshana dijo:

—Ay, ésta es mi canción favorita.

Cuando terminó la canción me preguntó qué me había parecido, a lo que respondí con mucho entusiasmo:

—¡Sí, está buenísima! Creo que también es mi favorita.

—Pues adivina. *No es mi favorita*, me choca. Quería ver si me copiabas.

Me sentí avergonzada. Pero en retrospectiva, fue una experiencia formativa. Lo que dije había sido cierto, me había gustado más esa canción que las otras. No creía haberlo dicho para impresionar a Shoshana. Pero cuando Shoshana reveló su truco, cambié de opinión en ese momento. De pronto, la canción me parecía cursi, patética, aburrida. Como si alguien la hubiera iluminado con una luz más severa y viera todas sus fallas con toda claridad.[7, 8]

Ahora utilizo el truco de Shoshana como experimento mental cuando quiero probar a qué grado "mi" opinión es de hecho mía. Si concuerdo con el punto de vista de alguien más, hago una prueba de conformidad: imagino si dicha persona cambiara de opinión. ¿La sostendría? ¿Me sentiría cómoda defendiéndola?

Por ejemplo, supongamos que estás en una reunión estratégica y tu colega argumenta que se requiere contratar a más empleados. Te descubres asintiendo. Piensas: "Es verdad, al final ahorraríamos dinero". Crees que es tu parecer, pero para corroborar puedes hacer la prueba de conformidad. Imagina que de repente tu colega dijera: "Por cierto, no necesariamente creo que sea momento de contratar a más personal". ¿Sigues estando a favor de contratar?

Con la prueba de conformidad puedes cuestionar tus preferencias y tus creencias. Una conocida que raya los treinta años pensaba si quería tener hijos. Siempre había asumido que terminaría siendo madre, pero ¿en verdad lo quería o sólo estaba siguiendo la corriente de la mayoría? Hizo la prueba de conformidad: "Supongamos que tener hijos no fuera la elección más popular y en cambio, sólo 30 por ciento de la población lo hiciera. ¿Lo haría?". Se dio cuenta de que, en ese mundo, la idea de tener hijos le atraía menos. El resultado le subrayó que la maternidad le interesaba mucho menos de lo que había creído.

LA PRUEBA DEL ESCÉPTICO SELECTIVO

Mientras realizaba la investigación de este libro, me encontré con un artículo que aseguraba que la mentalidad de soldado garantiza el éxito. No creí ni la mitad. Revisé la sección de metodología para buscar defectos. Como preví, resultó ser un estudio deficiente.

Con reticencia, hice un experimento mental: *¿Qué pasaría si este estudio asegurara que la mentalidad de soldado garantiza el fracaso?*

En ese caso, me di cuenta de que mi reacción hubiera sido: "Tal como lo sospechaba. Tengo que integrar este estudio en mi libro". Ese contraste entre mis reacciones en el mundo real y el mundo paralelo fue una llamada de atención, una advertencia de que debía ser un poco menos crédula de la evidencia que respaldara mi versión. Me animó a revisar de nuevo los estudios que había pensado citar en mi favor y estudiar su metodología en busca de defectos, tal como había hecho con el estudio en defensa de la mentalidad de soldado (tristemente, esto descalificó la mayoría).

Denomino esta clase de experimento mental *prueba del escéptico selectivo*: supongamos que alguien externo a la empresa critica una decisión que se tomó y tu primera reacción es: "No tiene ni idea porque desconoce los detalles relevantes". *Prueba del escéptico selectivo:* imagina que esa persona elogia la decisión de la empresa. ¿Aun así creerías que sólo las personas con información privilegiada pueden tener opiniones válidas?

Supongamos que eres feminista y lees un artículo de que las feministas odian a los hombres. Como evidencia, el autor ofrece un puñado de tuits de individuos que no conoces, que dicen cosas del estilo: "¡¡¡Todos los hombres deberían morir en un incendio!!! #girlpower #feminismo". Y piensas: "Por favor, *por supuesto* que hay ejemplos de idiotas o extremistas en cualquier grupo si te empeñas en encontrarlos. Seleccionar a modo no demuestra nada sobre el feminismo".

Prueba del escéptico selectivo: imagina que el artículo hubiera estado repleto de citas a modo de un grupo que te desagrada, como los conservadores.[9] ¿Cómo reaccionarías? ¿Rechazarías la evidencia a partir de la misma lógica, porque un par de ejemplos selectivos de idiotas en un grupo no demuestra nada de ese grupo?

LA PRUEBA DEL SESGO DEL *STATU QUO*

David, un amigo, vivía en su ciudad de origen con sus amigos de la universidad. Tenía una oportunidad laboral de ensueño en Silicon Valley, pero se debatía con si debía aceptarla. A fin de cuentas, tenía una excelente relación con sus amigos y todos vivían cerca. ¿Valía la pena renunciar a eso por un trabajo?

Así que hizo un experimento mental. "Supongamos que ya estuviera viviendo en San Francisco, y tuviera un trabajo emocionante y bien remunerado. ¿Estaría tentado a renunciar y volver aquí para estar cerca de mis amigos de la universidad?

Se dio cuenta de que no.

El experimento mental de David reveló que el "sesgo del *statu quo*" estaba influyendo en su actitud. Se trata de la motivación para defender cualquier situación que sea el *statu quo*. Una influyente teoría expone que favorecemos el *statu quo* por nuestra aversión a la pérdida: el dolor que sentimos frente a una pérdida pesa más que el placer que provoca una ganancia similar. Por eso somos reacios a cambiar nuestra situación; incluso si el cambio implicara una mejora, nos centramos más en lo que perderíamos que en lo que ganaríamos.

Denomino a este experimento mental *prueba del sesgo del statu quo*: imagina que tu situación actual ya no fuera el *statu quo*. ¿La elegirías? Si no es así, es una señal de que favoreces tu situación no por sus méritos particulares si no porque favoreces el *statu quo*.[10]

La prueba del sesgo del *statu quo* funciona tanto para decisiones públicas como personales. En 2016, cuando los ciudadanos británicos votaron para permanecer o quedarse en la Unión Europea, una bloguera británica estaba indecisa, pero se decidió gracias a la prueba del sesgo del *statu quo*: "Si no formáramos parte de la Unión Europea, ¿me parecería importante pertenecer a ella?", se preguntó. Su respuesta fue no.[11]

Cuando rechazas alguna propuesta de cambio en la sociedad es una oportunidad para probar el sesgo del *statu quo*. Contempla la investigación sobre la extensión de la vida: si la ciencia determina cómo duplicar el promedio de vida humana de 85 a 170 años, ¿sería positivo? Para muchas personas con las que lo he hablado, no. "Si los seres humanos vivieran tanto, disminuiría el progreso", argumentan. "Necesitamos que las generaciones mayores mueran y hagan espacio para las nuevas generaciones con ideas novedosas."

Para realizar la prueba del sesgo del *statu quo*, imagina que el promedio de vida humana fuera de 170 años. Ahora, supongamos que una mutación genética redujera el promedio de vida humana a 85 años. ¿Te gustaría? Si no te agrada la idea, entonces tal vez no compartas la creencia de que los cambios sociales no compensan la disminución del promedio de vida.[12]

EXPERIMENTOS MENTALES COMUNES

Prueba de la doble moral	¿Juzgas a un individuo (o un grupo de individuos) con un criterio distinto del que usarías con otro individuo o grupo?
Prueba del advenedizo	¿Cómo evaluarías esta situación si no te encontraras en ella?
Prueba de conformidad	Si los demás no comparten esta opinión, ¿seguirías apoyándola?
Prueba del escéptico selectivo	Si la evidencia apoyara la otra versión, ¿te parecería creíble?
La prueba del sesgo del *statu quo*	Si tu situación actual no fuera parte del *statu quo*, ¿la elegirías por decisión propia?

Los experimentos mentales no son oráculos. No revelan verdades, qué es justo o qué decisión debes tomar. Si percibes que en el tema del adulterio serías más indulgente si quien lo comete es un demócrata y no un republicano, entonces la prueba sugiere que te guías por una doble moral, pero no cuál debería ser tu criterio. Si te notas nervioso por desviarte del *statu quo*, eso no significa que no puedas decidir ir a lo seguro esta vez de todos modos.

Los experimentos mentales revelan que, a medida que cambian tus incentivos, también lo hace tu razonamiento. Que los principios que invocas o las objeciones que te vienen a la mente dependen de tus motivos: el motivo de defender tu imagen o tu estatus dentro de un grupo; defender una política egoísta, o el temor al cambio o al rechazo.

Cuando descubres que tu cerebro recurre al razonamiento motivado —en el momento en que te llaman la atención los defectos antes invisibles de un experimento, o cuando te das cuenta que al cambiar los detalles, en apariencia irrelevantes, de un escenario se modifican tus preferencias— se desploma la ilusión de que tu juicio de partida es la verdad objetiva. Te convences, visceralmente, de que tu razonamiento es contingente: que tus juicios son el punto de partida para explorar, mas no el punto final.

En la metáfora del centinela es como contemplar un río a la lejanía a través de tus binoculares y decir: "Desde aquí parece que está congelado, pero voy a pararme desde otro punto, ángulo, luz, lente, para comprobar si se ve distinto".

CAPÍTULO 6

¿QUÉ TAN SEGURO ESTÁS?

En una escena de la película *Star Trek Beyond* (2006), una nave espacial navega en el cielo.[1] La pilotea el capitán Kirk, quien persigue tres naves enemigas que se dirigen al centro de la ciudad, donde pretenden detonar un arma letal. La mano derecha de Kirk, el comandante Spock, le grita: "¡Capitán, es imposible interceptar las tres naves!".

Imposible. Una palabra que suena tan autoritaria, definitiva. No obstante, menos de sesenta segundos después Kirk resuelve cómo maniobrar frente a las naves enemigas, las detiene con el casco de su nave antes de que lleguen a su destino.

Si has visto *Star Trek* varias veces, esta escena no te sorprenderá. Cuando se trata de predicciones acertadas Spock no tiene un historial fiable. "Las posibilidades de que esto funcione son escasas", Spock le recuerda a Kirk en un capítulo de la serie original, justo antes de que el plan funcione.[2] Las probabilidades de sobrevivir son "menos de siete mil a una", Spock le asegura a Kirk en otro capítulo, antes de que escapen sin un rasguño.[3] La probabilidad de encontrar sobrevivientes "es nula", Spock declara en otro capítulo, justo antes de descubrir una vasta colonia de sobrevivientes.[4]

NOS GUSTA CREER QUE ESTAMOS SEGUROS

Spock peca de exceso de confianza, es decir, su seguridad de que no se equivoca supera la realidad. En ese sentido, no es tan distinto de nosotros (salvo que exagera mucho cuando dice que sus predicciones son objetivas y "lógicas", por eso lo puse como ejemplo). Es muy común que consideremos que no existe posibilidad de que nos equivoquemos: "¡Es imposible que anote de tan lejos!" o "Para el viernes lo termino"; sin embargo, al final nos equivocamos.

Para ser justos, la certeza que expresamos, en parte, simplifica las cosas. Toda conversación sería difícil de manejar si nos detuviéramos a calcular la probabilidad de cada afirmación que hiciéramos. Pero incluso cuando alguien nos pide considerar nuestro grado de seguridad, declaramos sentirnos 100 por ciento seguros. Para confirmarlo, busca frases como: "¿Qué tan seguro estás de que...?". Éstos son algunos ejemplos de Quora, Yahoo! Respuestas, Reddit, y otros foros similares:

- *¿Qué tan seguro estás de que existe vida inteligente en otros planetas?* "100 por ciento seguro."[5]
- *¿Qué tan seguro estás de que vas a cumplir tus metas de ventas para 2017?* "100 por ciento seguro."[6]
- *Ateos, ¿qué tan seguros están de que en su lecho de muerte no se convertirán al cristianismo u otra religión?*[7] "100 por ciento seguro."

Incluso es común entre profesionales que se equivoquen, pese a su certeza. Por ejemplo, muchos estudios han revelado que es rutinario que los médicos sobreestimen su capacidad para diagnosticar a sus pacientes. Un estudio evaluó los resultados de las autopsias de pacientes que habían recibido diagnósticos "con total certeza" y reveló que en 40 por ciento de esos casos el diagnóstico era incorrecto.[8]

Si tenemos el hábito de confiar de más en nuestro conocimiento, cuando se trata de nuestras opiniones es aún más notorio. Nos gusta declarar: "*No hay duda* de que Estados Unidos necesita un salario mínimo" o "Es *evidente* que internet arruinó nuestra capacidad de concentración" o "*Por supuesto* que esa ley es un desastre".

No todo el exceso de confianza se debe al razonamiento motivado. A veces no nos damos cuenta de la complejidad del tema, así que subestimamos lo fácil que es obtener la respuesta correcta. Pero buena parte del exceso de confianza surge del deseo de sentirnos seguros. La certeza es sencilla, es cómoda, nos hace sentirnos inteligentes y competentes.

La fortaleza como centinela es la capacidad de resistir esa tentación, superar el juicio de partida y pensar en tonalidades de gris, no en blanco y negro para distinguir el sentimiento de "95 por ciento seguro" de "75 por ciento seguro" de "55 por ciento seguro". Aprenderemos esto en este capítulo.

Pero primero, vamos a retroceder: ¿por qué asignar una cifra a tu grado de seguridad?

CUANTIFICAR LA INCERTIDUMBRE

Comúnmente cuando pensamos en lo seguros que nos sentimos, nos preguntamos: "¿Tengo dudas serias?". Si la respuesta es no, como suele serlo, entonces nos declaramos "100 por ciento seguros".

Es comprensible entender la certeza en esos términos, pero no para un centinela. Un centinela considera su grado de certeza como predicción de la probabilidad de tener razón. Imagina clasificar todas tus creencias considerando la seguridad que te genera cada una. Esto incluiría predicciones cotidianas ("Me va a gustar este restaurante"), creencias sobre tu vida ("Mi pareja es fiel"), sobre el mundo ("Fumar causa cáncer"), premisas esenciales ("La magia no existe"), etcétera. Meter una de ellas en la categoría "70 por ciento seguro" es como decir: "En este ámbito espero atinar cerca de 70 por ciento de las veces".

Cuando clasificas tus creencias a partir de varios niveles de seguridad implícitamente aspiras a la *calibración perfecta*. Esto es, cuando dices estar "50 por ciento seguro", tus afirmaciones son correctas la mitad de las veces; cuando afirmas estar "30 por ciento seguro" tus afirmaciones sólo son correctas un tercio de las veces, y así sucesivamente.

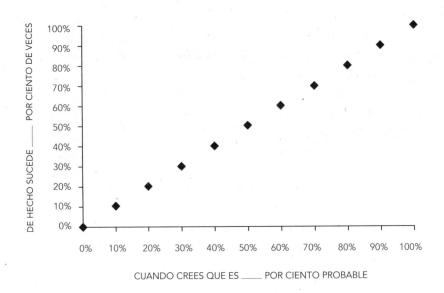

CALIBRACIÓN PERFECTA

La calibración perfecta es un ideal abstracto, no es posible lograrlo en la realidad. En todo caso, es un punto de referencia práctico. Para familiarizarnos con el concepto, vamos a regresar a Spock y ver si su calibración está a la altura de su perfección.

Revisé todas las participaciones de Spock en *Star Trek: The Original Series*, *Star Trek: The Animated Series* y las películas de *Star Trek* para buscar las palabras *probabilidad, porcentaje, posibilidad, oportunidad, posible, imposible, probable, improbable*. En total, encontré veintitrés instancias en las que Spock realizó una predicción con un nivel de confianza equivalente, y en el que se demostrara la verdad o falsedad de la predicción. Puedes leer los detalles completos de las predicciones de Spock y cómo los categoricé en el Apéndice A, pero éste es un resumen:

Cuando Spock cree que algo es imposible, sucede 83 por ciento de las veces.

Cuando Spock cree que algo es *muy improbable*, sucede 50 por ciento de las veces.

Cuando Spock cree que algo es *improbable*, sucede 50 por ciento de las veces.

Cuando Spock cree que algo es *probable*, sucede 80 por ciento de las veces.

Cuando Spock cree que algo es *más de 99.5 por ciento probable*, sucede 17 por ciento de las veces.[9]

Como queda claro, no le va muy bien. El único grado de seguridad en el que parece bien calibrado es cuando cree que algo es "probable". De hecho, dichas predicciones se cumplen en un índice que coincide con su grado de seguridad. Fuera de eso, las predicciones de Spock no corresponden con la realidad. Cuanto menos probable le parezca, mayor probabilidad hay de que suceda; y cuanto *más* probable le parezca, *menos* probabilidad hay de que suceda.

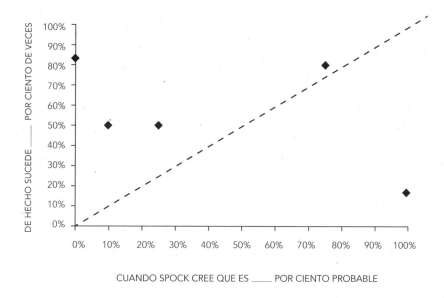

CUANDO SPOCK CREE QUE ES ＿＿ POR CIENTO PROBABLE

CALIBRACIÓN DE SPOCK (N=23)

¿Quieres comprobar si te va mejor que a Spock? Pon a prueba tu calibración y practica sentir la diferencia entre distintos grados de certeza respondiendo unas preguntas de conocimiento general. Son cuarenta preguntas de práctica. No es necesario contestarlas todas, pero cuantas más respondas, más informativos serán tus resultados.

Para cada pregunta encierra la respuesta en un círculo e indica qué tan seguro estás eligiendo. Como estas preguntas sólo tienen dos respuestas posibles, tu grado de seguridad puede oscilar entre 50 por ciento si no tienes ni idea (es decir, bien podrías adivinar el resultado lanzando una moneda al aire) y 100 por ciento si crees que no hay manera de equivocarte. Para efectos de simplicidad, enlisté cinco grados de seguridad entre esos extremos: 55 por ciento, 65 por ciento, 75 por ciento, 85 por ciento y 95 por ciento. Encierra en un círculo el que mejor represente qué tan seguro estás.

A medida que vas respondiendo, vas a percibir que tu grado de certeza fluctúa. Algunas preguntas parecen fáciles y estarás casi seguro de la respuesta. Otras te van a hacer levantar las manos en señal de incredulidad. Está bien. Recuerda, el objetivo no es acertar todo lo posible sino *determinar qué tanto sabes.*

PRÁCTICA DE CALIBRACIÓN:
ENCIERRA LAS RESPUESTAS EN UN CÍRCULO

Primera ronda: ¿estos hechos de animales son verdaderos o falsos?	¿Qué tan seguro estás?
1. El elefante es el mamífero más grande del mundo. (V/F)	55%, 65%, 75%, 85%, 95%
2. A veces las nutrias marinas se toman de las manos mientras duermen. (V/F)	
3. Los ciempiés tienen más patas que cualquier otro animal. (V/F)	
4. Los mamíferos y los dinosaurios coexistieron. (V/F)	
5. Los osos no pueden escalar árboles. (V/F)	
6. Los camellos almacenan agua en las jorobas. (V/F)	
7. Los flamencos son rosas porque comen camarones. (V/F)	
8. El panda gigante se alimenta casi por completo de bambú. (V/F)	
9. El ornitorrinco es el único mamífero que pone huevos. (V/F)	
10. Una mula es una mezcla de burro macho y yegua. (V/F)	

Segunda ronda: ¿qué figura histórica nació primero?	¿Qué tan seguro estás?
11. ¿Julio César o Confucio?	
12. ¿Fidel Castro o Mahatma Gandhi?	
13. ¿Nelson Mandela o Anna Frank?	
14. ¿Cleopatra o Mahoma?	
15. ¿William Shakespeare o Juana de Arco?	
16. ¿George Washington o Sun Tzu?	
17. ¿Genghis Khan o Leonardo da Vinci?	
18. ¿La reina Victoria o Karl Marx?	
19. ¿Saddam Hussein o Marilyn Monroe?	
20. ¿Albert Einstein o Mao Tse-Tung?	
Tercera ronda: ¿qué país tenía más habitantes en 2019?	**¿Qué tan seguro estás?**
21. ¿Alemania o Francia?	
22. ¿Japón o Corea del Sur?	
23. ¿Brasil o Argentina?	
24. ¿Egipto o Botsuana?	
25. ¿México o Guatemala?	
26. ¿Panamá o Belice?	
27. ¿Jamaica o Haití?	
28. ¿Grecia o Noruega?	
29. ¿China o India?	
30. ¿Irak o Irán?	

Cuarta ronda: ¿estos hechos científicos son verdaderos o falsos?	¿Qué tan seguro estás?
31. Marte tiene una luna, como la Tierra. (V/F)	
32. El escorbuto es causado por deficiencia de vitamina C. (V/F)	
33. El latón se hace a partir del hierro y el cobre. (V/F)	
34. Una cucharada de aceite tiene más calorías que una cucharada de mantequilla. (V/F)	
35. El helio es el elemento más ligero. (V/F)	
36. El resfriado común es causado por bacterias. (V/F)	
37. El lugar más profundo de la Tierra está en el océano Pacífico. (V/F)	
38. Las estaciones ocurren cuando la tierra gira alrededor del Sol en una trayectoria elíptica. (V/F)	
39. Júpiter es el planeta más grande de nuestro sistema solar. (V/F)	
40. Los átomos de un sólido están más compactos que los átomos de un gas. (V/F)	

Cuando hayas concluido o respondido las preguntas que consideres, es hora de calificarte. Revisa las respuestas en la página 227 para saber tus aciertos y errores.

Después, revisa *sólo* las preguntas de cuya respuesta estuviste 55 por ciento seguro y calcula el porcentaje de esas preguntas que acertaste. Por ejemplo, si para diez preguntas dijiste estar 55 por ciento seguro de la respuesta, y acertaste en seis de esas preguntas, entonces tu porcentaje total en este grado de seguridad es de 6 / 10 = 60 por ciento.

TUS RESULTADOS:

	Columna A: número de veces que acertaste	Columna B: número de veces que te equivocaste	Porcentaje de respuestas correctas en este nivel de seguridad = A/(A+B)
55% seguro			
65% seguro			
75% seguro			
85% seguro			
95% seguro			

Haz lo mismo para los otros niveles de seguridad (65% seguro, 75% seguro, 85% seguro y 95% seguro). Puedes obtener una imagen visual plasmando esos cinco resultados en esta gráfica: cuanto más cerca estén tus puntos de la línea punteada, mejor calibrado estás.

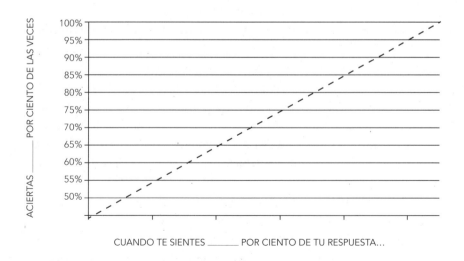

TRAZA TU CALIBRACIÓN

Por suerte, la calibración es una aptitud cuya curva de aprendizaje es muy fácil. La mayoría requiere un par de horas de práctica para obtener una mejor calibración, por lo menos en un campo, como las preguntas de conocimiento general (la habilidad de calibración en un campo se extenderá parcialmente a otros, aunque no por completo).[10]

UNA APUESTA PUEDE REVELAR QUÉ *TAN SEGURO* ESTÁS EN VERDAD

Imagina que estás hablando con una amiga a quien se le está dificultando arrancar su negocio de catering. Le aseguras que es buenísima en su trabajo y que el único motivo por el que tiene poco trabajo es porque está empezando.

—¡A todos se les dificulta conseguir clientes al principio!

—¡Gracias! Qué gusto que lo pienses. ¿Me recomendarías con tus colegas?

De pronto, dudas. Recuerdas que te contó que una vez rechazó un trabajo de último momento… y te das cuenta de que, de hecho, nunca has probado su comida… Es inevitable preguntarte "¿Qué tan segura estoy de que en serio haga un buen trabajo?".

Cuando hace unos instantes animabas a tu amiga, no mentías. Sólo que no dijiste lo que verdaderamente creías, porque no parecía importante. Pero en cuanto hay intereses en juego, y tu reputación podría perjudicarse si no aciertas sobre las capacidades de tu amiga, el cerebro deja de pensar "apóyala", y recurre a la modalidad: "piensa en la respuesta correcta".

El psicólogo evolutivo Robert Kurzban tiene una analogía para estas dos modalidades.[11] En una empresa hay una mesa directiva cuyo papel es tomar las decisiones cruciales para la empresa: cómo gastar el presupuesto, qué riesgos tomar, cuándo cambiar de estrategia, etcétera. También hay un secretario de prensa cuyo papel es dar declaraciones sobre los valores de la empresa, la misión y explicar sus decisiones.

Si un competidor empieza a aumentar su participación en el mercado, el secretario de prensa puede garantizar al público: "No estamos preocupados. Nuestra marca ha sido la favorita de los estadunidenses desde hace treinta años y eso no va a cambiar". No obstante, si estuvieras sentado en una junta de la mesa directiva descubrirías que, detrás de cámaras, la mesa está tomando el riesgo con toda seriedad y estudiando estrategias para reducir costos.

Imagina que la empresa vende pasta dental. El secretario de prensa puede declarar con seguridad: "Nuestra pasta blanquea los dientes mejor que cualquier otra marca en el mercado". Pero supongamos que un profesor de odontología se acerca a la mesa directiva para proponer realizar un estudio: "Le pediré a algunos grupos de personas que se cepillen con una de las marcas de pasta dental líderes en el mercado, sin revelar qué marca es, y evaluaré qué tanto blanquea los dientes. Publicaré los resultados".

Si la mesa directiva estuviera realmente segura de que su pasta dental era la mejor, entonces interpretarían esta propuesta como una estupenda oportunidad para demostrarlo al público. Pero pese a las declaraciones del secretario de prensa, la mesa directiva podría decidir que no se sienten seguros de obtener los mejores resultados y que no vale la pena exponerse.

El secretario de prensa no está contemplando la verdad sino qué puede decir para salirse con la suya y qué hará quedar mejor a la empresa. Pero la mesa directiva tiene el incentivo de acercarse a la verdad, en la medida de lo posible, porque la empresa prosperará si conocen la verdad y sufrirá si no. El secretario de prensa *declara*, la mesa *apuesta*.

La palabra *apuesta* podría remitir a carreras de caballos o mesas de blackjack, pero su significado es mucho más general. Una apuesta es toda decisión en la que corres el riesgo de ganar o perder algo a partir del resultado. Podría ser dinero, salud, tiempo o reputación, como en el caso de la empresa de catering que no sabemos si debemos recomendar. De modo que cuando quieras estar seguro, tu respuesta será más honesta si en vez de pensar "¿Con qué puedo quedar bien conmigo mismo?", piensas "¿Apostaría si hubiera algo de por medio?".

A veces algún proyecto en el que estoy trabajando parece no tener futuro. Para poner un ejemplo hipotético: "El libro que estoy escribiendo es horrible, debería darme por vencida". Pero ¿qué tan segura estoy de que no estoy pasando por una mala racha? Mi secretario de prensa insiste en que *estoy 100 por ciento segura*, pero vamos a ignorarlo y planteemos una pregunta a la mesa directiva: "Supongamos que podrías ganar mil dólares si aciertas. Si todavía te sientes así sobre tu libro en una semana, ¿apostarías?".

Ahora que hay dinero involucrado, dudo. Recuerdo haberme sentido pesimista sobre mi libro, o algún otro proyecto, muchas veces en el pasado, pero esa nube negra suele disiparse en uno o dos días. "Sí, creo que me sentiré mejor", parece una buena apuesta. Con este ejercicio no desaparece mágicamente mi mal humor, pero sí es menos intenso. Ayuda haberme demostrado que este estado de ánimo no suele durar, incluso cuando *parece* que durará para siempre.

Una recomendación para cuando imaginas apostar por tus creencias: tal vez tengas que precisarlas con una prueba hipotética para demostrar si aciertas o te equivocas. Por ejemplo, si crees que tus servidores son súper seguros, contrata a un hacker para que intente violar tu sistema. Si lo logra, pierdes un mes de sueldo. ¿Qué tan seguro estás de que ganarías esa apuesta?

Si crees: "Fui razonable en esa discusión con mi pareja, y él fue irracional", una prueba hipotética podría ser: supongamos que otra persona, una tercera parte objetiva, recibe todos los detalles relevantes de la discusión y se le pide juzgar quién es la persona más razonable. Si te elige, ganas mil dólares, de lo contrario pierdes mil. ¿Qué tan seguro estarías de ganar esa apuesta?

LA PRUEBA DE LA APUESTA EQUIVALENTE

El propósito de los ejemplos de apuestas en la sección anterior es generar un sentido *cualitativo* de cuánto confías en lo que crees. ¿Estás cómodo con la apuesta, sin dudar? ¿Desconfías un poco? ¿Estás muy indeciso? Tus dudas, o falta de ellas, son un sustituto de tu grado de confianza en lo que crees.

Considerar una apuesta también puede ser útil para identificar qué tan seguro estás *cuantitativamente*, para expresar con una cifra tu grado de seguridad. A veces me encuentro con algún ambicioso pronóstico tecnológico del tipo: "¡Dentro de un año saldrán al mercado los automóviles con piloto automático!". Mi primera reacción es burlarme, pero ¿qué tan segura estoy de que se equivocan?

Para responder esta pregunta imagino dos posibles apuestas. Recurro a una técnica que adapté del experto en la toma de decisiones, Douglas Hubbard, denominada *prueba de la apuesta equivalente*.[12] En este caso, así funciona: puedo apostarle a los coches de piloto automático y obtener diez mil dólares si dentro de un año salen al mercado. O bien, optar por la *apuesta de la pelota*: me dan una caja con cuatro pelotas, una de las cuales es gris. Meto la mano y saco una pelota, sin ver; si es la gris, gano diez mil dólares.[13]

Apuesta de la pelota	Apuesta de los coches con piloto automático
Hay una caja con cuatro pelotas, una de las cuales es gris. Si saco la gris, gano diez mil dólares.	Si dentro de un año, salen al mercado los coches con piloto completamente automático, gano diez mil dólares.

¿Qué apuesta elegiría? Dudo un poco, pero me siento más cómoda con la pelota. La probabilidad de ganar esa apuesta es de 1 entre 4 (25 por ciento), el hecho de que me sienta más segura con esa apuesta quiere decir que estoy *menos de 25 por ciento segura* de que los coches con piloto automático van a salir al mercado dentro de un año.

Vamos a intentar disminuir las probabilidades de ganar la apuesta de la pelota. Supongamos que la caja contiene dieciséis pelotas, y sólo una es gris. ¿Qué prefiero ahora? ¿Apostar por la pelota gris o por los coches con piloto automático en un año?

Apuesta de la pelota (probabilidad de ganar, 1 entre 16)	Apuesta de los coches con piloto automático
Hay una caja con dieciséis pelotas, una de las cuales es gris. Si saco la gris, gano diez mil dólares.	Si dentro de un año, salen al mercado los coches con piloto completamente automático, gano diez mil dólares.

Esta vez, me doy cuenta de que prefiero los coches. A fin de cuentas, a veces los avances tecnológicos nos sorprenden, a lo mejor una de las empresas que está trabajando en esta tecnología va mucho más avanzada de lo que se ha revelado. Suena improbable, pero prefiero apostarle a eso en vez de esperar sacar la pelota gris. Y como la probabilidad de sacar la pelota gris es de 1 entre 16 (o cerca de 6 por ciento), el hecho de que prefiero apostar a los coches con piloto automático implica que *estoy más de 6 por ciento segura* de que los coches saldrán al mercado en un año.

Vamos a aumentar un poco las probabilidades de ganar la apuesta de la pelota, una entre nueve. ¿Y ahora qué prefiero?

Apuesta de la pelota (probabilidad de ganar, 1 entre 9)	Apuesta de los coches con piloto automático
Hay una caja con nueve pelotas, una de las cuales es gris. Si saco la gris, gano diez mil dólares.	Si dentro de un año, salen al mercado los coches con piloto completamente automático, gano diez mil dólares.

Mmm, estoy muy indecisa. Ninguna me convence. *Parecen* equivalentes, y como sabemos que la probabilidad de ganar la pelota es de 1 entre 9 (o cerca de 11 por ciento), esto implica que apenas estoy 11 por ciento segura de que este año saldrán los coches con piloto automático. Aún no creo que la predicción según la cual "dentro de un año saldrán al mercado los automóviles con piloto automático" sea *probable*, pero he pasado de desestimarla a plantearme el mejor escenario posible.

La habilidad nuclear del capítulo anterior sobre experimentos mentales fue un ejercicio de conciencia, caer en cuenta de que tus juicios dependen de algo. Lo que parece verdadero, razonable, justo o deseable puede cambiar cuando mentalmente varía cierto aspecto de la pregunta que debía haber sido irrelevante. Los experimentos mentales que acabamos de ver son herramientas útiles que utilizo regularmente. Pero es más útil el cambio de perspectiva sobre lo que produce de tu mente.

En este capítulo cubrimos una habilidad fundamental: tener la capacidad de diferenciar entre la sensación de *afirmar algo* y la sensación de *verdaderamente intentar revelar la verdad*. Afirmar algo es darle la palabra a tu secretario de prensa: fácil, pulcro y ordenado; a veces, apresurado, como si intentara pasar de página. La actividad mental que requiere es declarar, proclamar, insistir, tal vez burlarse.

Determinar la verdad es como estar en la mesa directiva, decidir cómo apostar. Durante al menos uno o dos segundos, no sabes cuál será tu respuesta. Es como si miraras de reojo la evidencia, mientras intentas resumir lo que ves. La actividad mental que requiere es calcular, predecir, sopesar y ponderar.

Cuantificar la incertidumbre, calibrarla y pensar en apuestas hipotéticas son habilidades valiosas por sí mismas. Pero tener la conciencia para saber si estás describiendo la realidad con honestidad, en la medida de lo posible, es aún más valioso.

TERCERA PARTE

Prosperar de manera realista

CAPÍTULO 7

CÓMO HACERLE FRENTE A LA REALIDAD

Cuando la embarcación de Steven Callahan se volcó durante un viaje en solitario en 1981, sus posibilidades de sobrevivir eran desalentadoras. Había logrado escapar del naufragio en una balsa inflable, pero estaba en algún punto remoto del océano Atlántico, muy lejos de las rutas marítimas, con comida y agua escasas. Callahan hizo lo único que podía hacer. Se dirigió hacia tierra firme, las islas caribeñas, a 3,000 kilómetros de distancia.

La vida como náufrago era rigurosa. Tiburones rodeaban la balsa al tiempo que las olas la sacudían de un lado al otro, empapándolo con agua salada que lo dejaba temblando de frío y le quemaba las heridas en el cuerpo.

Por suerte, Callahan se alimentó gracias a un arpón con el que pescaba y armando un aparato para recolectar agua de lluvia para beber. Calculó cuánta agua podía consumir al día: 250 mililitros. Era un trago cada seis horas, más o menos. Suficiente para sobrevivir, apenas. A medida que pasaban las semanas fue rastreando el probable error en su navegación y poco a poco mejoró su cálculo de la distancia que había cubierto.[1] Enfrentaba decisiones difíciles muchas veces al día. Si no dormía en la noche, tenía más probabilidades de ver un barco, pero también consumía sus reservas de agua y energía más rápido, y le costaría más mantenerse despierto en el día.

Cuando un barco pasaba, debía decidir si hacerle señas con su pistola de bengalas. Si era probable que lo vieran, entonces obviamente valía la pena.

Pero si el barco estaba demasiado lejos, sería desperdiciar una de sus pocas y preciadas bengalas.

Si no pescaba lo suficiente, se quedaría sin comida. Pero cada vez que pescaba gastaba energía y arriesgaba perder su arpón o romper la balsa.

Cada vez que tomaba una decisión, evaluaba los posibles resultados y sopesaba los riesgos de cada uno de ellos. Todo era una apuesta, nada estaba garantizado. "Estás haciendo tu mejor esfuerzo. Sólo puedes hacer tu mejor esfuerzo", se repetía como un mantra.[2]

Navegaba a la deriva a una velocidad de trece kilómetros por hora, todos los días, y perdió más de un tercio de peso corporal, hasta que por fin lo rescató un barco pesquero en la costa de Guadalupe. Había estado a la deriva más de setenta y seis días.

Callahan había sido tan disciplinado para conservar el agua que le quedaban poco más de dos litros. Al ser rescatado, se los tomó de golpe, satisfaciendo su sed tras once semanas y, por fin, se permitió pensar: "Estoy a salvo".

MANTENER A RAYA LA DESESPERACIÓN

Una de las necesidades humanas más fundamentales es sentir que las cosas están bien, en términos generales: que no somos un fracaso, que el mundo no es un lugar espantoso y que, sin importar lo que la vida nos ponga enfrente, podremos manejarlo. Desde luego, en una situación de vida o muerte, es difícil satisfacer esta necesidad. Por eso en una emergencia, la mayoría recurre a varias formas de razonamiento motivado, como negación, ilusión y racionalización.

La cruel ironía es que en una emergencia necesitamos ser más lúcidos. El viaje de Callahan implicó un criterio difícil tras otro: calcular la velocidad en la que se podía consumir su comida y agua, la probabilidad de que lo viera un barco o la prioridad de distintos riesgos. Cuanto más dependas del razonamiento motivado, más debilitas tu capacidad de tomar decisiones a conciencia.

Tras el naufragio, Callahan contempló su nueva realidad y se dio cuenta de que no podía engañarse. "Tengo la costumbre de engañarme, he engañado a los demás. Pero la naturaleza no es estúpida. Podría tener la fortuna de que se me perdonen mis errores, los que no importan, pero no puedo depender de la suerte".[3]

El rasgo que salvó a Callahan no fue su invulnerabilidad frente al miedo o la depresión. Como cualquiera en una situación extrema, fue difícil mantener a raya la desesperación. El rasgo que lo salvó fue su compromiso para encontrar maneras de no caer presa de la desesperación *sin* distorsionar su mapa de la realidad.

Agradeció lo que tenía, por lo menos fue prevenido y compró un bote salvavidas más grande antes de su viaje. De haberse quedado con la balsa diminuta que venía con su bote cuando lo adquirió habría sido una tortura.

Se recordó que estaba haciendo todo lo posible ("Estás haciendo tu mejor esfuerzo. Sólo puedes hacer tu mejor esfuerzo"). Y encontró formas para mitigar su miedo a morir; no negándolo, aceptándolo. Resolvió aprovechar el tiempo que le quedaba para escribir una guía para futuros navegantes: "Incluso si muero, pueden encontrar lo que escribo en la balsa. Podría ser útil para alguien más, sobre todo para los navegantes que se encuentren en una situación similar. Es el último servicio que puedo ofrecer".[4]

SALIR ADELANTE MEDIANTE LA HONESTIDAD *VS.* EL AUTOENGAÑO

Por fortuna, los riesgos que enfrentamos en la vida diaria rara vez son tan altos. Aunque difícilmente tengamos que sortear estas situaciones de vida o muerte, es muy frecuente que nuestro estado de ánimo y autoestima se vean amenazados. Nos preocupamos: "¿Fue un error renunciar a mi trabajo?", "¿Ofendí a esa persona?" Alguien nos critica; enfrentamos una decisión incómoda; fracasamos en algo. Reaccionamos con pensamientos que mantengan a raya las emociones negativas, una estrategia para afrontarlas.

En general, damos por hecho que hacer frente a las adversidades implica engañarnos, y los expertos no son la excepción. En el libro *Mistakes Were Made (But Not by Me)* los psicólogos Carol Tavris y Elliot Aronson exploran la justificación frente a uno mismo, una especie de razonamiento motivado en el que te convences, *a posteriori*, de que tomaste la decisión correcta. El libro versa sobre las muchas desventajas de hacerlo, pues nos lleva a quedarnos con nuestras malas decisiones en vez de cambiar de curso, y nos condena a repetir de nuestros errores en lugar de aprender de ellos. En todo caso, Tavris y Aronson concluyen que necesitamos cierto grado de justificación en

beneficio de nuestra salud mental: "Sin ella, prolongaríamos el dolor que provoca la vergüenza. Nos torturaríamos con la culpa por no haber elegido otra
ruta o por lo mal que navegamos la ruta que elegimos".[5]

¿Es realmente cierto que *necesitamos* justificarnos con nosotros mismos
para evitar "torturarnos con la culpa"? ¿No podríamos aprender a *no* torturarnos con la culpa y ya?

En *Pensar rápido, pensar despacio*, el psicólogo y Nobel Daniel Kahneman
señala que un beneficio emocional del razonamiento motivado es la resilien-
cia. Es más fácil recuperarse tras un fracaso si culpas a cualquier otra persona, menos a ti. Pone como ejemplo a un vendedor a domicilio, un empleo
que supone enfrentar muchos rechazos. "Cuando un ama de casa molesta te
cierra la puerta en la cara es más fácil pensar 'qué mujer tan espantosa' que
'soy un vendedor inepto'".[6]

¿Son en realidad las únicas dos alternativas? Podríamos decir: "Sí, metí la
pata con esa venta. Pero estoy mejorando, antes me cerraban la puerta en
la cara todos los días, ¡y ahora sólo una vez a la semana!". Sin duda, podemos
encontrar la forma de recuperarnos de los reveses con estrategias que no impliquen culpar a los demás, una estrategia honesta.

Es cuestión de preguntarle a Charles Darwin. Cuando los críticos atacaban
su libro, le provocaba serios ataques de ansiedad. "Hoy me siento muy mal,
muy estúpido, odio a todos y todo", le confesó a un amigo cercano en una carta.[7] Pero para Darwin era importante no caer en el autoengaño, y no ignorar
la crítica legítima ni sus errores. Al igual que Callahan, la fortaleza de Darwin
provenía de la idea, reconfortante y *verdadera*, de que hacía su mejor esfuerzo:

> Cuando me doy cuenta de que me he equivocado, o que mi trabajo es imperfec-
> to, cuando me han criticado con desprecio, incluso cuando me han elogiado en
> exceso, todo lo cual me mortifica, lo que más me reconforta es repetir cientos de
> veces que me he esforzado y he trabajado al máximo de mis capacidades y ningún
> hombre puede hacer mucho más que esto.[8]

Los centinelas no están exentos del miedo, la ansiedad, la inseguridad, la desesperación o cualquier otra emoción que da pie al razonamiento motivado,
y recurren a estrategias para afrontarlas, igual que todo el mundo. La diferencia es que son más cuidadosos para elegir estas estrategias, para que no
alteren su capacidad de juicio.

Me gusta imaginar todas las estrategias posibles para afrontar el problema en cuestión —todas las alternativas para mantener a raya las emociones negativas— como objetos en un bolso. Algunas comprenden el autoengaño, como negar un problema o utilizar algún chivo expiatorio. Otras, recordarse a uno mismo un hecho real: "En ocasiones he solucionado problemas similares". Algunas estrategias de afrontamiento comprenden decir nada (y por lo tanto no se trata de autoengaño), como respirar profundo y contar hasta diez.

Cuando acomete una emoción negativa es como si metiéramos la mano al bolso para sacar lo que nos haga sentir mejor. No ponemos mucha atención a la estrategia de afrontamiento que utilizamos, ni consideramos si involucra autoengaño o no. Siempre y cuando nos haga sentir mejor, medianamente posible, lo hacemos.

En este capítulo sugiero que existe una inmensa variedad de estrategias de afrontamiento, no hace falta apresurarse y sacar lo primero que vemos en el bolso. Casi siempre es posible encontrar algo reconfortante que *no* suponga autoengañarse, siempre y cuando busques un poco más. Éstos son algunos ejemplos comunes:

EL "BOLSO" DE LAS ESTRATEGIAS DE AFRONTAMIENTO

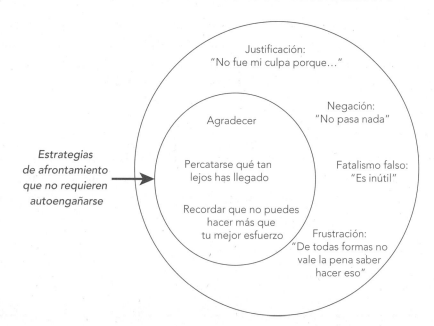

Justificación:
"No fue mi culpa porque…"

Negación:
"No pasa nada"

Agradecer

Estrategias
de afrontamiento
que no requieren
autoengañarse

Percatarse qué tan
lejos has llegado

Fatalismo falso:
"Es inútil"

Recordar que no puedes
hacer más que
tu mejor esfuerzo

Frustración:
"De todas formas no
vale la pena saber
hacer eso"

Planifica

En un capítulo de la serie de televisión *The Office* notifican al incompetente gerente de sucursal, Michael Scott, que tiene que despedir a uno de sus empleados para fin de mes. Michael detesta hacer cosas impopulares, así que lo aplaza una y otra vez. El último día del mes, la fecha límite, sigue sin decidir a quién despedir. Uno de los vendedores, Jim Halpert, resume con indiferencia la facilidad de Michael para la negación: "Creo que espera que alguien se ofrezca. O que lo atropelle un camión antes de la fecha límite".[9]

Hay maneras de afrontar la incomodidad que conlleva engañarnos, como racionalizar por qué una tarea no es necesaria o, directamente, negarlo, como Michael Scott. Pero también hay estrategias honestas de afrontamiento, como idear un plan hipotético.

Una vez me sentí culpable por algo desconsiderado que había hecho a una amiga y dediqué una semana a justificar mi conducta. "*¿Debería disculparme?* No, no hace falta. Seguro ni se dio cuenta", me convencí muchas veces, o "Seguro ya me perdonó". Por supuesto, ninguna de estas justificaciones contradictorias me satisfizo del todo, por eso discutía internamente una y otra vez.

Por fin, me pregunté: "Supongamos que tuviera que disculparme. ¿Cómo lo haría?". No me costó mucho esbozar un borrador tentativo que a mi parecer podía entregar sin mucha angustia. Y cuando imaginé la reacción de mi amiga, me di cuenta de que esperaba que respondiera agradecida, no molesta. Ahora que la idea de disculparme parecía tolerable, retomé la pregunta original: "¿Debería disculparme?". La respuesta era más clara: "Sí, claro que sí".

Resulta asombroso que cuando tenemos un plan concreto en caso de que determinada cosa *sea* cierta, disminuye la necesidad de concluir "eso no es verdad". No tiene que ser algo complejo. Incluso un plan sencillo como: "Así explicaría el fracaso a mi equipo…" o "Así voy a empezar a buscar trabajo…" es muy útil para hacernos sentir que no necesitamos depender de la negación para afrontar la realidad.

Reconoce el lado bueno

A veces, cuando estoy discutiendo, empiezo a sospechar que puedo estar equivocada. No es particularmente cómodo. Es tentador ignorarlo y centrarme en guardar las apariencias.

En cambio, recuerdo algo positivo: ceder en una discusión me da crédito. Me hace más creíble en otros casos porque he demostrado que no soy terca sólo porque sí. Es como si invirtiera en mi capacidad de ser convincente en el futuro.

El aspecto positivo de quedarte si trabajo podría ser que ya no tienes que soportar a colegas desagradables; el lado positivo de una cita insufrible es que más tarde la puedes contar como una anécdota entretenida. El lado positivo de cualquier error es la enseñanza que te deja la experiencia, para evitar cometer los mismos errores más adelante.

Recuerda, el objetivo no es convencerte de que tu desgracia es buena. No se trata de "sacarle provecho a las experiencias negativas". Se trata de identificar el aspecto positivo de una mala situación, no ver toda la situación con ojos positivos. Pero en muchos casos, identificar el lado positivo es suficiente para aceptar la realidad.

Céntrate en otro objetivo

Un amigo, Jon, fundó una empresa de software, y en sus inicios dedicó mucho tiempo a reclutar y entrevistar a posibles empleados. Al poco tiempo se dio cuenta de algo inquietante: cuando conocía a un ingeniero talentoso interesado en el puesto se sentía desencantado. Los ingenieros extraordinarios suponen el éxito de una nueva empresa de software. En cambio, Jon se sentía decepcionado o resentido. Desmenuzaba el trabajo del ingeniero esperando encontrar un pretexto para rechazarlo.

Cuando reflexionó sobre su conducta, Jon se dio cuenta de que siempre se había jactado de ser el mejor programador. Por eso le motivaba denigrar a su "competencia" como estrategia de afrontamiento para proteger su autoestima.

Jon sabía que su objetivo de contratar al mejor programador del mundo era poco realista, por no decir contraproducente para su empresa novata. Así que decidió redireccionar su enfoque y revisar su objetivo: en vez de preciarse de ser un programador extraordinario, decidió preciarse de ser *astuto para reconocer los mejores talentos de la programación*. Eso fue satisfactorio para sustituir la meta original y también útil para contratar, en vez de ser contraproducente.

Podría ser peor

Se conoce el verano de 1993 como "el momento más decepcionante en la historia del tratamiento contra el sida".[10] En el curso de varios años, pacientes desesperados habían cifrado sus esperanzas en un nuevo medicamento, azidotimidina o AZT, que se decía postergaba la aparición de la enfermedad. Los primeros ensayos clínicos en Estados Unidos sugerían que el AZT era prometedor. No obstante, un grupo de investigación europeo también realizaba un estudio del AZT. Cuando publicaron sus resultados en 1993, luego de tres años de reunir información, la noticia fue devastadora: el AZT no era mejor que cualquier placebo. Noventa y dos por ciento de los pacientes que lo consumían había sobrevivido al estudio, mientras que 93 por ciento sobrevivió tomando un placebo.

Para empeorar las cosas, no había más medicamentos en proceso. Cuando los primeros ensayos clínicos habían mostrado que el AZT era efectivo, el gobierno había dejado de trabajar en alternativas. Muchos activistas se rindieron y muchos pacientes se deprimieron: la falsa promesa del AZT los había hecho caer.

Pero no todos se rindieron. En la historia de la crisis del sida, *How to Survive a Plague* (Cómo sobrevivir a la peste), David France, elabora un perfil de la asociación de activistas Grupo de Acción para el Tratamiento.[11] Habían seguido el proceso de las pruebas clínicas muy de cerca y sabían que la posibilidad de encontrar un medicamento milagroso pronto era escasa. La mala noticia del AZT en el verano de 1993 los decepcionó, pero no los abatió.

La mayoría de los activistas del Grupo de Acción eran VIH positivos. ¿Cómo habían mantenido el ánimo, pese a la baja posibilidad de encontrar una cura? En parte, centrándose en agradecer todo lo que pudo haber sido peor. France describe una reunión durante ese verano en la que uno de los activistas, Peter Stanley, declaró:

Quizás éste sea nuestro futuro, vamos a ver cómo morimos. Y será espantoso, si es así. Ya lo es, así que no podemos hacer mucho al respecto… Pero, para ser honesto, me alegra tener compañía. No muchos la tienen.[12]

La capacidad del Grupo de Acción para mantenerse positivo, sin negar la realidad de su situación, fue una fortaleza fundamental que se volvería especialmente valiosa en los meses por venir, como veremos cuando regresemos a esta anécdota en el capítulo 14.

¿HAY INVESTIGACIONES QUE DEMUESTREN QUE LAS PERSONAS QUE SE ENGAÑAN SON MÁS FELICES?

Quizás hayas leído uno de muchos libros o artículos que se han publicado en el curso de los últimos treinta años cuyos títulos incluyen: *Why Self-Deception Can Be Healthy for You* (Por qué el autoengaño puede ser saludable para usted)[13, 14] o *Kidding Ourselves: The Hidden Power of Self-Deception* (Mentirnos a nosotros mismos: el poder oculto del autoengaño),[15] o *Depressed People See the World More Realistically—And Happy People Just Might Be Slightly Delusional* (Las personas deprimidas ven el mundo de manera más realista. Las personas felices pueden engañarse un poco).[16] Éstos resumen un área popular en la psicología que argumenta que nuestra salud mental depende de albergar "ilusiones positivas" sobre nosotros y nuestras vidas.

Sin embargo, antes de que avientes mi libro por la ventana y pretendas ser feliz engañándote, vamos a evaluar estas investigaciones. Ésta es la metodología de un estudio característico de este campo; el autor es Jonathan Brown, psicólogo de la Universidad de Washington. A ver qué opinan:[17]

1. Brown pide a los participantes calificarse con respecto a sus colegas en rasgos positivos como "responsable" o "brillante".
2. Descubre que los individuos con mayor autoestima tienden a calificarse por encima del promedio.
3. Por tanto, Brown concluye que la salud psicológica está relacionada con "sesgos de mejoramiento personal".

¿Identifican algún problema?

Para empezar, Brown no investiga si las calificaciones de los participantes son acertadas o no. Sencillamente asume que, si alguien dice estar por encima del promedio, entonces se trata de "sesgos de mejoramiento personal". Desde luego, en cualquier rasgo, muchas personas *sí* están por encima del promedio. Algunas son más responsables que el promedio, algunas son más brillantes que el promedio, etcétera. Así que otra forma de resumir estos resultados sería: "Las personas con muchos rasgos positivos suelen tener autoestima alta".[18] No hace falta evocar el "sesgo de mejoramiento personal" para nada.

Denominar las creencias "tendenciosas" o "ilusiones" sin ningún estándar de realidad objetivo con el cual compararlas es un problema fuera de control en toda la investigación sobre el autoengaño. Uno de los artículos más citados en la psicología es un resumen del argumento de las ilusiones positivas; se trata de un artículo de revisión de Jonathan Brown y Shelley Taylor, psicóloga de UCLA, titulado "Illusion and Well-being: A Social Psychological Perspective on Mental Health" (Ilusión y bienestar: una perspectiva psicológica social sobre la salud mental),[19] de 1988. Si has leído un artículo o libro sobre los beneficios del autoengaño es muy probable que haya citado este artículo. Y sólo de leer por encima el lenguaje que utiliza, se percibe que fusiona las *ilusiones* positivas con las *creencias* positivas. Aquí un párrafo:

> Se ha relacionado las ilusiones positivas con la felicidad. Es más probable que los individuos que tienen autoestima y seguridad, quienes reportan que tienen control de sus vidas, que creen que el futuro les depara felicidad, indiquen que están felices en el presente, a diferencia de quienes carecen de estas percepciones.[20]

Centrémonos en el cambio entre la primera y segunda oración del párrafo. La primera oración asegura que la felicidad está relacionada con "las ilusiones positivas" sobre tu vida. Pero la segunda, que la respalda, simplemente indica que la felicidad está relacionada con *creencias* positivas sobre tu vida: creencias de cuya precisión no tenemos motivos para dudar.

En ocasiones, los investigadores deciden, antes de tiempo, lo que *debe* ser cierto de los sujetos de estudio y después asumen que todo el que diga lo contrario se está mintiendo. En la década de 1970, los psicólogos Harold Sackeim y Ruben Gur desarrollaron el Cuestionario del autoengaño y lo emplearon para dictaminar que "los individuos más felices eran aquellos que se mentían más".[21] El puntaje depende de cómo respondas a una serie de preguntas sobre ti mismo en una escala de 1 ("para nada") a 7 ("mucho").

Una de las preguntas es "¿Alguna vez te enojas?", si respondes 1 o 2, de 7, se considera que te engañas a ti mismo. Pero tengo algunos amigos, a quienes conozco desde hace más de una década, y puedo contar con los dedos de una mano las veces que los he visto enojados. Si respondieran con honestidad, se consideraría que se autoengañan.

Y a partir de ahí, las preguntas son más raras. Una es: "¿Alguna vez te han atraído las personas del mismo sexo?" o "¿Alguna vez has querido violar a alguien o que te violen?". Si respondes 1 o 2 (de 7), estás engañándote.[22] Esta investigación no revela mucho sobre el autoengaño... aunque quizá sí del autoengaño de los investigadores.

Que la investigación señale que "el autoengaño produce felicidad" implica serios defectos, desde luego, pero no demuestra que el autoengaño *no* produce felicidad. En muchos casos es evidente que lo hace. Sólo que tiene la desventaja de presentar un argumento débil. Y dado que existen muchos modos de afrontar las cosas que *no* implican engañarse a uno mismo, ¿por qué conformarse?

Las sugerencias en este capítulo —planificar, ver el lado positivo de las cosas y cambiar de objetivo— son sólo una muestra de algunas estrategias de todo centinela para gestionar las emociones. Hay estrategias para todo tipo de personas. Un amigo hace frente a las críticas evocando sentimientos de gratitud para el crítico. Le funciona, pero a mí no, para nada. Prefiero centrarme en cómo voy a mejorar en el futuro si reflexiono honestamente sobre las críticas.

Con la práctica vas a desarrollar tus propias estrategias a la medida. Recuerda: ¡no te conformes! Valora tu capacidad de ser lúcido, piensa muy bien si vale la pena sacrificar la verdad en beneficio de la comodidad emocional. La buena noticia es que no es necesario.

CAPÍTULO 8

MOTIVARSE SIN ENGAÑARSE

Cuando tenía dieciséis años contemplé seriamente mudarme a Nueva York después de graduarme de la preparatoria, para intentar dedicarme al teatro. Sabía que mis probabilidades de éxito eran pocas. Es bien sabido que la actuación es una profesión difícil para ganarse la vida, sobre todo en teatro. Pero me había picado la curiosidad y pasaba mis tardes escuchando mis CD, cantando los soundtracks de *Rent* y *Les Misérables*, soñando despierta sobre actuar en Broadway.

Conocía a un exitoso actor de teatro, así que le pedí un consejo: "Al diablo las probabilidades. Todo en la vida es un riesgo, si quieres, hazlo. Si te preocupa fracasar, se terminará cumpliendo la profecía".

Éste es un modelo de éxito que se basa en la confianza en uno mismo: si te convences de que tendrás éxito, encontrarás la motivación para intentar cosas difíciles y persistir pese a los contratiempos, de modo tal que tu optimismo se terminará materializando. A la inversa, si reconoces que tienes pocas posibilidades o contemplas el fracaso, estarás muy desanimado como para intentarlo y tu pesimismo se terminará materializando.

Si revisas imágenes motivacionales en Pinterest o Instagram, te encontrarás con este modelo en todas partes. Según un dicho que se le atribuye a Henry Ford: "Si crees que puedes o que no puedes, estás en lo cierto".[1] "Ella se creyó capaz, así que lo hizo", aseguran miles de calcomanías, carteles y almohadas.[2] Abundan los ejemplos de autores y blogueros motivacionales:

En el trabajo o en la vida, nunca se ha logrado nada extraordinario haciendo caso a las probabilidades. Para cada regla hay una excepción, ¡y carajo, ése puedes ser tú![3]

Todo es posible si te dedicas en cuerpo y alma a lograr tu objetivo. Sólo tienes que quererlo en serio.[4]

Para tener éxito, necesitas creer con firmeza en tu objetivo y en tu capacidad para lograrlo... Si te preparas para un resultado negativo, arruinarás tu seguridad y confianza.[5]

Necesitas creer con todo tu ser que vas a triunfar.[6]

William James, filósofo del siglo XIX, es uno de los primeros defensores de la confianza en uno mismo, aunque no lo citan mucho en Pinterest. En su ensayo más célebre, "La voluntad de creer", ofrece un ejemplo impresionante para probar su argumento: imagina que escalas una montaña. Por desgracia, te atoras en una saliente y no hay manera de escapar, sólo si saltas a una cima cercana.

Ten fe en que podrás lograrlo y tus pies responderán con valor. Pero duda, repasa todas las cosas convincentes que ha dicho la ciencia sobre las probabilidades, y dudarás tanto que cuando por fin, tembloroso y afligido, saltes en total desesperación, caerás al abismo.[7]

Argumentó que muchas situaciones en nuestras vidas son así. Elegir tener fe, sin importar el riesgo o la dificultad, es la única manera de armarse de voluntad para lograrlo. ¿Acaso James tiene razón? Si pudieras apretar un botón y volverte irracionalmente optimista sobre tus posibilidades de éxito, ¿lo lograrías?

TENER UNA IDEA CLARA DE LAS PROBABILIDADES
TE AYUDA A ELEGIR TUS METAS

Como habrán adivinado, no seguí el consejo de mi amigo actor. Incluso a los dieciséis años no podía optar por una carrera sin antes investigar bien.

Para darles una idea de las pésimas probabilidades que tiene un aspirante actor de teatro: de los 49,000 miembros de Actor's Equity, el sindicato nacional de actores de teatro, sólo 17,000 trabajan en su profesión en un año cualquiera. De los que trabajan, el sueldo anual promedio es de 7,500 dólares.[8] Y los actores en el sindicato son, relativamente, los más exitosos. A los actores que no están sindicados les va peor.

Desde luego, cualquier individuo podría tener mejores o peores oportunidades de triunfar según su talento, esmero, carisma o contactos, sin importar las probabilidades. Pero las probabilidades generales son un punto de referencia importante porque cuanto menores sean, más suerte y esmero requerirás para triunfar.

Platiqué con otra amiga que trabaja en la industria del entretenimiento. Su consejo fue distinto: "Mira, esta carrera es súper difícil. Pero no quiere decir que no deberías intentarlo, sólo pregúntate si la actuación es la única carrera que te entusiasma".

Mi respuesta fue "no" (para alivio de mis padres). Había otras materias que me interesaban y estaba segura de que descubriría más en cuanto entrara a la universidad. Para alguien con una pasión más singular por la actuación, o más talento que yo, valdría la pena intentarlo, pese a tener muchas cosas en contra. Para valorar debidamente estos factores se requiere tener una idea clara de las probabilidades.

Éste es el problema más grave con el enfoque que invita a motivarse confiando en uno mismo. Como no se recomienda contemplar un riesgo de manera realista, entonces se vuelve imposible preguntarse si se desea tanto el objetivo como para asumir el riesgo o considerar si hay otros objetivos igual de deseables, pero que impliquen menos riesgos. Asume, implícitamente, que no es necesario tomar ninguna decisión, que ya se encontró el camino indicado y que no valen la pena otras opciones.

De hecho, según la historia de William James y el salto a la montaña —su argumento para valorar la confianza irracional en uno mismo—, en su ejemplo no interviene la toma de decisiones, para nada. No tienes la oportunidad de comparar diversas opciones o proponer ideas. Lo único que puedes hacer es intentar dar el salto.

En dicha situación, cuando sólo tienes un camino disponible, tal vez no sea muy útil tener una imagen realista de las probabilidades de que te vaya bien. Pero ¿con qué frecuencia se suscita una situación así? Incluso si escalaras la montaña en la vida real, nunca tienes sólo una opción. En vez de intentar saltar a una cima cercana, podrías intentar descender. O bien, esperar a que te rescaten. La conveniencia de las alternativas depende de su relativa posibilidad de éxito.

Aunque según la retórica de "sigue tu sueño" todo el mundo tiene un solo sueño, la mayoría disfruta o es bueno en más de una cosa, o por lo menos debería. Si te vuelcas a una meta sin preguntarte si vale la pena, comparada con otras cosas que podrías hacer, es desmerecerte.

A estas alturas, quizás estés pensando: "Sí, seguro es importante tener una idea clara de las probabilidades cuando estás tomando una decisión, pero cuando ya lo hiciste *entonces* es hora de adoptar el optimismo irracional para ejecutarlo".

No es tan sencillo "adoptar el optimismo irracional". No puedes hacer un cálculo realista del riesgo y después ignorarlo. Supongamos que es posible. Las siguientes dos secciones explican por qué mi respuesta sigue siendo "no".

TENER UNA IDEA CLARA DE LAS PROBABILIDADES TE PERMITE MODIFICAR TU PLAN EN CUALQUIER MOMENTO

Desde que estudiaba la preparatoria, Shellye Archambeau estaba decidida a ser CEO de una empresa de tecnología importante.[9] En 2001 sentía que estaba a punto de cumplir su sueño. Había dedicado quince años a ascender en IBM, fue la primera mujer afroamericana en la historia de la empresa en tener un puesto de ejecutiva internacional. Tras dejar la empresa, pasó temporadas como directora ejecutiva en dos empresas de tecnología. Estaba lista.

Por desgracia, en 2001 también explotó la burbuja de las empresas puntocom. Silicon Valley estaba abarrotado de ejecutivos desempleados con más experiencia y contactos que ella, todos estarían compitiendo por puestos de CEO. Mal momento. Shellye contempló que tenía dos opciones. Seguir su plan original, apuntar a una empresa de alto nivel y tener todavía menos probabilidades que antes. O modificarla, eliminar el requisito de que la empresa fuera de alto nivel. Podría optar por una empresa con dificultades, a la que fuera más fácil entrar, para mejorarla con su dirección.

Eligió la segunda opción y tuvo éxito. Zaplet, Inc. contrató a Shellye como CEO. La empresa emergente estaba casi en bancarrota en aquel entonces. En el curso de los próximos catorce años Shellye convirtió Zaplet en MetricStream, una empresa con 1,200 empleados y con un valor de más de 400 millones de dólares.

La realidad es que cuando se trata de materializar un objetivo, no es tan clara la división entre la toma de decisiones y la ejecución. Con el tiempo, tu situación puede cambiar, o adquirirás información nueva y deberás revisar tus cálculos.

TENER UNA IDEA CLARA DE LAS PROBABILIDADES TE AYUDA A DECIDIR QUÉ TANTO INVERTIR EN CONSEGUIRLO

En el curso de la década de 1980 el empresario Norm Brodsky erigió una empresa de mensajería con valor de 30 millones de dólares, Perfect Courier. Para crecer todavía más rápido, decidió adquirir a un competidor, la empresa de mensajería aérea Sky Courier. Para levantarla le inyectó cinco millones provenientes de Perfect Courier. Pero no fue suficiente para salvarla. Así que invirtió otros dos millones. Cuando seguía sin ser suficiente, también invirtió crédito de Perfect Courier. Brodsky sabía que estaba apostando una de sus empresas y que dependía de su capacidad para levantar la otra, pero no le preocupaba. "Nunca se me ocurrió que no podría hacer de Sky Courier un éxito", declaró.[10]

Por desgracia, Brodsky recibió dos golpes desafortunados, uno después del otro. Primero la crisis de la bolsa de valores en octubre de 1987. Esto perjudicó mucho sus empresas. El segundo fue el ascenso estrepitoso del fax. ¿Quién necesita mensajería para enviar documentos importantes cuando se pueden enviar por una máquina?[11]

Para el siguiente otoño, Sky Courier había colapsado y se llevó con ella a Perfect Courier. Para Brodsky, la parte más dolorosa fue despedir a miles de empleados. Con remordimiento, se dio cuenta: "Había destruido una empresa hermosa, segura y rentable por exponerla a un nivel de riesgo que nunca debió haber enfrentado".

En *The Hard Thing About Hard Things* (Lo difícil de las cosas difíciles), Ben Horowitz, inversor de capital de riesgo, afirma que no tiene sentido pensar en las probabilidades de éxito cuando estás empezando una empresa. "Cuando estás arrancando una empresa debes creer que hay una salida. No importa si la probabilidad es de 9 en 10 o 1 en 1,000, tu labor es la misma".[12]

Incluso si tu labor es la misma, sigue quedando pendiente preguntarte cuánto estarías dispuesto a apostar a tu capacidad de tener éxito en esa labor. Si la probabilidad de éxito de tu empresa es de 9 de 10, entonces valdría la pena invertir tus ahorros. Si es de 1 de 1,000, mejor no.

Tener una idea clara de tus probabilidades nunca deja de ser valioso. De todas formas, tenemos un reto psicológico: si tienes una idea clara de las probabilidades, ¿cómo evitar desanimarte? ¿Cómo motivarte para dar todo, a sabiendas de que existe la posibilidad real de que no sea suficiente?

APUESTAS QUE VALEN LA PENA

Cuando Elon Musk decidió crear una empresa de vuelos espaciales, sus amigos lo tildaron de loco. Musk había vendido PayPal, su segunda empresa, por más de 180 millones de dólares, y estaba apostando buena parte de esas ganancias en la empresa que pronto se convertiría en SpaceX.

"No te va a ir bien", le advirtieron. "Vas a perder todo el dinero de PayPal." Uno de sus amigos incluso compiló videos de cohetes que explotaban y le pidió a Musk que lo viera, con la esperanza de disuadirlo de un sueño imposible.[13]

En la mayoría de las historias sobre alguien "con un sueño imposible" este punto del relato suele continuar así: *Pero no lo pudimos disuadir porque en el fondo sabía que todos los escépticos estaban equivocados*. No fue así. Cuando los amigos de Musk le expresaron sus miedos, él respondió: "Estoy de acuerdo. Creo que es probable que fracasemos".[14] De hecho, calculó que la probabilidad de que un cohete de SpaceX llegara a la órbita era de 10 por ciento.

Dos años después, Musk decidió invertir la mayoría de lo que quedaba de sus ganancias de PayPal en una empresa de autos eléctricos, Tesla. También le daba 10 por ciento de probabilidad de éxito.[15]

Las bajas probabilidades que Musk asignó al éxito de sus proyectos dejó perplejos a muchos. En 2014, en una entrevista en *60 minutes*, Scott Pelley intentó entender su lógica:

> ELON MUSK: No creía que Tesla tendría éxito. Creía que era más probable que fracasara...
>
> SCOTT PELLEY: Pero si dices que no esperabas que tuviera éxito, ¿por qué intentarlo?
>
> ELON MUSK: Si algo es importante hay que intentarlo. Incluso si el resultado probable no es optimista.[16]

Las bajas expectativas de éxito de Musk confunden, porque se asume que el único motivo para hacer algo es tener éxito. Pero a los centinelas no les motiva la idea de que un proyecto tendrá éxito, sino que la apuesta vale la pena.

Por lo menos en algunos contextos, la mayoría coincide con la idea de que se trata de una apuesta que vale la pena. Para dar un ejemplo sencillo, supongamos que alguien te ofreciera una apuesta en la que tiras un dado normal, de seis lados. Si te sale seis, ganas 200 dólares, de lo contrario, pierdes 10 dólares. ¿Deberías aceptar?

Casi seguro. Esta apuesta te conviene, y puedes comprobar exactamente cómo si calculas su *valor esperado*. Se trata de la cantidad promedio que una apuesta produce cada vez, si la aceptaras un número de veces infinito.

Probabilidad	Valor
1 de 6 probabilidades de tirar un 6	Ganar 200 dólares
5 de 6 probabilidades de tirar otro número	Perder 10 dólares

Para calcular el valor esperado de una apuesta, multiplica la probabilidad de cada resultado por su valor y después suma esos resultados. Para esta apuesta, el valor esperado debería ser:

$$([\,^1/_6 \text{ probabilidades de ganar}] \times \$200) + ([\,^5/_6 \text{ probabilidades de perder}] \times -\$10) =$$
$$\$33.33 - \$8.33 = \$25$$

En otras palabras, si aceptaras esta apuesta varias veces, la cantidad promedio que ganarías en cada ocasión sería 25 dólares. Nada mal para tirar unos dados. Es una apuesta estupenda, aunque el resultado más probable es perder.

Evaluar las probabilidades en una apuesta de la vida real, como arrancar una empresa, es un tema más complejo y subjetivo. Los posibles resultados no están bien definidos, como en el ejemplo de los dados. Sus probabilidades correspondientes son subjetivas. Y su "valor" implica muchos factores además del dinero. ¿Cuánto disfrute supondrá dirigir una empresa? ¿Te dejará contactos y habilidades útiles, incluso si fracasa? ¿Cuánto tiempo consumiría? ¿Cuánta distinción (o estigma) social supondría?

Sin embargo, casi siempre puedes sacar un estimado, y es mejor que nada. Como ya vimos, Elon Musk estimó que Tesla tenía 10 por ciento de probabilidades de éxito y 90 por ciento de fracaso. Pero el valor del éxito sería enorme: materializar el sueño de producir coches eléctricos y fabricarlos para el consumo masivo contribuiría a liberar a la sociedad de depender de combustibles fósiles. En incluso si fracasara, para Musk valía la pena por un factor: "Creí que, por lo menos, Tesla podría abordar la falsa percepción de que los autos eléctricos son feos, lentos y aburridos como un coche de golf", contó a Pelley en *60 minutes.*

Su visión de SpaceX era similar. Casi 10 por ciento de probabilidades de éxito, 90 de fracaso, pero el valor del éxito también sería enorme. Desarrollar vuelos espaciales más asequibles acercaría a la humanidad a colonizar Marte un día, lo que a su vez resguardaría a nuestra especie de los riesgos catastróficos en la Tierra. Incluso si SpaceX fracasara, no sería una pérdida total de tiempo si supusiera un ápice de progreso. "Si sólo colocáramos la primera piedra, incluso si muriéramos, tal vez otra empresa podría tomar la batuta y seguir adelante, y sería nuestra contribución", argumentó.[17]

RAZONAMIENTO DE MUSK SOBRE SUS APUESTAS: TESLA Y SPACEX

Probabilidad	Valor
10% de probabilidades de éxito	La empresa contribuye significativamente a uno de los problemas más urgentes de la humanidad (sustentabilidad, viajes espaciales).

90% de probabilidades de fracasar	Musk pierde su inversión, pero no le supone la bancarrota. La empresa pone su granito de arena para resolver el problema.

En general, tanto Tesla y SpaceX le parecieron buenas apuestas, aunque tenían enormes probabilidades de fracasar.

Otra forma de resolver si el valor esperado de una apuesta es positivo consiste en imaginar aceptándola varias veces. ¿El valor de los éxitos esperados compensaría los fracasos? En el curso de una vida, tal vez alguien como Elon Musk tendría el dinero y el tiempo para arrancar por lo menos diez empresas como Tesla y SpaceX. Si nueve de cada diez fracasarían, entonces la pregunta clave es: ¿valdría la pena fracasar nueve veces a cambio de un éxito enorme?

En realidad, casi nunca es posible repetir las mismas apuestas muchas veces. Pero tendrás la oportunidad de hacer distintas apuestas en el curso de la vida. En la empresa y en tu profesión, en general, hay oportunidades de inversión, de confiar en otra persona, hacer una petición difícil o salir de tu zona de confort. Y cuantas más apuestas con valores esperados positivos hagas, más seguro estarás de que, en general, terminarás con ventaja, incluso si cada apuesta individual no es segura.

ACEPTAR LA DIVERGENCIA TE OTORGA ECUANIMIDAD

Normalmente no le presto mucha atención a los deportes, pero una entrevista con Trevor Bauer, pitcher de los Indians de Cleveland, me despertó interés. Bauer había tenido una buena racha contra los Astros de Houston de 6-0, y cuando el entrevistador le preguntó el secreto de su éxito, respondió: "Variación aleatoria. No dura; en algún punto terminará".[18]

Su respuesta me hizo sonreír sorprendida. Cuando a alguien se le pide explicar su éxito, casi todo el mundo responde más o menos así: "Estoy practicando más y se empieza a notar" o "Creí en mí mismo". ¿Con qué frecuencia escuchas que alguien le atribuye su éxito a la "variación aleatoria"?

Bauer tenía razón, la racha llegó a su fin. Dentro de poco otro entrevistador le preguntaba por la cifra inusual de jonrones que otros jugadores estaban anotado en su contra, y contestó: "Sé que en algún punto los resultados me favorecerán… no puedo sostener el elevadísimo índice de jonrones, es absurdo, y así es como se anotan la mayoría de mis carreras en este momento".[19]

El índice de "jonrones" de un pitcher fluctúa mucho en periodos breves, lo que quiere decir que la estadística refleja sobre todo variantes aleatorias, no la aptitud. El punto de Bauer es que no tenía sentido preocuparse mucho de su inusualmente elevado índice de jonrones. Y tenía razón, la siguiente temporada Bauer registró el índice más bajo que nadie.[20]

Podría ser motivador pensar con total certeza que vas a ganar, pero no es realista; en toda empresa interviene cierto grado de azar. Con el tiempo los resultados fluctúan, algunas de tus apuestas salen bien y muchas saldrán mal.

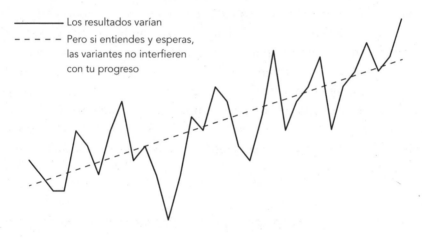

Los resultados varían

Pero si entiendes y esperas, las variantes no interfieren con tu progreso

EL EFECTO PSICOLÓGICO DE ESPERAR VARIANTES[21]

Pero siempre y cuando continúes haciendo apuestas de valor esperado positivo, a la larga, desaparecen las variantes. El agradable efecto secundario de aprender a esperar estas variantes es la ecuanimidad. En vez de reaccionar con euforia ante los buenos resultados de tus apuestas y devastado ante los malos, tus emociones estarán vinculadas a la línea de tendencia debajo de la variación.

El objetivo no es atribuir todo a la suerte, sino hacer lo posible por separar mentalmente el papel que tiene la suerte en tus resultados, del papel que tiene la toma de decisiones, y no juzgarte a partir del último. Éste es un ejemplo de Bauer analizando *a posteriori* su trabajo en un juego:

No me fue muy bien, pero defiendo la lógica que lo respalda. No fue buena idea la base por bolas a [Jason] Castro. Traté de atrapar a [Brian] Dozier en una bola rápida, regresó, hice un buen lanzamiento, pero le dio.[22]

Nota cómo se da crédito, después se culpa, se vuelve a dar crédito, todo a partir de sus decisiones, al margen de los resultados.

ASUME LOS RIESGOS

En 1994, Jeff Bezos tenía un empleo cómodo y bien pagado en la banca de inversión en Nueva York. Llevaba tiempo contemplando renunciar para arrancar una empresa en esta emocionante novedad llamada "el internet".

Pero quería asegurarse de tener claras sus probabilidades. Según sus cálculos, cerca de 10 por ciento de las *start-ups* de internet tenían éxito. Bezos sospechaba que sus capacidades e idea de negocio eran mejores que el promedio, pero también sabía que no debía ignorar por completo las probabilidades de partida. En general, se dio 30 por ciento de probabilidades de éxito.

¿Cómo se sintió con ese nivel de riesgo? ¿Soportaría la posibilidad de fracasar? Bezos se imaginó a los ochenta años repasando sus decisiones de vida. Dentro décadas, no le importaría haberse perdido su bono de Wall Street en 1994. Pero no aprovechar la oportunidad de participar en el crecimiento de internet sí le importaría. Decidió: "Si fracasaba, estaría de acuerdo. Pero a los ochenta años estaría muy orgulloso de haberlo intentado".[23] Así tomó la decisión de dar el salto, renunciar a su trabajo y arrancar la empresa que se convertiría en Amazon.

El modelo de motivación que depende de creer en uno mismo asume que si reconoces la posibilidad de fracasar entonces estarás muy desmotivado o temeroso de arriesgarte. En este modelo quienes creen que el fracaso es inconcebible se desviven por triunfar. Pero en la práctica, parece que las cosas funcionan al revés: es liberador aceptar la posibilidad de fracasar de antemano. Te permite ser valiente, no tímido. Te da el valor de aceptar los riesgos necesarios para lograr algo importante.

Cuando un entrevistador elogió a Elon Musk por ser intrépido, crear empresas que para otros son una locura y no temer, Musk admitió que sí siente miedo, y mucho. La diferencia es que ha aprendido a gestionarlo al aceptar la probabilidad de fracasar. "El fatalismo, en cierta medida, puede ser muy útil. Si aceptas las probabilidades entonces se disipa el miedo. Cuando fundé SpaceX creí que mis probabilidades de triunfar eran menores de 10 por ciento. Acepté que quizá perdería todo", explicó.[24]

En general, quienes trabajan en proyectos difíciles y están conscientes de que corren el riesgo de fracasar, no piensan en ese riesgo a diario. Cuando despiertan los motivan cosas más concretas: la presentación de la próxima semana; la meta que se trazaron para enviar su primer producto el mes que entra, el reto de terminar el último proyecto urgente, el progreso que han hecho hasta ahora, la gente que cuenta con ellos.

Pero en el momento que deciden qué riesgos correr o hacer una pausa para reflexionar sobre sus decisiones de vida, sentirse satisfechos con la apuesta que han hecho —incluso si falla— supone una gran diferencia. Hace años leí la publicación de un blog y se me quedó una frase que todavía me da una sensación de determinación cuando estoy apostando en algo arriesgado, pero que vale la pena. Tal vez surtirá el mismo efecto en ti: "Lo ideal es tener la disposición para que, si se presenta el resultado negativo, sólo reconozcas que la carta estaba en la baraja, conocías las probabilidades y harías la misma apuesta de tener la misma oportunidad".[25]

En el capítulo anterior vimos que tenemos estrategias para afrontar emociones como ansiedad, decepción, arrepentimiento y miedo. Algunas implican engañarse a uno mismo, pero otras no, ¿así que por qué conformarse con las primeras?

La misma lógica se aplica a nuestras estrategias para motivarnos a ser ambiciosos: arriesgarnos y perseverar cuando la situación se pone difícil. Para el soldado, la motivación exige creer cosas que no son ciertas, que no importan las probabilidades de éxito siempre y cuando confíes en ti, que no contemples el fracaso y que la "suerte" es irrelevante.

La confianza del soldado puede ser más efectiva, por lo menos a corto plazo. Pero se trata de una confianza frágil que exige que ignores o desmenuces información nueva que podría amenazar tu capacidad de seguir creyendo que triunfarás.

Los centinelas poseen una confianza distinta. En vez de encontrar motivación en la promesa de un éxito asegurado, les motiva saber que están haciendo una apuesta inteligente, que les hace sentirse bien sin importar el resultado. Incluso si tiene pocas probabilidades de éxito saben que, a la larga y en términos generales, la probabilidad de éxito es mucho mayor, siempre y cuando sigan haciendo apuestas inteligentes. Les motiva saber que las caídas son inevitables, pero a la larga se disiparán; que si bien el fracaso es una posibilidad, también es tolerable.

La confianza del centinela no te pide sacrificar tu capacidad para tomar decisiones lúcidas. Y es una confianza sólida que no requiere que la protejan de la realidad, porque está afianzada en la verdad.

CAPÍTULO 9

INFLUIR SIN ARROGANCIA

En el capítulo previo repasamos que antes de fundar Amazon, Jeff Bezos calculó que su idea de negocio tenía 30 por ciento de probabilidad de éxito. Pero seguro no lo admitiría a sus posibles inversores... ¿o sí? ¿Por qué alguien financiaría a un emprendedor cuya presentación de ventas fuera: "Que quede claro, es probable que fracase"?

De hecho, Bezos sí compartió su incertidumbre con sus inversores potenciales. En cada presentación informaba a su público: "Creo que la posibilidad de que pierdan todo su dinero es de 70 por ciento, entonces no inviertan a menos que se puedan dar el lujo de perderlo".[1]

A medida que fue creciendo su empresa, Bezos siguió compartiendo con franqueza la incertidumbre que se cernía sobre su futuro. En una entrevista en CNBC comentó: "No hay garantías de que amazon.com vaya a ser una empresa rentable. Lo que intentamos hacer es muy complicado".[2] Para 2018 Amazon estaba a punto de convertirse en la empresa más valiosa del mundo. Ese otoño, en una reunión interna, Bezos reveló a sus empleados: "Predigo que un día, Amazon fracasará... la vida útil de las empresas grandes es de unos treinta años, no cien".[3]

La sabiduría popular dice que cuanta más confianza tengas en lo que crees, serás más influyente. La seguridad es magnética. Invita a la gente a escucharte, seguirte y confiar en que sabes lo que haces. Si buscas consejos sobre cómo ser influyente o convincente encontrarás invitaciones para creer en ti:

Aquel que tiene una certeza rotunda siempre podrá convencer a otros.[4]

Todo líder exitoso confía ampliamente en sí mismo.[5]

A nadie le gustan las opiniones que incluyan "tal vez". La gente quiere certeza.[6]

Parecería ser un mal augurio para los centinelas, pero si procedes con honestidad intelectual no tendrás la certeza de todo. Por fortuna, como sugiere el ejemplo de Jeff Bezos, la sabiduría popular no es del todo acertada. En este capítulo vamos a derribar algunos mitos sobre la seguridad y la influencia, y veremos cómo los centinelas exitosos navegan por esa relación.

DOS TIPOS DE SEGURIDAD

La seguridad es una de esas palabras que utilizamos con dos sentidos sin darnos cuenta. Una es la seguridad *epistémica* o certeza, qué tan seguros estamos de la verdad. Es el tipo de seguridad que exploramos en el capítulo seis. Si aseguras: "Estoy 99 por ciento segura de que está mintiendo" o "Te garantizo que esto va a funcionar" o "No hay manera de que ganen los republicanos" estás demostrando mucha seguridad epistémica.

Por otra parte, está la seguridad social o confianza en uno mismo. ¿Te sientes cómodo en situaciones sociales? ¿Te comportas como si merecieras estar ahí? ¿Estás seguro de ti mismo y de tu papel en el grupo? ¿Hablas como si valiera la pena escucharte?

SEGURIDAD

Seguridad epistémica
(certeza de lo que
es verdadero)

Seguridad social
(confianza en
uno mismo)

Tenemos la costumbre de confundir la seguridad epistémica y la seguridad social, las tratamos como si fueran lo mismo. Es fácil imaginarse a alguien que posea las dos, como un líder que anima a su equipo con una plática motivacional en la que les asegura que van a triunfar. También es fácil imaginarse a alguien que carezca de las dos, que tartamudea nervioso: "Mmm, no sé qué hacer...".

No obstante, la seguridad epistémica y la social no son lo mismo. No hace falta más que pensar en Benjamin Franklin. Le sobraba seguridad social: se sabe que era encantador, ingenioso, entusiasta, amistoso, creó instituciones. Era casi una celebridad en Francia, en donde lo rodeaban mujeres que lo adoraban y lo llamaban *cher papa* (querido papá).[7]

Y Franklin también carecía, intencionadamente, de seguridad epistémica. Era una práctica que había iniciado de joven, cuando se dio cuenta de que era más factible que la gente rechazara sus argumentos cuando empleaba palabras como *sin duda* o *por supuesto*. De modo que se esmeró por eludir esas expresiones y las sustituyó por estas aperturas: "Creo que..." o "Si no me equivoco..." o "Me parece que...".[8]

Al principio era difícil respetar el hábito. De joven, uno de sus pasatiempos favoritos era demostrar a los demás que se equivocaban o lo que hoy se conoce como "destruirlos" con argumentos. Pero cuando se dio cuenta de que si expresaba sus opiniones con delicadeza sus interlocutores eran más receptivos.

Con el tiempo, Franklin se volvió una de las personas más influyentes en la historia de Estados Unidos. Participó en la redacción de la Declaración de Independencia. Convenció a Francia de que apoyara la revolución de las colonias estadunidenses contra los británicos. Negoció el tratado que le puso fin a la Guerra de Independencia que contribuyó a redactar y ratificar la Constitución.

En la autobiografía que escribió en su vejez reflexiona sobre su vida y se maravilla de lo efectivo que resultó su hábito de hablar con "reserva". "Después de mi integridad, a este hábito debo haber tenido tanta autoridad para proponer nuevas instituciones a mis conciudadanos, o cambios a las ya existentes", concluyó.[9]

En el capítulo 4 describí la disposición de Abraham Lincoln para escuchar el criterio de otros en temas que, a su parecer, entendían mejor que él, así como reconocer cuando se equivocaba. Como lo describió uno de sus contemporáneos: "Nadie absolutamente podía estar en su presencia y dominarlo".[10] Esto se debía a que Lincoln era extraordinariamente seguro de sí mismo. Estaba cómodo con quien era, y cuando hablaba mantenía la atención de su interlocutor durante horas.

SE TE JUZGA A PARTIR DE LA CONFIANZA SOCIAL, NO DE LA SEGURIDAD EPISTÉMICA

Las experiencias de Franklin y Lincoln sugieren que cuando se trata de dar una impresión es más importante estar seguro de uno mismo que expresar certeza.

En un estudio, universitarios trabajaron en grupos pequeños mientras grababan sus interacciones.[11] Los investigadores revisaron el video y codificaron la conducta de cada alumno a partir de varios aspectos de seguridad epistémica (por ejemplo, cuántas veces decían sentirse seguros) y la seguridad social (cuánto participaban en el debate y si parecían estar relajados).

Después, mostraron los videos a terceras personas y preguntaron qué tan apto parecía cada alumno. La *confianza social* que proyectaron definió los índices de aptitud que recibieron. Cuanto más participaba un alumno en la conversación, empleaba un tono de voz autoritario y se veía relajado, más apto parecía. En cambio, no se dio importancia a la *seguridad epistémica*. Se le concedió casi nula o nula importancia a qué tan seguros estaban de sus respuestas, qué tan fácil consideraban la labor y qué tan hábiles eran en la labor en cuestión.

Otros investigadores han analizado la misma pregunta empleando a actrices para mostrar distintas combinaciones de confianza social y seguridad epistémica altas y bajas, para evaluar la diferencia que tiene cada factor.[12] Los resultados fueron similares. Si los participantes creían que una actriz era o no "segura" dependía mucho de su conducta, como hacer contacto visual, hablar en un tono uniforme y hacer gestos concluyentes con las manos. Importaba poco si se expresaba con mucha ("Estoy segura de que...") o poca seguridad ("Creo que... Tal vez...").

En ocasiones la gente lamenta que se juzgue a la gente a partir de cosas "superficiales" como la postura o el tono de voz. Pero, por el lado bueno, esto quiere decir que para mostrar aptitud no se necesita engañarse a uno mismo. Puedes estimular la confianza social practicando en grupos, contratando a un entrenador de voz, vistiendo mejor, mejorando tu postura, todo ello sin comprometer tu capacidad para ser perceptivo.

	PISTAS CONDUCTUALES	COMPETENCIA SEGÚN EL OBSERVADOR
Confianza social	Porcentaje de tiempo que habla	0.59**
	Tono vocal seguro y fáctico	0.54**
	Información proporcionada relevante para el tema en cuestión	0.51**
	Postura expandida	0.37**
	Apariencia tranquila y relajada	0.34**
	Brindó una respuesta más tarde	0.24*
	Brindó una respuesta primero	0.21*
Seguridad epistémica	Dio un estimado de su seguridad	0.21*
	Mencionó la facilidad y dificultad de la tarea	0.18
	Mencionó su aptitud	0.09

* = RESULTADOS IMPORTANTES EN $p < 0.05$; ** = RESULTADOS IMPORTANTES EN $p < 0.01$
Cuadro adaptado de C. Anderson *et al.* (2012), cuadro 2. página 10.

La Fundación de Amazon es un buen ejemplo de la preeminencia de la prioridad de la confianza social sobre la seguridad epistémica. La empresa tuvo su golpe de suerte en la primavera de 1996, cuando recibió una visita de John Doerr, socio de Kleiner Perkins Caufield & Byers, uno de los despachos de capital de riesgo más prestigiosos de Silicon Valley (ahora, sólo Kleiner Perkins). Doerr salió de la reunión asombrado con Amazon y listo para invertir. Todavía mejor, el interés de los inversores de capital de riesgo de alto perfil detonó una guerra de ofertas que elevó el valor de Amazon de 10 a 60 millones de dólares.

¿Qué convenció a Doerr de Amazon? Dejaré que él lo explique: "Entré a la oficina y me encontré con un individuo con una risa escandalosa, lleno de energía, que venía bajando las escaleras a brincos. En ese momento, supe que quería hacer negocios con Jeff".[13]

DOS TIPOS DE INCERTIDUMBRE

¿Cómo reacciona un paciente cuando su médico expresa incertidumbre? Varios estudios han analizado esta pregunta y han llegado a distintas conclusiones. Algunos han descubierto que los pacientes reaccionan negativamente pues lo interpretan como señal de incompetencia. A otros no parece importarles que sus médicos se muestren inciertos; es más, lo valoran.

Estos resultados conflictivos parecen misteriosos hasta que se ve de cerca qué evalúa cada estudio. En los estudios que revelaron que los pacientes reaccionan negativamente cuando sus médicos proyectan incertidumbre, ésta se refiere a frases como:

> No sé cómo explicarlo.
> Nunca me he encontrado con un caso así.
> No estoy seguro de las causas de sus dolores de cabeza.[14]

Mientras tanto, los estudios que revelaron que los pacientes reaccionan bien ante la incertidumbre de sus médicos, ésta se refiere a frases como (de médicos que debaten los factores de riesgo del cáncer de mama):

> La evidencia que apunta a la lactancia no es sólida. Pero un factor decisivo, y más sólido, es la edad del primer embarazo. Pero como en todos los casos, hay puntos medios. Es un factor discutible.

> Tienes dos parientes de primer grado, sin duda entras en la categoría de alto riesgo... aunque no es fácil resolver qué tan alto, tal vez uno de cada cinco, o uno de cada diez.[15]

Se trata de dos ejemplos de incertidumbre muy distintos. Es difícil culpar a los pacientes del primero por reaccionar con desconcierto. Si un médico afirma: "No estoy seguro de las causas", es razonable contemplar el diagnóstico de otro médico con más experiencia. Sin embargo, en el segundo ejemplo los médicos que dan un diagnóstico incierto parecen expertos. Ofrecen contexto, como que la edad de una mujer durante su primer embarazo es un factor de riesgo más alto que si amamanta o no, y cálculos informativos, como "una de cada cinco y una de cada diez", en vez de decir que no saben.

INCERTIDUMBRE

A raíz de ignorancia o inexperiencia

A raíz de que la realidad es complicada e impredecible

Aquellos que aseguran que "reconocer la incertidumbre" te hace ver mal confunden dos tipos muy distintos: la incertidumbre "en ti", a raíz de tu ignorancia o inexperiencia, y la incertidumbre "en el mundo", a raíz de que la realidad es complicada e impredecible. Con la primera incertidumbre solemos poner en duda la experiencia, y con justa razón. Pero con la segunda, no; sobre todo si sigues estas tres reglas para comunicar la incertidumbre:

1. Justifica la incertidumbre

En ocasiones tu interlocutor no estará consciente del grado de incertidumbre que existe "en el mundo" sobre el tema que estás abordando y esperará respuestas con más certeza de la que es posible. Está bien, primero debes moderar sus expectativas. ¿Recuerdas que en 1999 Jeff Bezos advirtió a un periodista de CNBC que el éxito de Amazon no estaba garantizado? Al mismo tiempo, puso en perspectiva esa advertencia, señaló que si bien era evidente que la revolución del internet produciría empresas gigantes, era muy difícil predecir con anticipación cuáles. Ilustró el principio de impredecibilidad con un ejemplo del pasado reciente: "Si vemos las empresas que surgieron con la revolución de la PC en 1980, resulta improbable haber predicho a las cinco grandes ganadoras".[16]

De hecho, si demuestras que la certeza no es realista, puedes ser más persuasivo que alguien que afirma todo con un 100 por ciento de certeza. Cuando un abogado se reúne por primera vez con un posible cliente, éste siempre pregunta por la compensación. Para el abogado es tentador hacer un cálculo optimista, confiado, pero la realidad es que aún no tiene información suficiente para hacerlo. En *How Leading Lawyers Think* (Cómo piensan los abogados líderes) un fiscal declara en una entrevista: "Les digo que cualquier abogado que responda esa pregunta está mintiendo o es incompetente, y lo mejor es salir de ahí corriendo".[17]

2. Ofrece cálculos sustentados

Matthew Leitch es un consultor británico y antiguo gestor de riesgos en PricewaterhouseCoopers. En su página web *Working in Uncertainty* (Trabajar en la incertidumbre), comparte su experiencia sobre generar respeto mientras comunica incertidumbre a sus clientes. Ofrece cálculos sustentados y explica su procedencia. Por ejemplo, podría informar a un cliente: "En este caso no hay datos duros, así que saqué un promedio de tres directores de marketing" o "Un estudio que se realizó a 20 empresas similares a la nuestra demostró que 23 por ciento había experimentado un incidente de este tipo".[18]

Incluso si la realidad es compleja y es imposible anticipar la respuesta correcta, por lo menos puedes confiar en tu análisis. Un asesor de capital de riesgo describe una de las mejores presentaciones que ha visto, proveniente de un joven emprendedor de nombre Mike Baker:

> Mike hizo un diagnóstico de la industria de la publicidad en línea tan acertado y pronosticó hacia dónde se dirigía a partir de su propia experiencia y muchos datos... describió con tal elocuencia: "Si acierto, las ganancias serán astronómicas. Podría equivocarme y ahí radica el riesgo; pero si acierto, puedo ejecutarlo, conozco esta tecnología y tengo a los socios indicados para aprovecharlo".[19]

Demostrar que estás bien informado y preparado en un tema determinado no exige que exageres la seguridad sobre el tema. Hace algunas páginas cité al experto en capital de riesgo, John Doerr, quien afirmó que quería invertir en Amazon con sólo ver a Jeff Bezos "bajar corriendo las escaleras", pero desde luego no es la historia completa. También le impresionó su capacidad técnica. Cuando le preguntó el volumen de transacciones diarias de Amazon y Bezos respondió después de teclear brevemente, Doerr terminó "embelesado".[20]

3. Ten un plan

Un motivo por el que a muchos no les gusta escuchar respuestas inciertas es el desconcierto de no saber cómo actuar. Después de expresar incertidumbre, continúa con un plan o recomendación.

Si eres médico, asesora a tu paciente para decidir qué tratamiento es mejor para él, dada la incertidumbre, o asegúrale que seguirás de cerca su padecimiento. Si eres consultor, diseña una prueba para determinar algún factor crucial con mayor precisión, o propón un plan de varias fases que permita reevaluarlo.

Si eres emprendedor un plan implica proponer lo que harás para que tu empresa sea una buena inversión, una apuesta con la que te sientes cómodo, en la que otros puedan invertir convenientemente, pese a que el éxito no está garantizado. En la entrevista de 1999 para CNBC, tras reconocer que Amazon era un riesgo, Jeff Bezos explicó por qué, pese a ello, el riesgo valía la pena:

> Es sumamente difícil predecirlo. Pero creo que si te centras obsesivamente en la experiencia del cliente: la selección, la facilidad de uso, precios bajos, más información para decidir qué comprar, si puedes dar a los clientes todo eso más un excelente servicio al cliente... *creo que tienes buenas probabilidades.* Y eso intentamos hacer.[21]

NO ES PRECISO PROMETER EL ÉXITO PARA SER INSPIRADOR

Hace poco un amigo fundó una empresa que desarrolla apps para ayudar a la gente que padece depresión y ansiedad. Es un pensador probabilista que aspira a estar bien calibrado y no ignora que toda nueva empresa enfrenta obstáculos. Le pregunté si su perspectiva realista le dificultaba emocionar a sus empleados o inversores. "No, puedes contagiar tu entusiasmo de muchas maneras. No necesitas mentir ni mostrarte arrogante sobre la posibilidad de tener éxito."

Establece metas ambiciosas. Explica con lujo de detalle el mundo que quieres crear. Habla con el corazón sobre por qué te importa el tema en el plano personal. Cuando mi amigo habla de su empresa, le gusta compartir anécdotas de personas que luchan con su salud mental y a quienes han ayudado con esta app. Todo eso puede ser inspirador, y no exige hacer afirmaciones poco realistas.

En YouTube hay un ejemplo inusual de una de las primeras entrevistas con Jeff Bezos, de 1997, más o menos un año después de que fundara Amazon.

(Lo primero que el entrevistador pregunta a Bezos es: "Bueno, ¿quién eres?".) Bezos comparte su visión del futuro para el comercio por internet, visiblemente emocionado y es fácil entender por qué para sus inversores su emoción era contagiosa:

> Es increíble... es muy incipiente. El comienzo. Es el *Kitty Hawk* del comercio electrónico. Estamos progresando en distintos aspectos, al igual que otras empresas, a finales del siglo xx. Es hermoso estar vivo en esta era, ¿sabes?... Creo que, dentro de mil años, la gente dirá: "Guau, finales del siglo xx fue una gran época para estar vivo en este planeta".[22]

Es un discurso que comunica visión, convicción, pasión. Y no requiere que Bezos finja que su start-up es una apuesta segura, ni siquiera que tiene más de 50 por ciento de probabilidades de éxito.

Tras escuchar a Bezos, el inversor Tom Alberg habló con un amigo antes de invertir $50,000 dólares de su dinero. "Es muy arriesgado, pero Jeff es auténtico. Queda claro que es un tipo muy inteligente. Y sumamente apasionado."[23]

En este capítulo hemos abordado tres principios clave para influir sin arrogancia.

- Primero, no es preciso expresar tus opiniones con 100 por ciento de certeza para parecer seguro y competente. Nadie está poniendo tanta atención a cuánta seguridad epistémica expresas. Le ponen más atención a cómo te comportas, tu lenguaje corporal, tono y otros aspectos de tu confianza social, todo lo cual puedes cultivar sin sacrificar tu calibración.
- Segundo, expresar incertidumbre no es necesariamente negativo. Todo depende de si la incertidumbre proviene "de ti" o "del mundo". Si puedes mostrar que manejas el tema y hablas con soltura sobre tu análisis y plan parecerás experto.
- Tercero, puedes inspirar sin prometer de más. Puedes describir con lujo de detalle el mundo que quieres crear, o por qué tu misión es importante, cómo tu producto ha ayudado a la gente, sin afirmar que garantizas el éxito. Hay muchas maneras de entusiasmar a la gente que no implican mentirte a ti mismo o los demás.

Es el tema que ha predominado en los últimos tres capítulos: sin importar tu objetivo, seguro existe la forma de lograrlo sin creer en falsedades. A partir de ahora, cuando te digan que *necesitas* engañarte para ser feliz, sentirte motivado o influyente, deberías ser escéptico. Cualquier meta tiene múltiples caminos para llegar a ella, algunos comprenden el autoengaño y otros no. Quizá para encontrar el último se requiere más cuidado y práctica, pero a largo plazo valdrá la pena.

Considera esta analogía: supongamos que un acosador amenaza con golpearte y robarte el dinero de tu lunch. Quizá contemples que puedes (1) pagarle o (2) aceptar la golpiza. Puesto de ese modo, parece que lo mejor es darle el dinero. Son unos dólares, mejor que acabar con el ojo morado, ¿no?

Pero si piensas a largo plazo, deja de ser tan claro si darle dinero cada vez es la mejor alternativa. Podrías aprender a pelear. O tramar un plan para que atrapen al acosador con las manos en la masa. Podrías contemplar cambiarte de salón o de escuela. Hay muchas estrategias para conseguir mejores alternativas, en vez de resignarte con la menos mala.

El intercambio entre la mentalidad de soldado y la mentalidad de centinela suscita lo mismo. Parece que debemos sacrificar nuestra perspicacia o dejar que nuestra autoestima, motivación y comodidad reciban el golpe. Bien podrías aceptar esos términos: "Voy a sacrificar la verdad porque vale la pena", o bien: "No quiero aceptar esos términos" y encontrar maneras de quedar bien y sentirte a gusto, mientras ves la realidad con la mayor claridad posible.

CUARTA PARTE

Cambiar de opinión

CAPÍTULO 10

CÓMO EQUIVOCARSE

El politólogo Philip Tetlock dedicó casi dos décadas a evaluar la capacidad de los seres humanos para predecir sucesos globales. Los resultados fueron decepcionantes, incluso a los llamados expertos apenas les fue mejor que al azar. O como Tetlock lo expresó estupendamente, el experto promedio "apenas tuvo el tino de un chimpancé que lanza dardos".[1]

Sin embargo, hubo excepciones. Un pequeño grupo de personas que resultó poseer la capacidad genuina de responder preguntas tales como: "¿Acaso los Hermanos Musulmanes ganarán las elecciones en Egipto?" o "¿Habrá un incidente violento en el mar del Sur de China en el que muera, por lo menos, una persona?". Tetlock los denominó "súper pronosticadores".

En un torneo de pronósticos que patrocina la Actividad de Proyectos de Investigación Avanzados de Inteligencia (IARPA, por sus siglas en inglés), una agencia de inteligencia de Estados Unidos, los superpronosticadores le ganaban holgadamente a profesores de las mejores universidades con márgenes de más de 70 por ciento.[2] De hecho, los superpronosticadores superaron a todos a tal grado que, luego de sólo dos años, la IARPA prescindió de los otros equipos, pese a que originalmente el torneo estaba diseñado para cuatro años.

¿Por qué los superpronosticadores eran tan extraordinarios?

No porque fueran más inteligentes que el resto. Tampoco porque tuvieran más conocimiento o experiencia que el resto. Eran, sobre todo, amateurs; sin embargo, superaron incluso a los analistas profesionales de la CIA, que tenían la ventaja de años de experiencia, así como acceso a información clasificada sobre los temas de los que realizaban pronósticos. La herramienta de los superpronosticadores fue Google y aun así superaron a la CIA por un margen de 30 por ciento.

Los superpronosticadores se distinguían en acertar porque también se distinguían en equivocarse.

CAMBIA DE OPINIÓN POCO A POCO

Los superpronosticadores cambiaban de opinión constantemente. No se trataba de cambios de 180 grados o radicales, sino consideraciones sutiles cada vez que adquirían nueva información. El superpronosticador con mayor puntaje, un ingeniero de software de nombre Tim Minto, tenía la costumbre de cambiar de opinión por lo menos una decena de veces en un solo pronóstico, y en ocasiones hasta cuarenta o cincuenta veces. En la siguiente página incluyo una gráfica de la evolución de la seguridad de Minto en la proposición: "para el 1 de abril de 2014, la cifra de refugiados sirios registrados que reporta la Agencia de Refugiados de las Naciones Unidas será menor de 2.6 millones". Los puntos representan las veces que Minto corrigió su pronóstico en el curso de tres meses. Es como un capitán que navega su barco: va corrigiendo sobre la marcha.

Seguro ya te sientes cómodo con la idea de cambiar de opinión gradualmente en algunos contextos. Cuando entregas una solicitud de trabajo, tal vez calcules que tienes como 5 por ciento de probabilidades de recibir una oferta. Cuando te llaman para agendar la entrevista en persona, tu cálculo aumenta a 10 por ciento. Durante la entrevista, si sientes que te va bien, entonces tal vez te sientes 30 por ciento seguro de que te van a ofrecer el puesto. Si después de unas semanas no sabes nada de ellos, tu confianza puede bajar a 20 por ciento.

Es menos frecuente hacer lo mismo en lo que se refiere a opiniones políticas, morales u otros temas delicados. Durante años, Jerry Taylor fue uno de los principales negacionistas del cambio climático en el país. Trabajó para el Instituto Cato, un laboratorio de ideas libertario, y ganaba buen dinero participando en *talk shows*, asegurando al público que los temores sobre el cambio climático eran desproporcionados.

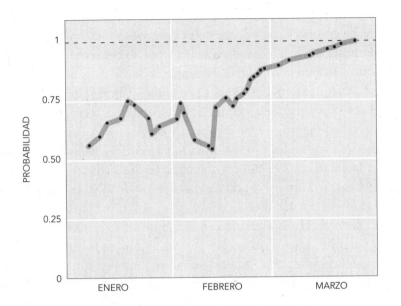

EL ESTILO DE UN SUPERPRONOSTICADOR QUE CREE EN REVISAR

Adaptado de Tetlock y Gardner (2015), p. 167.

La primera grieta en el escepticismo de Taylor ocurrió después de que participó en un debate televisado con un célebre defensor del cambio climático, Joe Romm.[3] Durante el debate, Taylor repitió uno de sus argumentos estándar: el calentamiento global ha sido mucho más lento de lo que han predicho los pesimistas. En contraste con las proyecciones que se presentaron ante el Congreso en 1988, la Tierra no se había calentado tanto.

Tras bambalinas Romm acusó a Taylor de malinterpretar los hechos y lo retó a revisar los testimonios por su cuenta. Taylor aceptó el reto, pues esperaba justificar sus afirmaciones. Pero para su asombro, Romm tenía razón. Las proyecciones de 1988 se apegaban mucho más a la realidad de lo que Taylor sugería.

Taylor contempló que se estaba perdiendo algo. Esta información provenía de un científico prestigioso y escéptico del cambio climático. Así que lo buscó para señalarle el problema. Para su consternación, el científico no le dio una respuesta satisfactoria. Tartamudeó unos veinte minutos hasta que Taylor se dio cuenta de que esta persona, en quien había confiado, "había distorsionado el debate con dolo". Esto lo conmocionó.

A partir de entonces, cuando un colega escéptico citaba algo, Taylor buscaba referencias. La calidad de la investigación lo decepcionaba una y otra vez. En términos generales, aún consideraba la narrativa escéptica más plausible que la narrativa activista, pero, poco a poco, Taylor perdía la confianza.

Cambiar de opinión con frecuencia, sobre todo con respecto a creencias importantes, supone exigencias mentales y emocionales. Pero en cierto sentido, es menos estresante. Si ves el mundo en blanco y negro, ¿entonces qué pasa cuando encuentras evidencia que pone en duda tus creencias? Se juega mucho: debes encontrar el modo de descartar la evidencia porque si no lo haces, tus creencias están en riesgo.

Si, por el contrario, ves el mundo en escala de grises y entiendes que "cambiar de opinión" es una mudanza progresiva, entonces la experiencia de encontrar evidencia que refute tus creencias es muy distinta. Si estás 80 por ciento seguro de que la inmigración es buena para la economía y se publica un estudio que demuestra que la inmigración reduce los sueldos, puedes ajustar la certeza que tenías a 70 por ciento.

Tal vez después resulte que el estudio tenía fallas o se encuentre evidencia que demuestra que la inmigración fomenta la economía por otras razones y tu certeza vuelva a 80 por ciento o más. O evidencia adicional podría mostrar los aspectos negativos de la inmigración y reducir tu confianza por debajo de 70 por ciento. En cualquier caso, el riesgo de cada ajuste es relativamente bajo.

CUANDO RECONOCES QUE TE EQUIVOCASTE, ERES MEJOR QUE TENIENDO LA RAZÓN

Cuando el mundo transgrede las expectativas de la gente, la mayoría suele preguntarse: "¿*Todavía puedo* creer que tengo la razón?". La generalidad de las veces la respuesta es: "Sí, fácilmente".

En la década de 1980, al principio de su estudio sobre la predicción, Tetlock escuchó cientos de justificaciones por pronósticos errados, los que ha catalogado en siete defensas de sistemas de creencias. Tituló uno de ellos: "Casi le atino".[4] Cuando George W. Bush ganó las elecciones presidenciales de 2000 en Estados Unidos, muchos que habían predicho con seguridad que ganaría su oponente Al Gore, insistieron que *habrían* acertado si las condiciones hubieran sido un poco distintas: *Si el desempeño de Gore en los debates hubiera sido mejor. Si la elección se hubiera celebrado unos días después. Si el candidato del tercer partido hubiera sido menos terco.*[5]

Los superpronosticadores tenían una relación muy difícil con sus errores. Cuando se equivocaban por mucho —si pronosticaban la alta probabilidad de que ocurriera algo y no sucedía, o algo sí acontecía cuando pronosticaban la poca probabilidad de que ocurriera— retrocedían para reevaluar su proceso: "¿Qué he aprendido sobre cómo hacer mejores pronósticos?". Aquí un ejemplo:

El templo de Yasukuni en Japón es controvertido. Por una parte, alberga a muchos héroes militares japoneses y, por el otro, a miles de criminales de guerra. Cuando un político visita Yasukuni, se considera un *faux pas* diplomático, una bofetada para países como China y Corea, que sufrieron a causa de los ejércitos japoneses en el pasado.

Una de las preguntas de la IARPA en 2013 fue: "¿Shinzo Abe, primer ministro de Japón, visitará Yasukuni este año?". Se rumoraba que Abe planeaba visitarlo, pero un superpronosticador de nombre Bill Flack no lo creyó. No tenía sentido que Abe se disparara en el pie, en términos diplomáticos, sin ganancias aparentes. Pero el rumor resultó ser cierto. Flack se preguntó por qué se equivocó y se dio cuenta de que: "En el fondo, la pregunta que respondí no fue si Abe visitaría Yasukuni, sino, en el caso de que yo fuera primer ministro de Japón, ¿visitaría Yasukuni?".[6]

Ésta es otra razón por la que a los superpronosticadores les gusta pensar en qué se equivocaron: saben que cuando analizan sus errores es una oportunidad para pulir su técnica. Lecciones como: "No asumas que los líderes mundiales tomarían las mismas decisiones que tú" son amplificadores, actualizaciones para tu arsenal mental que te hacen más inteligente.

Los superpronosticadores habían iniciado el torneo con mayor precisión que sus competidores y, a medida que transcurrían los meses, fueron tomando la delantera. Cada año, la precisión promedio de los superpronosticadores mejoraba un 25 por ciento. Mientras tanto, otros pronosticadores no mejoraron para nada.[7]

LECCIONES DE DOMINIO GENERAL

¿Recuerdan a Bethany Brookshire? Es la periodista a quien conocimos en el capítulo 4 que tuiteó que era más probable que los científicos varones la llamaran "señora", y las científicas, "doctora", pero tras estudiarlo se dio cuenta de que se había equivocado. Aunque pudo haberse salido con la suya, su decisión de revisar su afirmación fue encomiable, pero ¿acaso fue útil?

Cuando un pronosticador reconoce que se equivoca le ayuda a mejorar sus pronósticos. Cuando un inversor reconoce que se equivoca, le ayuda a invertir mejor. Sin embargo, en el caso de Brooklyn, su error no parece relevante para ninguna esfera particular en la que ella se beneficiaría. Así que, a simple vista, no parece útil darse cuenta de su error.

No obstante, eso implicaría desperdiciar uno de los grandes beneficios de reconocer los errores: la oportunidad de mejorar el criterio, en general. Cuando Brookshire se percató de su error, se preguntó por qué e identificó dos causas.[8] La primera, el *sesgo de confirmación*: "Desde antes, creía que los hombres no me respetaban igual que las mujeres por correo electrónico, y recordé sobre todo las observaciones que me confirmaron esa idea, y olvidé por completo la evidencia que mostraba que me equivocaba". La otra fue el *sesgo de la experiencia reciente*: "Le di más peso a las cosas que observé recientemente y olvidé las que ocurrieron en el pasado", concluyó.

Esas enseñanzas no sólo son relevantes para reconocer el prejuicio de género en los correos. Son de *dominio general*, es decir, pueden ser pertinentes para una variedad de esferas, a diferencia de las enseñanzas de *dominio puntual*, que son pertinentes para una esfera, como la inversión o los pronósticos políticos. Las lecciones del dominio general señalan cómo funciona el mundo o nuestro cerebro, y los sesgos que influyen el juicio. Por ejemplo:

Es fácil que la evidencia a modo nos engañe.
Si parece que alguien está diciendo una tontería, tal vez lo estoy malinterpretando.
Incluso cuando me siento seguro, existe la posibilidad de equivocarme.

Estos principios parecerán obvios o creerás que ya los conoces. Pero "conocer" un principio, en el sentido de que lo reconoces tras leerlo, es distinto de haberlo internalizado de modo que cambie tu mentalidad. Antes de que su publicación se hiciera viral, Brookshire sabía que existían el sesgo de confirmación y el sesgo de la experiencia reciente. Es periodista científica. Estaba informada sobre los sesgos y sabía que era vulnerable frente a ellos, como todos los seres humanos. Pero ese conocimiento no se vuelve parte de ti hasta que experimentas que te equivocaste, te preguntas por qué y ves el efecto del sesgo en acción.

Incluso cuando te equivocas sobre algo casual o banal, te puede dejar lecciones útiles. De adolescente vi algunos capítulos de *Batman*, una serie de televisión que estuvo al aire en Estados Unidos en la década de 1960. Es una serie *camp*, exagerada, en la que los protagonistas llevan leotardos y dicen frases como: "¡Santas cachuchas, Batman!". Sin embargo, siempre sospeché que la intención original era producir un programa de aventuras serio, para el público de esa época, poco sofisticado para darse cuenta de lo absurdo que era. Me sorprendí cuando después reparé en mi error, *Batman* siempre se había considerado *camp*. La enseñanza del dominio general se me quedó grabada desde entonces: "Mmm, tal vez asumo con demasiada ligereza que la gente es tonta".

Hasta ahora, en este capítulo hemos explorado que los centinelas consideran el error de dos maneras, a diferencia de la mayoría. Primero, corrigen sus opiniones gradualmente, lo que les permite tener apertura frente a la evidencia que ponga en duda sus creencias. Segundo, consideran que sus errores son oportunidades para pulir su capacidad de acertar, de modo que la experiencia de darse cuenta de que se equivocaron resulta valiosa, no dolorosa.

Hay otra lente mediante la que se pueden ver los errores. Se trata de una manera de pensar completamente diferente sobre el significado de equivocarse.

"ADMITIR UN ERROR" *VS*. "ACTUALIZACIÓN"

A un amigo, Andrew, le sorprendió cuando uno de sus colegas lo acusó de nunca reconocer sus errores. Andrew señaló dos ocasiones recientes en las que se había equivocado y lo había reconocido, frente a ese mismo colega.

El colega, a quien llamaré Mark, reaccionó sorprendido, se quedó en silencio reflexionando y concluyó: "¿Sabes...? Creo que es porque nunca pareces avergonzado. Eres tan pragmático, que casi no registro que estás reconociendo haberte equivocado".

Es cierto. He visto a Andrew reconocer sus errores muchas veces y suele hacerlo más o menos así: "Ah, sí, tienes razón. Olvida lo que dije, no es verdad". Lo hace animado, directo, despreocupado.

Mark asumió que cambiar de opinión es *humillante*, que reconocer un error equivale a decir: "soy un idiota", y que lo confiesas con remordimiento o vergüenza. En efecto, equivocarse genera esa percepción. Incluso los entusiastas de cambiar de opinión tienen la costumbre de decir: "¡No pasa nada si reconoces que te equivocaste!". Aunque aprecio las buenas intenciones, no estoy segura de que sea mucho mejor. La palabra *reconocer* sugiere que *eres un idiota*, pero mereces que te perdonen porque eres humano. No cuestiona la premisa de que equivocarse equivale a ser un idiota.

Los centinelas rechazan esa premisa. Aprendiste algo nuevo y sacaste una conclusión novedosa, pero no quiere decir que haber pensado de otro modo en el pasado estuvo mal. El único motivo para arrepentirse es si de algún modo fuiste negligente. ¿Te equivocaste porque seguiste un proceso que sabías que estaba mal? ¿Fuiste ciego, terco o descuidado a propósito?

A veces la respuesta a estas preguntas es positiva. Alguna vez defendí a un personaje público porque creí que sus críticos estaban descontextualizando sus declaraciones para hacerlo quedar mal. Cuando por fin vi la entrevista que había suscitado tantas quejas me di cuenta de que los críticos sí estaban reproduciendo sus declaraciones con precisión. Tuve que retirar mi apoyo, y me sentí avergonzada porque, sin duda, soy suficientemente sensata como para no defender a nadie sin revisar bien los antecedentes. Fui descuidada.

Pero la mayoría de las veces equivocarse no supone haber hecho algo malo. No exige una disculpa, y la actitud apropiada no es defensiva, tampoco flagelante ni humilde, sólo objetiva.

Incluso las palabras con las que los centinelas describen sus errores reflejan esta actitud. En vez de "reconocer un error", en ocasiones lo "actualizan". Es una referencia a la *inferencia bayesiana*, un término que proviene de la teoría de la probabilidad que se refiere a la forma correcta de corregir un cálculo tras adquirir nueva información. El uso coloquial de *actualizar* no es tan preciso, pero aun así transmite la idea de enmendar las creencias propias tras haber encontrado evidencia y argumentos que desconocíamos. Éstos son algunos ejemplos de blogueros (las cursivas son mías):

- En un post titulado: "Preescolar: Estaba equivocado", el psiquiatra Scott Alexander dice que se ha vuelto más optimista sobre los beneficios a largo plazo de los programas preescolares como Head Start después de leer la evidencia. "Ni siquiera recuerdo haber publicado un post sobre la ineficacia de Head Start, pero sí lo pensé, y aprender que es lo contrario es una gran *actualización*".[9]
- El investigador Buck Shlegeris describe su experiencia cuando recibió críticas muy severas: "Al principio, *actualicé* mi opinión en la dirección de las críticas, pero después dediqué diez horas a reflexionar e intercambiar ideas al respecto con otras personas, y regresé 70 por ciento a mi opinión inicial".[10]
- Devon Zuegel, ingeniera de software y directora de producto, alienta a los lectores de su blog a no creer que sus publicaciones reflejan sus opiniones permanentes, más bien son "un flujo de ideas que se *actualizan* constantemente".[11]

No se trata de emplear la expresión. Pero si por lo menos empiezas a *pensar* en términos de "actualizar" en vez de "reconocer que te equivocaste", puede que le restes fricción al proceso. Las actualizaciones son rutinarias, informales. Son lo opuesto a la confesión de un pecado. Actualizar mejora las cosas, las pone al día, sin implicar que lo anterior era un error o fracaso.

Emmett Shear es CEO y fundador de Twitch, la plataforma de streaming en vivo más grande del mundo. Le costaba mucho trabajo reconocer sus errores, lo sentía como un golpe bajo contra su ego. Con el tiempo mejoró mucho, y no mediante la humildad y la sumisión, sino al darse cuenta de que equivocarse no implica un fracaso. "A medida que he madurado, se ha vuelto más fácil equivocarme. Ni siquiera es *estar mal*. Es una actualización: *aprendí esto... ¿cuál es el problema?*", me contó.

SI NO ESTÁS DESAFIANDO TU MENTE, ESTÁS HACIENDO ALGO MAL

David Coman-Hidy es director de Humane League, una organización a la que se le ha considerado uno de los grupos en defensa de los derechos de los animales más importantes de Estados Unidos.[12] Humane League destaca por la premisa de que siempre se equivocan, por lo menos un poco. Cuando un empleado llega a la organización, Coman-Hidy le cuenta que no los define ninguna "clase" de activismo en especial. No están comprometidos con ninguna batalla en particular, proyecto o enfoque táctico. Su mandato es seguir la evidencia y hacer lo que ésta sugiera como lo más efectivo para ayudar a los animales. "Si dentro de cinco años no estamos haciendo algo completamente distinto a lo que hacemos ahora, entonces fallamos. Debe de haber algo mejor de lo que estamos haciendo ahora y nuestra meta es encontrarlo", asegura Coman-Hidy.

A veces eso quiere decir cambiar de estrategia o causa. En sus inicios, Humane League se centraba en realizar manifestaciones escandalosas como bloquear las casas de científicos implicados en hacer pruebas con animales. Pero descubrieron que era una estrategia muy limitante, no efectiva, y en el mejor de los casos, el número de animales que podían rescatar no era alto. Por eso se centraron en los animales de granja y convencieron a Unilever, que provee 95 por ciento de los huevos en Estados Unidos, que dejara de matar a los pollitos machos (la práctica estándar en la industria es echar a los pollitos machos recién nacidos en una picadora porque no ponen huevos). Así millones de pollitos no padecerán una muerte dolorosa.

A veces, el compromiso de Humane League con la evidencia implica dejar de apoyar una iniciativa que no está funcionando, aunque hayan dedicado mucho esfuerzo. En 2014 vieron resultados preliminares emocionantes de un programa titulado "Lunes sin carne", a partir del cual las escuelas grandes no servían carne en las cafeterías un día a la semana. A partir de los resultados preliminares, dedicaron cuatro meses para dirigir los recursos de la organización para convencer a escuelas de todo el país a inscribirse a los Lunes sin carne. Por desgracia, su investigación posterior reveló que el programa no persistiría, por lo menos no sin el debido seguimiento (contratar a chefs, instrumentar programas de entrenamiento, etcétera), y no tenían la capacidad de brindarlo. Cuando se dieron cuenta de que la estrategia no tendría buenos resultados, dejaron de participar e hicieron otras cosas.

Saber que eres falible no evita que te equivoques como por arte de magia. Pero sí te permite establecer tus expectativas desde el principio, y a partir de ahí, te facilita reconocer *cuando* te equivocas. Para Coman-Hidy: "Mi intuición me dice que si estos sesgos salen a relucir mucho, siempre vamos a pensar que estamos en lo correcto, siempre vamos a pensar que lo que hacemos es lo mejor y lo más importante… cuando inevitablemente estemos frente a una mejor alternativa, es más fácil aceptarlo. Porque ya te vacunaste contra el 'terror' de haber tenido resultados insignificantes un rato".

Con suerte, este capítulo ha contribuido a que te vacunes contra el "terror" de equivocarte, y te haya hecho adoptar una nueva actitud frente al error. Descubrir que te equivocaste es una oportunidad para *actualizarte*. No es un fracaso, y tu cosmovisión es un documento vivo que debes enmendar. En el siguiente capítulo vamos a explorar otra faceta clave de cambiar de opinión. Ya que eres bueno para equivocarte, es hora de volverte bueno para confundirte.

CAPÍTULO 11

ACEPTA LA CONFUSIÓN

Tómate un momento para ver la imagen de la página opuesta. Adelante, te espero... Ya que regresaste, tengo una pregunta: ¿esa escena tiene sentido? Si no tienes idea de por qué te lo cuestiono, vuelve a observarla, más de cerca.[1]

Tal vez tu experiencia fue similar a la mía y la de muchos: *sí, son dos mapaches en una colina, se ve el cielo.* Hasta que algo te llama la atención, en la parte derecha de la imagen. *¿Es una... piedra? ¿En el cielo?*

Supongo que alguien aventó una piedra y todavía no cae. Pero en el fondo no estás del todo satisfecho con esa explicación. No tiene mucho sentido. Pero ¿qué más podría ser? Momentos después, reparas en otro detalle peculiar, mucho más sutil. *¿Qué es esa delgada línea blanca en un costado de la piedra?*

Y de pronto todo cobra sentido: *no es el cielo: es agua que refleja el cielo.* La piedra no está suspendida en el aire, sobresale del agua. Y no observamos a los mapaches colina arriba, sino hacia abajo.

Nuestra capacidad para cambiar de opinión depende de cómo reaccionamos cuando el mundo frustra nuestras expectativas. A veces, como en el caso de la foto de los mapaches, nos genera curiosidad y empezamos a replantear nuestra percepción de las cosas.

No obstante, es más frecuente que reaccionemos con justificaciones ante las observaciones que entren en conflicto con nuestra cosmovisión. Alguien que está convencido de que no le cae bien a nadie podría rechazar invitaciones de sus colegas con el pretexto de que sólo lo invitaron por lástima. Alguien que está convencido de que es un maestro estupendo excusa las bajas evaluaciones que le dan sus alumnos porque es estricto para calificar.

En cierto sentido, estas explicaciones son inevitables. Si siempre cuestionáramos cómo percibimos la realidad no funcionaríamos en el mundo. Pero cuando está en juego el razonamiento motivado vamos demasiado lejos, forzamos evidencia discrepante en una narrativa en vez de preguntarnos si estamos malinterpretando la situación.

Un ejemplo particularmente trágico de este fenómeno ocurrió durante la Segunda Guerra Mundial. Earl Warren, gobernador de California, se convenció de que los ciudadanos americano japoneses conspiraban para sabotear las estrategias de guerra contra Japón. Cuando se le señaló que no había evidencia de ninguna conspiración, encontró la forma de interpretar la ausencia de evidencia, y confirmar sus sospechas: "Esta falta de evidencia es la señal más siniestra de la situación. Creo que nos están engañando para que nos sintamos seguros".[2]

Este capítulo sugiere cómo resistir las ganas de desoír los detalles que no corresponden con tus teorías, cómo permitir que te confundan e intriguen, verlos como rompecabezas que quieres resolver, como la misteriosa piedra flotante en la foto de los mapaches. En el curso de las siguientes páginas, vamos a revisar estudios de caso en los que el mundo no se comportó como se esperaba para ver que la curiosidad puede marcar la diferencia.

LA INTERROGANTE DE LA COLA DEL PAVORREAL

"¡Sólo ver una pluma en la cola de un pavorreal me da náuseas!"[3]

Charles Darwin escribió esta carta a un amigo en 1860. Había pasado un año desde que publicó *El origen de las especies*, y estaba inmerso en un acalorado debate internacional sobre su teoría de la evolución. Y el comentario de la pluma en la cola de un pavorreal no era broma. Por más hermosas que fueran esas plumas, amenazaban de manera directa la teoría que había dedicado décadas a desarrollar y a la que había apostado su reputación profesional.

La teoría de la evolución a partir de la selección natural sostenía que los rasgos que contribuían a la supervivencia de las especies pasarían a generaciones posteriores, y los rasgos que no irían desapareciendo. La cola del pavorreal era estridente y enorme, llegaba a medir hasta 1.50 metros. Era una sobrecarga para el ave, dificultaba escapar de los depredadores, ¿por qué había subsistido?

Darwin no se consideraba un pensador analítico. Tenía mala memoria y no podía seguir argumentos matemáticos. No obstante, creía que lo compensaba con una fortaleza crucial: sus ganas de descubrir cómo funcionaba la realidad. Desde que tenía memoria, siempre había tenido esa pasión por encontrarle sentido al mundo que lo rodeaba. Seguía "una regla de oro" para hacerle frente al razonamiento motivado:

> Cada que me encontraba con un hecho publicado, una nueva observación o idea, que se oponía a mis resultados generales, lo anotaba de inmediato, siempre; pues por experiencia sabía que esas ideas y hechos suelen escapar de la memoria con más facilidad que los que resultan favorables.[4]

Por lo que, aunque la cola del pavorreal le generaba ansiedad, no podía dejar de pensar en ella. ¿Cómo podría ser consistente con la selección natural?

Al cabo de unos años, había llegado a los orígenes de una respuesta convincente. La selección natural no era la única fuerza que determinaba la evolución. La selección *sexual* era igual de importante. Algunos rasgos, como una cola enorme y estridente, eran especialmente atractivos para los miembros del sexo opuesto. Por lo que, con el tiempo, esos rasgos podían volverse comunes en una especie, porque pese a que podrían impedir su supervivencia, también contribuían a su reproducción. Una ventaja podía superar a la desventaja.

Resulta irónico que las plumas que preocupaban tanto a Darwin, al final reforzaron su teoría. No era la primera vez. Cuando preparaba *El origen de las especies*, investigó cualquier observación que encontraba y que contradecía su teoría, le daba vueltas y revisaba su teoría una y otra vez. Para cuando terminaba, su recuento de la selección natural era tan sólido y estaba tan bien sustentado que, pese a la resistencia reacia con la que lo recibieron, al cabo de una década había convencido a la mayoría de la comunidad científica.

EL INESPERADO ATAQUE EXTRATERRESTRE

En el capítulo 16 de la primera temporada de la serie *Star Trek: The Original Series* el transbordador de *Enterprise* hace un aterrizaje de emergencia en un planeta hostil. Spock está al mando y decide que la tripulación lanzará disparos de advertencia para demostrar que su arsenal es superior, y los extraterrestres verán que los aventajan y retrocederán.

La situación no se desarrolla así. La agresiva demostración enfurece a los extraterrestres, los cuales atacan y matan a dos miembros de la tripulación. McCoy, médico a bordo, regaña a Spock por su plan fallido:

> McCoy: Y bien, Spock, no les duró el susto, ¿cierto?
> Spock: Una reacción ilógica. Debieron de haber huido al ver nuestro arsenal superior.
> McCoy: ¿Quiere decir que tendrían que habernos respetado?
> Spock: ¡Pero claro!
> McCoy: Spock, el respeto es un proceso racional. ¿No se le ocurrió que su reacción podría ser emocional? ¿Iracunda?
> Spock: Doctor, no soy responsable de su imprevisibilidad.
> McCoy: Fueron absolutamente predecibles. Para cualquiera con sentimientos. Reconózcalo, Spock, su preciada lógica fue responsable del ataque.[5]

¿Ya ven lo que pasa cuando se recurre a la lógica? *Hay muertes.*

Es broma. Pero Spock no sólo recurrió a la lógica. Estaba muy aferrado a su modelo de cómo "deberían" pensar los demás y dejó de ver cómo piensan en realidad. Se supone que años antes de este suceso Spock había interactuado con no vulcanos, y tuvo muchas oportunidades para darse cuenta de que su conducta se rige por reglas diferentes. ¿Por qué no ha aprendido de esas experiencias y refinado su capacidad de predecir su conducta? Por qué cuando ésta trasgrede sus expectativas, se encoge de hombros y concluye: "Qué ilógico", y no hace ningún esfuerzo por entender qué no está entendiendo.

La reacción de Spock es un clásico ejemplo de una de las siete defensas del sistema de creencias, según Tetlock, que aprendimos en el capítulo 19. Ya analizamos la defensa "casi le atiné". Aquí, Spock recurre a la llamada "política impredecible: es como una nube"; en ocasiones, cuando no se materializa la predicción de un pronosticador, él se excusa de que no es predecible.[6] Pero, de algún modo, cuando se trata de hacer la siguiente predicción, una vez más el pronosticador se siente seguro de predecir la política global.

Si quieres predecir la conducta humana con mayor precisión entonces la respuesta incorrecta es ignorar las ocasiones en las que ésta trasgrede tus expectativas. Spock pudo haber reconocido que lo confundió la decisión de los extraterrestres de atacar: "¿Qué me perdí? ¿Por qué esta reacción tuvo sentido para ellos?".

De hecho, hay muchos motivos por los que una nación decide atacar pese a que la superan en número, y ha sido objeto de estudio de académicos y estrategas militares desde hace años. Bruce Bueno de Mesquita, analista político, catalogó los conflictos bélicos entre Estados-naciones entre 1816 y 1974, y descubrió que 22 por ciento de ellos eran casos en las que la nación más débil atacó a la más fuerte.[7] En algunos, el lado más débil tenía más que perder; en otros, sus aliados los apoyaban. Incluso existe la estrategia del "loco": muéstrate como un actor impredecible, sin instinto de supervivencia, y espera que el enemigo decida que es muy arriesgado pelear contigo. Entender estos factores puede suponer la diferencia entre estar preparado para un ataque o que éste te sorprenda.

EL MISTERIO DEL NEGOCIADOR IRRACIONAL

No conté la anécdota anterior como pretexto para mencionar de nuevo a Spock (bueno, no *sólo* lo hice por eso). El instinto de tildar la conducta ajena de estúpida, irracional o sinsentido es muy común, y también es señal de que te estás perdiendo de algo. Los negociadores profesionales subrayan este punto: no descartes a tu contraparte por irracional. Cuando su conducta te confunda, acepta esa confusión. Que te sirva de pista. Con frecuencia descubrirás que te lleva a la información que necesitas para resolver la negociación.

En su libro *El negociador genial*, Max Bazerman y Deepak Malhotra, especialistas en negociación de la Facultad de Negocios de Harvard, describen el caso de un ejecutivo cuya empresa tenía una demanda de un antiguo empleado insatisfecho. El exempleado aseguraba que la empresa le debía comisiones de 130,000 dólares que había ganado antes de que lo despidieran. La empresa sacó cuentas y resolvió que el empleado se equivocaba. Le enviaron sus análisis para demostrarle que no le debían dinero, pero se negó a desistir.

El ejecutivo, cliente de Deepak Malhotra, creyó que el exempleado estaba siendo por completo irracional pues no tenía oportunidad de ganar en la corte. Malhotra sugirió: "¿Es posible que no confíe en el contador?". Lo convenció para que contratara un despacho contable externo, con el fin de que hiciera una cuenta objetiva y enviara los resultados directamente al exempleado. Y éste retiró la demanda.[8]

Chris Voss era negociador en jefe de secuestros internacionales para el FBI. En su libro superventas *Rompe la barrera del no: 9 principios para negociar como si te fuera la vida en ello*, subraya la importancia de aceptar la confusión. "Cuando escuchamos o vemos algo que no tiene sentido, o consideramos una 'locura', se presenta una bifurcación en el camino. Insiste, incluso con más perseverancia, en todo lo que al principio no puedes procesar, o bien, vete por el otro camino, el que te lleva al fracaso garantizado, en el que nos convencemos que de todas formas negociar era inútil."[9]

EL CASO DE LA CONVERSACIÓN INCÓMODA

Imagina que estás hablando con alguien y la conversación no va bien. De hecho, es simplemente incómoda. No están entendiendo las bromas ni las referencias. Se producen silencios largos e inconvenientes. El ritmo de la conversación está... raro. Hasta que tu interlocutor comenta: "¡Qué incómodo!".

¿Consideras que su comentario mejora o empeora la situación?

Para mí, la respuesta es evidente. Cuando alguien reconoce que la situación es incómoda, la hace más incómoda y, por tanto, peor. Así que no lo podía creer cuando un conocido resaltó la incomodidad de nuestras interacciones. ¿Quién haría algo así? ¿No se da cuenta de que empeora todo?

Decidí plantear la pregunta a mis contactos de Facebook. Describí el escenario y pregunté: "Cuando alguien señala que una conversación es incómoda, ¿se sienten mejor o peor?". No incluí información reveladora y planteé la pregunta de la manera más neutra posible para que no anticiparan mi opinión.

Estaba segura de que la mayoría coincidiría conmigo, pero me equivoqué. Para mi sorpresa 32 personas respondieron que mejoraba la situación y sólo 16 que la empeoraba.

De todas formas, mi reacción inicial con los resultados fue desdeñosa:

"Los que respondieron que la mejoraba no lo dicen en serio. Seguro no se están imaginando la situación".

No estaba satisfecha con esa explicación. Me parecía forzada, así como "la piedra que volaba en el cielo" no explicaba lo que ocurría en la foto de los mapaches. ¿De verdad era posible que tantas personas aseguraran sentirse de cierta forma?

Terminé platicando con una de las 32 personas que había respondido mi encuesta. Le sorprendió mi respuesta en la misma medida que a mí la suya. Intenté explicarle:

—Cuando alguien señala que se siente incómodo, me obliga a encontrar la forma de limar asperezas de inmediato. Pero *ya* estaba buscando la forma de limarlas, así que al mencionarlo me presiona.

—¿Cómo? ¿Crees que es tu responsabilidad que las conversaciones fluyan? —preguntó incrédulo.

—¿Tú no? —respondí con la misma incredulidad.

Me di cuenta de que había subestimado lo opuestas que pueden ser las experiencias personales en situaciones sociales. Y eso ha cambiado cómo reacciono en general cuando la conducta de alguien me parece grosera, desconsiderada o poco razonable. Antes mi razonamiento hubiera llegado hasta aquí, me hubiera molestado con ellos, pero ahora estoy más abierta a la posibilidad de que percibimos la situación social de otra forma y me da curiosidad.

EL MISTERIO DEL HOSPITAL HOMEOPÁTICO

Londres en la década de 1850 era un sitio aterrador. Cada par de años un nuevo brote de cólera devastaba la ciudad, cobrándose cientos de miles de víctimas. Personas saludables percibían un ligero dolor de estómago y días después, e incluso horas, morían.

Las autoridades contrataron a un consejo de científicos para inspeccionar los hospitales de la ciudad, registrar los métodos que empleaban para atender la enfermedad y determinar qué tratamientos eran más efectivos. Los resultados no fueron alentadores. La tasa de mortalidad en los pacientes internados con cólera era de 46 por ciento, no mejor que la tasa de mortalidad entre los pacientes que no recibieron tratamiento. Ninguna de las "curas" estándar, entre ellas, opio, caliza y aceite de castor, parecía funcionar.

Pero un hospital quedó fuera de la inspección deliberadamente. El Hospital Homeopático de Londres era una pequeña institución que hacía pocos años había fundado un grupo de donantes, entusiastas de un enfoque de moda llamado *homeopatía*. La homeopatía sacó de quicio a los médicos tradicionales del siglo XIX, al igual que hoy. Su teoría central desprecia por completo el juicio científico: si diluyes la medicina hasta que no se distinga físicamente del agua pura retendrá "la fuerza espiritual" del medicamento que fue, y será más potente, no menos.

Para la sorpresa y molestia de las autoridades, el Hospital Homeopático de Londres reportó una tasa de mortalidad por el cólera de sólo 18 por ciento, menos de la mitad de la tasa de mortalidad en los hospitales tradicionales. El ayuntamiento decidió excluir las cifras del Hospital Homeopático de la encuesta.[10] A fin de cuentas, ¡la homeopatía era un disparate! Sus cifras confundirían las conclusiones del estudio. Aún peor, serían un insulto para la ciencia y la razón.

Qué lástima. Si el ayuntamiento hubiera investigado los asombrosos resultados en vez de callarlos, tal vez la historia de la medicina hubiera cambiado para bien. Porque el éxito de los homeópatas fue real, sólo que no tenía nada que ver con la homeopatía. Resulta que los líderes del movimiento homeopático habían acertado, por accidente, en dos factores al tratar el cólera. Uno de ellos era la importancia de la higiene: instaban a los médicos a esterilizar las cobijas de los enfermos antes de reutilizarlas. Y el otro: recomendaban que los pacientes con cólera tomaran suero de leche para recuperar fluidos y electrolitos. En esencia, es una versión novel de lo que conocemos como terapia de rehidratación oral, que hasta la década de 1960 se volvió un tratamiento estandarizado para combatir el cólera.

Ninguna de esas recomendaciones provino de la teoría central de la homeopatía. Fueron corazonadas, atinadas y afortunadas, para ayudar a los pacientes a mejorar. Si el ayuntamiento hubiera tenido curiosidad sobre los resultados de los homeópatas, esas corazonadas se habrían vuelto el estándar décadas antes y habrían salvado millones de vidas.

Es lo interesante de las observaciones sorprendentes y confusas. No sabes de antemano qué te enseñarán. Con frecuencia, asumimos que sólo tenemos dos posibilidades: "Estoy en lo cierto" o "El otro está en lo cierto", y como lo último suena absurdo, pues la única opción es la primera. Pero en muchos casos existe una opción C, desconocida, oculta, que enriquece nuestra cosmovisión de manera inesperada.

Estos ejemplos han ilustrado cómo una sola observación desconcertante nos puede transformar la cosmovisión. Pero la mayoría de las veces, modificamos nuestra opinión a raíz de la acumulación de muchas observaciones desconcertantes en el curso del tiempo, pues se suscita un cambio de paradigma. En esta época la expresión *cambio de paradigma* está de moda, y es sobreutilizada. En los negocios, se refiere a un cambio importante de enfoque (o un cambio mínimo que alguien intenta hacer pasar como enorme). Sin embargo, en su origen, se refería a una forma especial del progreso en la ciencia que describió el filósofo Thomas Kuhn en *La estructura de las revoluciones científicas.*

Un cambio de paradigma inicia con una creencia nuclear, o paradigma, que todos dan por cierta. Poco a poco, se observan anomalías, cosas que no parecen corresponder con ese paradigma. Al principio, la ciencia ignora esas anomalías, las atribuye a excepciones o errores, o modifican un poco su paradigma para dar cabida a nuevas observaciones. Pero cuantas más anomalías se acumulen, más confusión suscitan, hasta que alguien desarrolla un nuevo paradigma y todo vuelve a tener sentido.

La regla para los cambios de paradigma en la vida es la misma que en la ciencia. Reconocer las anomalías, aunque aún no sepas cómo explicarlas, incluso si el antiguo paradigma sigue pareciendo correcto en términos generales. Tal vez no tendrá importancia, tal vez la realidad es compleja; pero tal vez sean los cimientos de un cambio de cosmovisión fundamental.

LAS ANOMALÍAS SE ACUMULAN Y CAUSAN UN CAMBIO DE PARADIGMA

Donna estaba en sus veinte y trabajaba en un restaurante cuando recibió un mensaje de un reclutador de Rodan + Fields, una empresa de cuidado de la piel, proponiéndole ser representante de ventas independiente para la empresa. En ese punto de su vida era lo que necesitaba escuchar. Se había sentido frustrada y desmotivada en su trabajo, y no tenía claro qué hacer si se iba. No había muchas oportunidades prometedoras en la pequeña ciudad donde vivía. La idea de ser emprendedora, trabajar por su cuenta por una vez en su vida, sonaba divina. Firmó un contrato y le pagó a Rodan + Fields 1,000 dólares por el paquete de inducción que le enseñaba a vender, pues ellos mismos se lo recomendaron muchísimo.

Lo que Donna desconocía entonces era que Rodan + Fields es una empresa de marketing multinivel, o MLM (por sus siglas en inglés), como Amway y Herbalife. Para triunfar en una MLM es preciso reclutar a más vendedores que trabajen para ti, y así obtener una comisión de sus ventas. Por la naturaleza del juego, la única forma de que una persona triunfe es si muchas más pierden. Las cifras son devastadoras, un estudio que realizó la Comisión Federal de Comercio calculó que más de 99 por ciento de quienes se incorporan a una MLM terminan con menos dinero del que iniciaron (además de perder el tiempo invertido).

Pero como mencioné, Donna no lo sabía y aceptó su nuevo trabajo con entusiasmo. Contactó a cientos de conocidos para intentar vender cremas, publicó anuncios en Facebook, compró más videos instructivos de Rodan + Fields que prometían revelar secretos de ventas. Pero sus ventas no eran suficientes para recuperar el costo de los productos que compró de la empresa, sobre todo porque su "contacto ascendente", la mujer que la había contratado, se quedaba con su comisión.

Donna estaba confundida. Los materiales de promoción hacían parecer todo muy fácil y liberador, sin embargo, no se sentía así. "¿No se suponía que debía sentirme independiente?", pensó consternada.[11] Había otros aspectos confusos en su experiencia. Cuando veía los videos instructivos no parecían contener información útil. También estaba la desconexión entre lo que las otras vendedoras decían y la realidad de su experiencia. Algunas vendedoras de Rodan + Fields que tenían bebés recién nacidos presumían que seguían trabajando y ganando dinero. Donna ya había cuidado a un recién nacido y no concebía cómo era posible que alguien pudiera hacer ambas cosas a la vez.

Su contacto le aseguró que el sistema funcionaba, y que si no le estaba yendo bien era porque no se estaba esforzando lo suficiente. Así que Donna intentó encajar las anomalías en el paradigma según el cual "el sistema funciona". A fin de cuentas, muchos personajes importantes respaldaban Rodan + Fields. Debía ser legítimo, ¿no? Se sentía miserable, pero se culpaba. "Concluí que lo que no entendía se aclararía en cuanto subiera de nivel", cuenta.

Pero se suscitó el cambio de paradigma.

Donna estaba buscando qué ver en Netflix y descubrió *Scientology and the Aftermath* (La cienciología y las consecuencias), una serie documental que produjo la actriz Leah Remini. En la serie, Remini relata su experiencia de acoso y abusos como miembro de la iglesia de la Cienciología, y entrevista a otros antiguos miembros sobre experiencias similares. Cuando Donna leyó la descripción de la serie, le pareció que sería divertido porque era de un culto de locos. Pero cuando la vio se identificó. El discurso de los líderes... la estructura piramidal de la organización... era como ver en la pantalla el desarrollo del último año de su vida.

Donna recordó las cosas que le habían confundido en su experiencia con Rodan + Fields. La discrepancia entre el trabajo "fácil y divertido" que le habían prometido y la realidad en la que le se encontraba batallando para tener ganancias. La falta de apoyo de sus colegas vendedoras. La inverosimilitud de cuidar a un bebé recién nacido y trabajar. Todas esas anomalías cobraron sentido al contemplaras con el nuevo paradigma: "Esta empresa me está explotando".

Al poco tiempo de que surgieron estas sospechas, no le llevó mucho buscar información de las MLM en internet, así como muchos testimonios de gente que había trabajado con esmero durante años y había terminado endeudada. Cuando se dio cuenta de lo que le había pasado, se soltó a llorar. Pero sólo había perdido 2,000 dólares y un año de su vida. Por lo que había leído, sabía que pudo haber sido mucho peor.

A ojos de cualquiera, parecería que Donna cambió de opinión de repente: un día tenía fe y al otro cayó en cuenta de la farsa. Pero llevaba meses sentando las bases para su cambio de opinión "repentino". Pese a que, en términos generales, seguía creyendo en el paradigma según el cual "el sistema funciona", al mismo tiempo se percató de anomalías, cosas difíciles de explicar con el paradigma; los "porqués" que no entendía.

Es un factor decisivo para que alguien logre escapar de una MLM tras unos meses o termine atrapado durante años. ¿Se dan cuenta de las anomalías, los aspectos de su experiencia que no son lo que esperaban? ¿Notan que los intentos por explicar las anomalías parecen forzados? ¿Se permiten sentirse confundidos?

Ocurre lo contrario, muchas personas en una MLM ignoran sus dudas a propósito, con frecuencia porque los directivos les advierten que los pensamientos negativos dan pie al fracaso. Cada mes, cuando no tienen ganancias, no concluyen: "Mmm, qué raro, estoy perdiendo dinero, aunque trabajo de tiempo completo", sino: "Supongo que no me estoy esforzando lo suficiente". Señales de un cúmulo de problemas que descartan.

Gary Klein estudia la toma de decisiones en su libro *Sources of Power* (Fuentes de poder), en el que se refiere a una de las tres causas principales de las malas decisiones. La denomina *de minimus error*, un intento por minimizar la inconsistencia entre las observaciones y la teoría.[12] Cada evidencia que no corresponde con el diagnóstico de un médico se puede explicar o descartar como si fuera una casualidad, y así el médico nunca se da cuenta de que su diagnóstico inicial fue errado. Cada nuevo desarrollo en una batalla puede justificarse con el paradigma según el cual "el enemigo se dio a la fuga", y así el general nunca se dará cuenta de que el enemigo se reagrupó hasta que sea demasiado tarde. Si la persona que tomó la decisión hubiera tenido la capacidad de identificar todas las anomalías al mismo tiempo le hubiera quedado claro que el paradigma era incorrecto. Pero justificar cada una de las anomalías no permitió que se acumulara la confusión.

Esto no quiere decir que debamos irnos al otro extremo y desechar un paradigma en cuanto encontremos evidencia mínimamente discrepante. Las personas que son buenas para tomar decisiones buscan maneras de entender la evidencia discrepante a partir de su teoría, pero al mismo tiempo toman nota: *esta evidencia fuerza mi teoría un poco (o mucho)*. Si te encuentras forzando tu teoría demasiadas veces, entonces reconoce que algo anda mal y considera otras explicaciones. Marvin Cohen, investigador que colabora con Klein, utiliza la analogía del resorte: "Cada vez que alguien explica una evidencia discrepante es como estirar un resorte. Tarde o temprano el resorte se resiste y regresa a su forma original".[13]

Es una aptitud complicada. Te obliga a actuar sin claridad, regirte bajo un paradigma y, al mismo tiempo, ser consciente de sus fallas e inconsistencias, sabiendo que podría ser impreciso y podrías terminar descartándolo. Debes resistir la tentación de resolver la inconsistencia de forma prematura metiendo todas tus observaciones en un paradigma, en vez de tener la disposición de mantenerte confundido, días, semanas, incluso años.

TEN LA DISPOSICIÓN DE MANTENERTE CONFUNDIDO

Si eras un adolescente cristiano entre finales de la década de 1990 y principios de los años 2000 y vivías en Estados Unidos es muy probable que hayas tenido un libro: *I Kissed Dating Goodbye* (Le dije adiós a las citas). Lo escribió

Joshua Harris, el hijo de veintiún años de un pastor, que alentaba a los cristianos a evitar tener novio o novia antes del matrimonio a fin de mantenerse puros para su futura pareja.

I Kissed Dating Goodbye vendió más de un millón de ejemplares y lanzó a Harris a la fama. Pero para la década de 2010, Harris —que ya era pastor—, comenzó a enterarse que personas que habían leído su libro en la adolescencia, y se lo habían tomado en serio, ahora sentían que les había arruinado la vida. "Tu libro fue como un arma en mi contra", le dijo una mujer en Twitter.[14] "Siento que el único hombre al que merezco es aquel que tiene tantos problemas como yo", le dijo otra. "Gracias a la vergonzosa retórica de castidad que aprendimos de tu libro, el sexo se volvió sucio", escribió un lector que ahora está casado. "Hoy en día no puedo tener relaciones íntimas con mi esposa sin sentir que estoy haciendo algo mal".

Al principio, a Harris se le hizo fácil tildar a los críticos en línea de resentidos. Hasta que empezó a escuchar anécdotas similares de sus compañeros de clase, quienes confesaron que la influencia del libro en sus vidas había sido negativa. Eso lo detuvo en seco. No podía tildar a sus amigos reales como resentidos o trolls enojados. Sus testimonios eran anomalías, difíciles de explicar con el paradigma según el cual "mi libro no tiene nada malo".

En 2016 Harris empezó a hacer públicas sus dudas sobre *I Kissed Dating Goodbye*. Pero cuando periodistas lo presionaron para que llegara a una conclusión definitiva —¿estaba renegando de su libro de manera oficial?—, objetó: "Necesito escuchar a la gente antes de compartir mis ideas. Todavía no tengo todas las respuestas".

Más adelante regresaremos a Harris para ver cómo concluye su historia. Por ahora, lo dejaremos suspendido en la confusión, como todos deberíamos aprender a hacerlo.

Aceptar la confusión quiere decir invertir tu cosmovisión. En vez de rechazar observaciones que contradigan tus teorías, permite que te generen curiosidad. En vez de tildar a la gente de irracional cuando no se comporta como crees que debería, pregúntate por qué su conducta podría ser racional. En vez querer "encajar" observaciones confusas en tus teorías de siempre, considéralas claves para formular nuevas teorías.

Para los centinelas, las anomalías son piezas de rompecabezas que vamos reuniendo en el curso de la vida. Tal vez al principio no vas a saber qué hacer con ellas. Pero si las conservas, es posible que enriquezcan una concepción más prolífica de la vida. Se le suele atribuir esta idea a Isaac Asimov: "La frase más emocionante en las ciencias, la que proclama nuevos descubrimientos, no es '¡Eureka!', sino 'Qué curioso...'".

CAPÍTULO 12

SAL DE TU BURBUJA

Seguro reconoces alguna versión de este discurso: "Es importante escuchar a la gente, por muy diferente que sea. ¡Sal de tu burbuja! Así amplías tu perspectiva y cambias de opinión".

Es la clase de consejo que repite la gente bien intencionada y otros bien intencionados asientan con entusiasmo.

Pero, acá entre nos, no funciona.

CÓMO *NO* APRENDER DE LOS DESACUERDOS

Sospecho que incluso las personas bien intencionadas que aconsejan esto saben que, hasta cierto punto, no funciona. Todos hemos recibido comentarios fuertes en Facebook, tal vez de un primo segundo o un antiguo compañero de clase que tiene una cosmovisión opuesta a la nuestra. Y cuando nos explican que nuestra defensa del aborto es inmoral o por qué nuestro partido político es incompetente, no solemos terminar esas interacciones precisamente iluminados.

En todo caso es tan común que artículos y libros condenen que las burbujas reducen nuestra experiencia, que muchos se han tomado en serio esa advertencia y procurado escuchar "el otro lado". En general, la experiencia resulta frustrante.

Rachael Previti es una periodista liberal que en 2019 decidió ver únicamente Fox News durante una semana. Su *postmortem* es representativo de muchas anécdotas: "Quería ver el lado bueno de algunas ideas conservadoras, en vez de sólo juzgarlas. Pero para ser honesta, fue difícil encontrar qué defienden además de atacar a los liberales".[1]

En 2017 una revista de Michigan intentó hacer una versión del experimento para salir de la burbuja.[2] Reclutó a una pareja y a un individuo con visiones opuestas, quienes acordaron intercambiar los medios de comunicación que siguen en el curso de una semana. Del lado liberal, Aric Knuth y Jim Leija, que viven en Ann Arbor y trabajan en la Universidad de Michigan. Son fans de la Radio Pública Nacional (NPR) y ávidos lectores de *The New York Times* y la página feminista, *Jezebel*. Del lado conservador, Tom Herbon, ingeniero jubilado y partidario de Donald Trump que vive en un suburbio de Detroit, todo los días Herbon lee *Drudge Report* en línea, y escucha *The Patriot* en la radio, una estación de debate con invitados conservadores como Sean Hannity.

Knuth y Leija acordaron leer *Drudge Report* y escuchar *The Patriot*. A cambio Herbon acordó leer *The New York Times* y *Jezebel*, y dejar prendida la NPR cuando estuviera en casa. Tras una semana, la revista contactó a los tres conejillos de Indias. ¿Habían aprendido algo?

Vaya que sí: todos habían aprendido que "el otro lado" era *aún más* tendencioso, impreciso e insoportable de lo que habían creído. Leija nunca había escuchado *The Patriot* y le pareció espeluznante. Comentó: "Me entristeció mucho saber que existe una persona que todo el día escucha esta estación de radio llena de gente igual a él [a Herbon], que dice exactamente lo que quiere escuchar". Mientras tanto, Herbon había detestado *Jezebel* y *The New York Times* a tal grado que desistió a la mitad del experimento (aunque sí logró escuchar la NPR toda la semana). Concluyó: "De inmediato me repugnaron las inconsistencias de cosas que sé son hechos. Si la gente no sabe distinguir los hechos tenemos un problema mayúsculo".

Si esos experimentos no te parecen lo suficientemente formales, también se realizó un estudio de gran escala en 2018 para evaluar los efectos de escuchar "el otro lado".[3] Ofrecieron a usuarios de Twitter once dólares para seguir una cuenta de Twitter automatizada (un "bot") que los expusiera a tuits del otro lado del espectro político. En el caso de los liberales, el bot les mostraría veinticuatro tuits al día de personajes conservadores como políticos, medios de comunicación, organizaciones sin fines de lucro y comentaristas. En el caso de los conservadores, les mostraría veinticuatro tuits al día de personajes liberales. Los investigadores se aseguraron de que los participantes leyeran los tuits con pruebas semanales sobre su contenido.

Un mes después, midieron las actitudes políticas de los participantes. ¿Acaso la incursión fuera de su burbuja había moderado sus ideas? Todo lo contrario. Los conservadores que habían dedicado un mes a leer tuits liberales se volvieron significativamente más conservadores. Los liberales que dedicaron un mes a leer tuits conservadores se volvieron un poco más liberales (aunque el efecto no tuvo relevancia estadística).

Resultados como éstos parecen repudiar la idea de escuchar al otro. Pero la situación no es tan devastadora. La moraleja de estos experimentos fallidos no es que sea caso perdido aprender de las discrepancias, sino que el enfoque es inadecuado. Nuestro error radica en cómo seleccionamos las fuentes a las que seguimos. En automático, terminamos escuchando a quienes inician una disputa con nosotros, así como a personajes públicos o medios de comunicación que son los representantes más populares del otro lado. No es un criterio de selección muy prometedor. Primero que nada, ¿qué clase de persona es más propensa a iniciar una disputa? Una persona desagradable ("Este artículo que compartiste en Facebook es una mierda, permíteme instruirte..."). Segundo, ¿qué clase de personas o medios son más propensos a volverse representantes populares de una ideología? Aquellos que hacen cosas como elogiar su postura o caricaturizar la opuesta.

Para darte la mejor oportunidad de aprender de un desacuerdo deberías oír a quienes *facilitan* la escucha de sus argumentos con apertura, no que los dificulten. Personas a quienes respetas o te caen bien, incluso si no están de acuerdo. Gente con quienes tienes algunas afinidades —premisas intelectuales o un valor importante— aunque no estén de acuerdo en otros aspectos. Personas que te parezcan razonables, que reconozcan los matices y las incertidumbres, que discutan de buena fe.

ESCUCHA A PERSONAS RAZONABLES

Cuando te imaginas un debate en Reddit entre un grupo de feministas y un grupo de antifeministas, ¿qué adjetivos te vienen a la mente? ¿Frustrante? ¿Horrible? ¿Quizá una calamidad fuera de control?

Como regla, podría ser preciso. Pero durante muchos años, r/FeMRADebates fue una excepción a la regla.[4] Se creó en 2014 como un espacio para que feministas y activistas de derechos de los hombres debatieran preguntas que los dividen.[5] Lo que hacía que r/FeMRADebates fuera único era el cuidado con el que los moderadores establecieron normas de conducta desde el inicio: no insultar a otros miembros ni utilizar epítetos como *feminazi* o *machitos*. No generalizar. Discrepa con individuos u opiniones específicas, en vez de hablar de "lo que creen las feministas", como si fueran un monolito.

Gracias a estas reglas y la influencia positiva de los miembros fundadores del foro, r/FeMRADebates logró eludir la calamidad a un grado inusual. ¿Con qué frecuencia se ven comentarios como éste en un debate en línea?:

> Revisé tu artículo y sí, en efecto me equivoqué.[6]
>
> Ya no culpo a nadie por "no entender". Creo que tienen una postura razonable.[7]
>
> No siempre coincido con [otro usuario]… pero si alguien me convenciera de ser feminista, sin duda sería ella.[8]

Tanto los feministas como sus opositores llegaron a Reddit con una pésima opinión del lado opuesto y con el tiempo cambiaron de opinión. Un miembro de nombre Rashid me contó que antes se mostraba escéptico de que, a decir de las feministas, es habitual que se culpe y trivialice a las víctimas de violación; pero después de hablar con varias feministas en r/FeMRADebates concluyó que sucede con más frecuencia de la que creía.

Cuando Rashid llegó se consideraba "antifeminista", pero ya no. ¿Cuándo cambió de parecer? Después de hablar con feministas que argumentaron de buena fe. "Estuve muy en contacto con las peores 'versiones' del lado feminista que otros antifeministas compartían para mostrar lo ridículas que eran", cuenta. Como resultado, creía que los peores ejemplos de feminismo eran mucho más comunes de lo que son en realidad.

Del otro lado del espectro, una de las fundadoras del grupo feminista identificó algunas fallas en conceptos de la teoría feminista, como "patriarcado".

También se interesó mucho más en algunos problemas, como el abuso sexual. En un mensaje franco dirigido a sus interlocutores frecuentes escribió: "Me han visto cambiar de postura en muchos más temas de los que puedo recordar... Gracias a ustedes soy más tolerante en general, y me he dado cuenta de la importancia de los asuntos que competen a los hombres".[9]

ESCUCHA A LAS PERSONAS CON AFINIDADES INTELECTUALES

En el capítulo 10 dejamos al escéptico del cambio climático, Jerry Taylor, en un estado de incertidumbre. Se encontraba sorprendido y perturbado tras descubrir que un científico de su bando había malinterpretado los hechos y sus fuentes eran muy dudosas. Aún creía en la veracidad de los argumentos esenciales que justificaban el escepticismo frente al cambio climático, pero su postura le generaba incertidumbre.

Taylor estuvo en esta incertidumbre durante varios años, hasta que un amigo le organizó una reunión con el activista climático Bob Litterman.[10] Si cuando escuchas "activista" te imaginas a alguien vestido con ropa de fibra de cáñamo y *tie-dye* que se encadena a un árbol a modo de protesta, Litterman no era un activista cualquiera. De día dirigía Kepos Capital, empresa asesora en inversiones que fundó después de dos décadas de laborar en Goldman Sachs. Litterman era un personaje prestigioso en el ámbito del capital de riesgo, pues había desarrollado uno de los modelos más populares que empleaban los inversores para asignar sus carteras de forma óptima.

Su reunión se celebró en el Instituto Cato en 2014. Litterman presentó un argumento de por qué se debe actuar contra el cambio climático que Taylor no conocía. Litterman anunció: el cambio climático catastrófico es un riesgo no diversificador. Esto quiere decir que no existe inversión para asegurar que no suceda. En circunstancias normales, los inversionistas están dispuestos a pagar enormes sumas de dinero para eludir los riesgos no diversificadores. Y, a decir de Litterman, a partir de la misma lógica, como sociedad deberíamos estar dispuestos a invertir enormes sumas de dinero para prevenir la posibilidad de un cambio climático catastrófico.

Litterman, Taylor y uno de sus colegas hablaron durante una hora y media. Cuando Litterman se fue, Taylor miró a su colega y concluyó: "Parece que nos destrozó". Poco después de la conversación, Taylor renunció al Instituto Cato y se volvió activista contra el cambio climático; a la fecha es el único escéptico profesional del cambio climático que ha cambiado de bando.

¿Por qué este desacuerdo resultó tan productivo? Porque a pesar de que Litterman era su oponente, al mismo tiempo "entre personas como yo tenía credibilidad inmediata. Es de Wall Street. Es una suerte de libertario moderado",[11] aseguró Taylor.

Saber que tienes afinidades intelectuales con alguien te hace ser más receptivo a sus argumentos desde el primer momento. También le posibilita explicar su versión "en tu idioma". La defensa de Litterman de la acción climática dependía de la economía y la incertidumbre, un idioma que a Taylor ya le parecía atractivo. Para alguien como él, una conversación con un activista climático que pueda argumentar bajo esos términos será mucho más valiosa que cien conversaciones con activistas que hablen de la responsabilidad moral del ser humano con la Madre Tierra.

ESCUCHA A QUIENES COMPARTAN TUS METAS

Mi amiga Kelsey Piper es periodista y trabaja para *Vox*, donde cubre noticias de filantropía, tecnología, política y otros temas que conciernen al bienestar global. Kelsey también es atea. Y una de sus buenas amigas, a quien llamaré Jen, es católica practicante. Se trata de creencias muy incompatibles, que provoca que los desacuerdos sean intratables, sobre todo en temas como la homosexualidad, los anticonceptivos, el sexo fuera del matrimonio o la eutanasia. Cuando las posturas morales de un individuo se originan en premisas religiosas que otro individuo no comparte, es difícil saber cómo comunicarse.

No obstante, Kelsey y Jen comparten el deseo de hacer del mundo un lugar mejor con toda la eficacia posible. Las dos son parte del movimiento de altruismo eficaz, que se dedica a encontrar acciones humanitarias de alto impacto sustentadas en la evidencia. Ese objetivo en común crea camaradería y confianza entre ellas, por lo que Kelsey tiene mayor disposición para escuchar la perspectiva de Jen, que de otro modo sería difícil.

Un tema sobre el que Kelsey ha cambiado de opinión como resultado de esas conversaciones es el aborto. Al principio estaba a favor del derecho a decidir, sin dudarlo. Su postura era que un feto no es consciente como para ser "una persona", en un sentido moralmente relevante, el sentido correcto para condenar un aborto.

Hoy día, tras muchas conversaciones con Jen, Kelsey es más empática con la postura a favor de la vida. Kelsey sigue siendo partidaria reacia del aborto legal. Pero ahora, se toma con mayor seriedad la posibilidad de que los abortos son un resultado negativo y deberíamos tomarnos más en serio prevenirlos.

Este cambio no habría ocurrido de no ser porque Kelsey hizo un esfuerzo genuino por entender la perspectiva de Jen y, a su vez, esto no habría ocurrido si Kelsey no hubiera creído que Jen era su aliada en la lucha por hacer de este un mundo mejor, con quien tiene muchas afinidades. Sentirse parte del mismo equipo en temas relevantes facilita aprender uno del otro, incluso cuando se tienen cosmovisiones opuestas.

EL PROBLEMA CON "UN GRUPO DE RIVALES"

Cuando en 1860 Abraham Lincoln ganó la presidencia se dirigió a los hombres que habían sido sus principales oponentes para la nominación republicana (Simon Cameron, Edward Bates, Salmon Chase y William Seward) y les ofreció puestos en su gabinete. La historiadora Doris Kearns Goodwin inmortalizó este momento en su *best seller* de 2005, *Team of Rivals: The Political Genius of Abraham Lincoln* (Grupo de rivales: el genio político de Abraham Lincoln).[12]

El "equipo de rivales" de Lincoln es ahora un ejemplo citado en libros y artículos que instan a las personas a empaparse de distintas opiniones. "Lincoln tomó la decisión consciente de elegir personajes diversos que retaran sus ideas y pusieran a prueba sus argumentos para producir los juicios más sensatos", escribió Cass Sunstein, profesor de derecho en Harvard, y autor del libro *Going to Extremes* (Ir a los extremos).[13] Barack Obama citó *Team of Rivals* como inspiración para su propia presidencia, y elogió a Lincoln por poseer "la confianza suficiente para tener estas voces disidentes en su gabinete".[14]

Pero resulta que la historia completa tiene una moraleja más complicada. De los cuatro "rivales" que invitó Lincoln a su gabinete —Cameron, Bates, Chase y Stewart—, tres se retiraron pronto, tras una temporada insatisfactoria.

A Cameron lo destituyeron en menos de un año por corrupto (un contemporáneo aseguró que sería incapaz de robar).

Bates renunció porque se sentía cada vez más distanciado de su trabajo. Tenía poca influencia en la administración; Lincoln no pedía su consejo con frecuencia y Bates no lo ofrecía.[15]

Chase estaba convencido de que merecía la presidencia más que Lincoln, a quien consideraba inferior. Chocaba con Lincoln repetidamente y más de una vez amenazó con renunciar si no se cumplían sus exigencias. Hasta que Lincoln aceptó su renuncia, y más tarde le confesó a un amigo: "Ya no soportaba la situación".[16]

Seward fue una excepción parcial de este patrón. Se quedó toda la administración de Lincoln y terminó siendo un amigo cercano y asesor. En más de una ocasión, Lincoln cambió de opinión sobre un tema relevante por su consejo. Pero Steward se dejó convencer, tras meses de socavar la autoridad de Lincoln a sus espaldas e intentar hacerse de poder político.

Sin embargo, es una prueba de la ecuanimidad de Lincoln que, para empezar, pudiera trabajar con sus rivales, y también pudo haber sido una estrategia política inteligente. Pero no es un buen ejemplo del valor de empaparte de opiniones discrepantes. No es beneficiosa la discrepancia con individuos a quienes no respetas o con quienes no tienes afinidades suficientes como para coincidir.

ES MÁS DIFÍCIL DE LO QUE CREES

Uno de los motivos por los que no aprendemos de los desacuerdos consiste en que esperamos que sea más fácil de lo que realmente es. Asumimos que, si las dos partes son, en esencia, razonables y debaten en buena fe, entonces resolver el desacuerdo debería ser bastante sencillo. Cada quien explica lo que cree y si alguien respalda su postura con lógica y evidencia, el otro coincide y cambia de opinión. ¡Fácil!

Cuando la situación no se desarrolla así —cuando una de las partes se niega a cambiar de parecer, incluso después de escuchar lo que su contraparte cree que es un argumento contundente—, todos se frustran y concluyen que el otro es una persona irracional.

Hay que disminuir nuestras expectativas, y mucho. Incluso en condiciones ideales en las que todos están bien informados, son razonables y hacen un esfuerzo de buena fe para explicar sus ideas y entender a su contraparte, aprender de los desacuerdos sigue siendo una tarea difícil (y las condiciones casi nunca son ideales). Aquí tres motivos:

1. Malinterpretamos las ideas de los demás

En un viaje a El Cairo, el bloguero Scott Alexander empezó a platicar con una chica musulmana en un café. Todo iba bien hasta que ella se refirió a los dementes que creen en la evolución. Alexander reconoció que él era uno de esos "dementes".

La chica estaba atónita. "Pero... los primates no se transforman en humanos. ¿Cómo puedes creer que los simios se transforman en humanos?"[17]

Alexander hizo el intento de explicar que el cambio entre simio y humano era muy gradual, ocurrió a lo largo de muchas generaciones, y recomendó algunos libros que explicarían mejor el proceso. Pero claramente ella que no le creyó.

Si estaba familiarizada con la teoría de la evolución, es evidente que la chica la estaba malinterpretando. ¿Pero estás seguro de que ninguna de las ideas en apariencia absurdas que has descartado antes no son también malentendidos? Incluso las ideas correctas suelen sonar raras cuando las escuchas por primera vez. La versión número 32 de una explicación es, inevitablemente, simplista, deja fuera aclaraciones importantes y matices. Falta contexto, se emplean palabras en otros sentidos, etcétera.

2. Los argumentos deficientes nos vacunan contra los argumentos bien planteados

Cuando encontramos un argumento bien planteado sobre un tema novedoso para nosotros a veces lo confundimos con un argumento deficiente con el que ya estamos familiarizados. Por ejemplo, en el capítulo previo, cité al psicólogo cognitivo Gary Klein, quien estudia cómo cambiamos de opinión en contextos que implican muchos riesgos, como los cuerpos de bomberos y la enfermería. La obra de Klein me ha resultado muy útil para entender cómo funciona la toma de decisiones en la vida real y reconocer algunos defectos de los estudios académicos sobre el tema.

No obstante, ignoré su trabajo durante años, pese a haber escuchado hablar de él. Como habla "del poder de la intuición" lo asocié con quienes exaltan la intuición como el pseudomítico sexto sentido que merece prioridad por encima de otras formas de evidencia, incluida la ciencia. No es la postura de Klein, él se refiere a las capacidades cerebrales natas que tenemos para combinar patrones. Como me había encontrado con muchas personas que afirmaban "no me importa lo que diga la ciencia, según mi intuición, los fantasmas existen", metí a Klein en el mismo costal.

3. Nuestras creencias son interdependientes, cambiar una implica cambiar otras

Supongamos que Alice cree que el cambio climático es un problema serio y está hablando con Kevin, quien no está de acuerdo. Alice podría mostrarle un artículo que explique que los modelos climáticos han hecho predicciones bastante acertadas, pero no es probable que Kevin cambie de opinión, incluso si tiene mentalidad centinela.

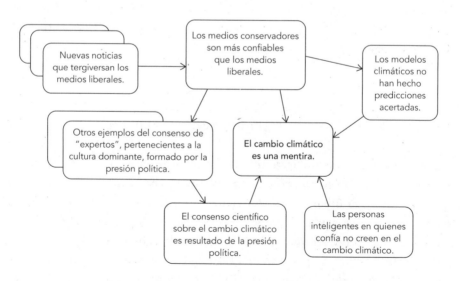

EJEMPLO DE CREENCIAS INTERDEPENDIENTES

Esto se debe a que nuestras mentes están interconectadas, como una red. La idea "el cambio climático no es real" tiene el respaldo de otras creencias de Kevin sobre cómo funciona el mundo y de otras fuentes confiables. Para que se actualice esta idea de que "el cambio climático no es real" tendría que actualizar a la vez varias creencias más como "los medios de comunicación que son escépticos frente al cambio climático son más confiables que los medios tradicionales" o "las personas inteligentes no aceptan el consenso de la ciencia climática". Puede pasar, pero se requerirá mucha más evidencia que un solo artículo de una fuente en la que Kevin aún no confía.

Al final del capítulo anterior, conocimos a Joshua Harris, autor de *Kissed Dating Goodbye*, quien empezó a enterarse de que su libro había arruinado la vida de muchos lectores. La primera vez que cayó en cuenta de que sus críticos podrían tener la razón fue en 2015. Ese año varios miembros de su congregación, la iglesia Covenant Life en Gaithersburg, Maryland, resultaron culpables de abusar sexualmente de menores de edad de la propia iglesia. Harris no tuvo relación personal con el caso, pero lo había conocido y animó a las víctimas a denunciarlo con la policía.

Tristemente, darse cuenta de que manejó muy mal esa crisis tuvo una reacción en cadena en su conjunto de creencias. "Fue la primera vez que me percaté de que, pese a tener buenas intenciones, el efecto que tenemos en las vidas de los otros puede ser muy distinto del que pensábamos", Harris comentó después. A su vez, entenderlo suscitó la idea: "Tal vez mi libro sí sea problemático".[18]

Durante todos esos años en los que Harris había escuchado disconformidades con su libro, una premisa tácita había impedido que cambiara de opinión: *no es posible perjudicar si tienes buenas intenciones*. Si alguien se lo hubiera preguntado, tal vez no hubiera respaldado esa noción abiertamente, pero estaba en el fondo. Y hasta que modificó esa creencia, incluso un torrente constante de quejas sobre su libro no hubiera sido suficiente para cambiar la idea en el conjunto general de sus creencias: *Mi libro no es nocivo*.

Cada uno de estos tres capítulos ha presentado una inversión de la forma en la que solemos pensar sobre cambiar de opinión.

En el capítulo 10 ("Cómo equivocarse") vimos que la mayoría asume de manera implícita que su "mapa" de la realidad ya es el correcto. Si le hacen modificaciones, entonces es señal de que se equivocaron en algún punto. Pero los centinelas creemos lo contrario. Todos empezamos con mapas extremadamente incorrectos, y con el tiempo, a medida que reunimos información, los hacemos un poco más precisos. Revisar el mapa es señal de que estás haciendo bien las cosas.

El capítulo 11 ("Acepta la confusión") desarrolla qué hacer cuando el mundo trasgrede tus teorías, cuando los demás se comportan de forma "irracional", cuando no estás obteniendo los resultados esperados o te sorprende cuando alguien no está de acuerdo contigo. En vez de intentar reparar los detalles que no encajan en tu cosmovisión, jala los hilos para ver qué revelan.

Y en este capítulo revelamos que creer que es fácil comprender un desacuerdo conlleva una sorpresa desagradable porque no es nada sencillo. La realidad es que es difícil incluso en las mejores condiciones, y deberíamos sorprendernos para bien cuando nos entendamos. Escuchar posturas con las que no coincidas y tomarlas con la debida seriedad como para cambiar de opinión, exige un esfuerzo mental y emocional, pero sobre todo, paciencia. Debes tener la disposición de reconocer: "Creo que esta persona se equivoca, pero tal vez no le estoy entendiendo, voy a confirmarlo" o "Todavía no estoy de acuerdo, pero tal vez con el tiempo empezaré a ver ejemplos de lo que afirma".

¿Para qué complicar una tarea ya de por sí compleja escuchando a gente poco razonable, que se burla de tus posturas y con la que no tienes ninguna afinidad? ¿Por qué no darte la oportunidad de cambiar de opinión, o por lo menos valorar que una persona razonable puede no estar de acuerdo contigo? En palabras de Kesley (la periodista atea con una amiga católica): "Si al leer a alguien no me despierta empatía sobre su perspectiva, entonces sigo buscando".

QUINTA PARTE

Repensar la identidad

CAPÍTULO 13

LAS CREENCIAS CONSTITUYEN
IDENTIDADES

Una tarde, cuando la profesora Courtney Jung tenía cerca de cinco meses de embarazo, asistió a un coctel. Sobria y aburrida, Jung se sintió aliviada cuando otra invitada se le acercó para saludarla y felicitarla por su embarazo.[1]

No obstante, la felicitación se convirtió en una venta. Tenía la misión de convencer a Jung de amamantar a su futuro bebé, en vez de darle fórmula. "Sí, lo más probable es que amamante", respondió Jung, aunque la verdad no lo había pensado seriamente.

Al parecer, a ojos de la defensora de la lactancia, la respuesta careció de convicción suficiente, por lo que siguió enumerando los beneficios médicos y emocionales de hacerlo. A medida que iba presentando su caso, se fue acercando más a Jung, en señal de fervor. Jung se fue alejando, incómoda, y así estuvieron toda la noche, hasta que Jung se encontró acorralada, en sentido literal y figurado.

LAS GUERRAS DE LAS MAMIS

Si te sorprende la imagen de una fanática de la lactancia, seguro nunca habrás escuchado de "las guerras de las mamis" (título bastante denigrante) entre las madres para quienes es vital amamantar y aquellas que creen que está bien dar a sus bebés un biberón con fórmula.

En teoría, la falta de consenso sobre los beneficios de la leche materna es científica. Pero en la práctica, el lenguaje que refleja la discordia parece estar describiendo una cruzada espantosa. Las mamás partidarias del biberón se quejan de que "la propaganda en favor de la lactancia les lava el cerebro"[2] y "el acoso de la 'Breastapo' las incapacita para pensar de forma crítica".[3] Una mamá primeriza que asistió a un seminario de lactancia concluyó: "Me sentí en una sesión de adoctrinamiento de Corea del Norte".[4] Mientras tanto, blogueras prolactancia descartan esas quejas y tildan los artículos que cuestionan los méritos de la leche materna como "un ataque preventivo contra la lactancia"[5] de "los apologistas de la fórmula".

Cuando Courtney Jung logró escapar de esa esquina en donde la habían arrinconado en la fiesta, se puso a pensar en la pasión y la ira que despierta la lactancia y, para ella y para otros, sus opiniones al respecto se habían vuelto parte de su identidad. Esa experiencia dio origen a su libro, *Lactivismo*, en el que relata: "La verdad es que, en Estados Unidos, la lactancia ya no es un tema de cómo alimentar a un bebé. Es una forma de mostrarle al mundo quién eres, en qué crees".[6]

QUÉ IMPLICA QUE ALGO SEA PARTE DE TU IDENTIDAD

Es una regla inmemorial de la etiqueta no fomentar una conversación sobre política o religión. Esto se debe a que, como es bien sabido, las opiniones políticas y religiosas suelen ser parte de la *identidad* de las personas. Cuando alguien critica una creencia que es parte de tu identidad genera antagonismo. Es como si insultara a tu familia o pisoteara la bandera de tu país. Incluso descubrir que alguien no comparte una creencia cargada de identidad es como descubrir que juega para el equipo rival: "Ah, eres uno de ellos".

No obstante, la política y la religión son los ejemplos más conocidos. La decisión de amamantar o alimentar con biberón, la elección del lenguaje de programación y tu actitud hacia el capitalismo pueden ser parte de ella. Quizá no tengan su etiqueta oficial como "demócrata" o "baptista", pero pueden fomentar las mismas reacciones apasionadas, combativas y defensivas.

Creer en algo no es lo mismo que identificarse con eso. Muchas personas creen en la ciencia en el sentido de que coincidirían con la frase: "La ciencia es la mejor manera de aprender cómo funciona el mundo, y merece muchos recursos y respeto". Pero sólo para una porción de dichas personas la ciencia es parte de su identidad, al punto de ser hostiles hacia aquellas que no la valoran, o se ponen camisetas con eslóganes populares en favor de ella como "A la ciencia no le importan tus creencias" o "La ciencia funciona, perras".

Cualquier cosa puede ser parte de tu identidad. No obstante, algunos temas son más susceptibles que otros. ¿Por qué? ¿Por qué los debates sobre los riesgos que conlleva la fórmula son más acalorados que los riesgos de la contaminación? ¿Por qué hay tantas opciones si quieres comprar una camiseta que diga "Introvertido y orgulloso" y ni una sola para "Extrovertido y orgulloso"?

La ciencia que estudia la identidad sigue evolucionando, pero he identificado dos factores que transforman una creencia en una identidad: sentirse atacado u orgulloso.

SENTIRSE ATACADO

Las creencias se materializan en identidades, muy similar al efecto que ejerce la presión prolongada en los átomos de carbono: se pegan hasta formar un diamante. Considera las sectas religiosas minoritarias o las subculturas, tan a menudo objeto de burlas, como los preparacionistas, quienes creen que vale la pena prepararse para un desastre natural o el colapso de la sociedad. Ser objeto de burlas, persecución o estigma en virtud de nuestras creencias nos orilla a defenderlas aún más, y nos da un sentido de solidaridad con otras personas que apoyan nuestra lucha.

Podría parecer que todo tema tiene el apoyo de una mayoría dominante y una minoría asediada. Pero las dos caras de la moneda se pueden sentir atacadas. Es el caso de "las guerras de las mamis". Las madres que alimentan con fórmula a sus bebés sienten que diariamente están a la defensiva, obligadas a explicar por qué no amamantan y sintiéndose que las tildan de malas madres, en privado o público (y no es su imaginación: una encuesta de 2011 reveló que dos tercios de las madres lactantes "compadecen" a los bebés cuyas madres no los amamantan).[7]

Las madres que amamantan se sienten atacadas por motivos distintos. Se quejan de una sociedad que les dificulta la vida, pues la mayoría de los lugares de trabajo no tienen espacios cómodos para extraer leche materna, y exponer un seno en público suscita miradas y susurros ofensivos. Algunas argumentan que es una forma más notoria de opresión que la que enfrenta su contraparte. "Porque hay que reconocerlo", una madre que amamanta escribió a las madres que dan biberón: "aunque se sientan culpables cuando escuchen que la lecha materna es la mejor, nadie las ha corrido de un restaurante por darle biberón a sus bebés".[8]

O veamos el ejemplo de los ateos y los cristianos. Los ateos se sienten atacados por la cantidad de discriminación que se vive en Estados Unidos. A muchos los han tachado de inmorales. Con frecuencia se refieren a "salir del clóset", tras años de sentirse obligados a ocultar sus ideas estigmatizadas. La más reciente encuesta de Gallup en 2019 reveló que 40 por ciento de los estadunidenses no votaría por un miembro cualificado del partido político de su preferencia si fuera ateo (los porcentajes de encuestados que reconocieron que no votarían por un candidato judío o un candidato católico fueron 7 y 5 por ciento, respectivamente).[9]

A diferencia de los ateos, es más probable que los cristianos evangélicos vivan en familias y comunidades que comparten su fe, así que no se sienten atacados en el mismo sentido. No obstante, los cambios legales y culturales en los Estados Unidos de los últimos cincuenta años, tales como el aborto legal, el matrimonio igualitario y los contenidos sexualizados en los medios los hacen sentir cada vez más alienados. "La guerra cultural llegó a su fin y perdimos", se lamentó un líder cristiano en el libro titulado *Prepare: Living Your Faith in an Increasingly Hostile Culture* (Prepárese: viviendo su fe en una cultura cada vez más hostil).[10]

SENTIRSE ORGULLOSO

Las creencias también se vuelven parte de la identidad cuando representan alguna virtud que te enorgullece. Por ejemplo, para muchas mujeres que creen en la importancia de la lactancia ésta indica un vínculo con su bebé y la disposición para sacrificarse, en virtud de la maternidad. Amamantar es "la representación por excelencia de la madre, la conexión y el amor", como lo expresa un cartel en una conferencia en prolactancia.[11] A la inversa, para muchas mujeres que rechazan el imperativo de amamantar representa negar las restricciones biológicas que suelen imponerse con mucha más severidad a la libertad de la madre que la del padre. "En sentido más ideológico, le rehuimos al pezón porque la lactancia obstaculiza el feminismo", así explicó una periodista su decisión, y de su pareja, de no amamantar.[12]

O considera la criptomoneda. Para muchos creyentes, el atractivo nunca ha sido sólo enriquecerse. El objetivo es cambiar el mundo. Creer en el potencial de la criptomoneda es ser un rebelde, luchar por la libertad del ser humano de la tiranía de las poderosas instituciones centralizadas. A decir de uno de los primeros entusiastas de Bitcoin: "Estás contribuyendo a una era financiera completamente nueva. ¡Estás privando a los grandes bancos de su poder inmerecido sobre las masas al ayudar a construir una moneda controlada por todos!".

Tanto quienes se describen como optimistas como pesimistas se enorgullecen de su cosmovisión. Los optimistas consideran que tener creencias positivas es señal de virtud: "Pese a lo fácil que sería elegir el cinismo, decido creer en la bondad inherente de la humanidad", declaró un optimista.[13] Mientras tanto, los pesimistas se consideran perspicaces y sofisticados, a diferencia de esos insípidos optimistas: "En el ámbito de la inversión, un toro es una porrista imprudente, mientras que un oso es una mente perspicaz que ha cavado más allá de los titulares", observó un inversor.[14]

Con frecuencia el orgullo o el asedio se nutren mutuamente. Por ejemplo, los partidarios del poliamor pueden parecer arrogantes o superiores por su elección de estilo de vida, reconoció la bloguera poliamorosa Eli Heina Dadabhoy. Pero existe una reacción comprensible frente a la descarga de hostilidad que reciben estas personas. "Cuando el mundo no deja de gritarte lo equivocada que estás, declarar tu superioridad puede parecer una respuesta legítima, la única manera de hacerle frente a ese mensaje tan severo y negativo", afirma Dadabhoy.

LAS "GUERRAS DE LA PROBABILIDAD"

Ninguna pregunta es lo suficientemente mordaz o esotérica para ser inmune a las fuerzas de la identidad. ¿No me crees? Permíteme presentarte el debate centenario entre los frecuentistas y los bayesianos, dos campos de estadistas que analizan la información con distintos métodos. La raíz del debate es un desacuerdo filosófico muy sencillo.

Los frecuentistas definen la probabilidad de un suceso de manera objetiva, en términos de con qué frecuencia ocurrirá en una serie extensa de pruebas. Un frecuentista diría que la probabilidad de que al lanzar una moneda caiga cara es de 50 por ciento, porque si pudieras lanzar la moneda un número infinito de veces, la mitad de las veces caería cara.

El bayesianismo gira en torno del teorema de Bayes, que planteó el reverendo Thomas Bayes, filósofo y estadista del siglo XVIII. Los bayesianos definen la probabilidad de un suceso de manera subjetiva, en términos de qué tan seguro está alguien de que suceda. ¿Recuerdas los ejercicios que hicimos en el capítulo 6? Aprendimos a cuantificar nuestra seguridad en una afirmación pensando qué estaríamos dispuestos a apostar. Para un bayesiano se trata de "probabilidades", no así para un frecuentista.

Es de esperar que estos debates se desarrollen exclusivamente en un lenguaje técnico soterrado en artículos de revistas académicas. Durante décadas se celebró una conferencia anual bayesiana y los asistentes cantaban odas al bayesianismo y abucheaban al frecuentismo. Esta estrofa se canta con la tonada del "El himno de batalla de la República":

> Mis ojos han visto la gloria del reverendo Thomas Bayes
> Está pisoteando a los frecuentistas y sus modos incoherentes...
> ¡Gloria, gloria, probabilidad!
> ¡Gloria, gloria, subjetividad!
> Sus tropas están marchando.[15]

Queda claro que esta canción es irónica. Pero como todo humor observacional de calidad se basa en cierto grado de verdad. Si revisas la biósfera estadística, encontrarás a bayesianos y frecuentistas acusándose de prejuicios irracionales, quejándose de los frecuentistas fundamentalistas, los frecuentistas ortodoxos, el prejuicio antibayesiano, los bayesianos arrogantes, los antibayesianos rencorosos, los voceros de los bayesianos y los bayesianos de hueso colorado. Un estadista incluso renunció al bayesianismo y escribió una publicación en su blog titulada: "Respirando aire fresco afuera de la iglesia bayesiana".[16]

Como muchas batallas identitarias, las guerras de la probabilidad empezaron en la década de 1980, cuando los bayesianos se sintieron atacados. Debían tener cuidado de no mencionar la palabra B con mucha frecuencia, para no parecer problemáticos. Por lo menos un profesor que favorecía los métodos bayesianos terminó despedido de su departamento por su disconformidad. "Siempre fuimos una minoría oprimida que buscaba reconocimiento",[17] recuerda Alan Gelfand, uno de los pioneros del bayesianismo. Ahora las cosas han cambiado. En los últimos quince años, el bayesianismo se ha popularizado y los frecuentistas ahora se sienten marginados, a tal grado que un estadista frecuentista tituló una publicación de su blog: "Frecuentistas en el exilio".[18]

Las guerras de la probabilidad han salido del ámbito de la academia y han saltado a las partes más nerds del internet. En 2012, el webcomic *XKCD* publicó una tira sobre la diferencia entre los enfoques frecuentista y bayesiano burlándose del primero.[19] La reacción fue tan acalorada que un comentarista bromeó: "Si hacen la próxima de los israelíes y los palestinos será menos controvertida".[20]

SEÑALES DE QUE UNA CREENCIA PODRÍA SER UNA IDENTIDAD

A veces es evidente cuándo una creencia se ha vuelto una identidad. Si la primera línea de tu biografía en Instagram lee "orgullosamente vegano", todos tus amigos son veganos, vas a eventos veganos, te pones insignias y camisetas veganas, entonces es un caso fácil. Pero por cada caso obvio como éste, hay muchos otros más sutiles, creencias que no implican una etiqueta o membresía oficial a ningún grupo, pero que, sin embargo, nos tomamos como algo personal. Para identificarlas, atiende estas señales:

1. Recurrir a la frase "creo"

Empezar una aseveración con la frase "creo" es un indicador de que es importante para tu identidad. Contempla afirmaciones "creo en el optimismo", "creo en la bondad de la gente", "creo que las mujeres están cambiando el mundo". Esta frase en apariencia redundante "¿no está de más decir que crees en lo que dices?", señala que no sólo estás describiendo el mundo, te estás definiendo a ti mismo. "La gente cambia" señala tu cosmovisión. Pero "creo que la gente cambia" desvela detalles sobre ti, sobre el tipo de individuo que eres: generoso, tolerante, compasivo.

2. Molestarte con la crítica de una ideología

"I F*cking Love Science" (IFLS) es una página popular de Facebook que comparte memes, cartones y eslóganes —como "¿Tienes polio? Yo tampoco. Gracias, ciencia"— en favor de la ciencia. En un debate una comentarista mencionó que incluso los científicos se resisten a los hechos que contradicen sus creencias. "Son seres humanos", comentó.

En lo que se refiere a las crítica a las ciencias, ésta estuvo muy suave (y es una verdad irrefutable). Pero otro comentarista se ofendió por lo que consideró un insulto al honor de la ciencia: "Ah, no. Mil veces no. Así no funciona la ciencia, para nada".[21]

Cuando sientes la necesidad de intervenir y defender a un grupo o sistema de creencias de lo que te parecen críticas, es muy probable que esté involucrada tu identidad. Hace poco vi un artículo titulado "Por qué los ateos no son tan racionales como les gusta presentarse". Me puse a la defensiva y me preparé para refutar el artículo antes de leerlo. La ironía es que yo misma he señalado esto, que algunas personas que se identifican erróneamente como ateos creen que su ateísmo demuestra que son "racionales". Pero el hecho de que un extraño lo planteara, y que pareciera querer desacreditar a los ateos, me puso los pelos de punta.

3. Lenguaje desafiante

En ocasiones, aquellos que consideran la ciencia como parte importante de su identidad lo demuestran con camisetas o carteles que dicen "Orgullo nerd" o "¡Viva la ciencia!". Las madres que alimentan a sus bebés con fórmula publican entradas en sus blogs con títulos del estilo: "Alimentar con fórmula sin remordimientos"[22] o "En defensa de quienes dan fórmula", o se autonombran "Proveedora orgullosa de fórmula".[23] Mientras tanto, las madres que amamantan hacen estas afirmaciones: "La aflicción asedia a cualquier madre lactante que admite abiertamente que prefiere, conoce e incluso (suspira) se enorgullece de amamantar a su hijo". El lenguaje que revela orgullo, apoyo, audacia, valentía es señal de que te consideras una minoría asediada, cuya cosmovisión le hace frente a una sociedad que intenta silenciarte, oprimirte o humillarte.

4. Tono moralista

Quizá te hayas percatado de que en ocasiones cerramos nuestras ideas con un tono moralista: *Punto. Punto final. Fin de la historia. Fin de la discusión. Es así de fácil.* ¿O qué tal la práctica de moda de dividir una oración con un punto enfático después de cada palabra? *¿No apoyas esta política? Eres. Parte. Del. Problema.*

Megan McArdle, columnista de economía, hizo la analogía perfecta para explicar qué expresa ese tono de voz: "Los mensajes que te hacen sentir maravilloso contigo mismo (y, por supuesto, con tus amigos que piensan como tú) son los que sugieren que eres un gigante de la moral dando zancadas por la vida, blandiendo tu lógica ética ineludible", escribió.[24]

5. Los guardianes

Si buscas la frase en internet "No te puedes considerar feminista" encontrarás una variedad de contribuciones unilaterales que muchas personas han decidido imponer, tales como "No te puedes considerar feminista si no eres interseccional"[25] o "No te puedes considerar feminista si no crees en el derecho al aborto".[26]

Cuando una categoría es más que una descripción práctica de tus creencias —cuando parece un símbolo de estatus o fuente de orgullo—, entonces es importante quién más tiene derecho a entrar en esa categoría. Se vuelve necesario vigilar las fronteras de dicha identidad y decidir quién entra y quién no.

A medida que se popularizó "I F*cking Love Science" (IFLS) y sus seguidores llegaron a los 10 millones, algunos entusiastas de la ciencia se molestaron. "La idea de la ciencia de IFLS es tan trivial, un puñado de memes y fotos de galaxias. ¡Eso no es amar la ciencia!", se quejaron. La queja más famosa contra los fans provino de un cartonero, Kris Wilson: "Quienes verdaderamente aman la ciencia dedican su vida a estudiar las partes aburridas, así como los hechos más llamativos. No aman la ciencia. Les gusta verle el trasero cuando pasa frente a ustedes".[27]

6. Schadenfreude

Imagina leer un artículo que empieza con esta frase: "La conferencia de [nombre del grupo] esta semana fue un desastre monumental por la mala organización y las disputas". ¿Existe un grupo ideológico que podría entrar en esa oración y que te hiciera sonreír con anticipación por el hermoso placer del *schadenfreude* que te aguarda en el artículo?

Sentir placer por una noticia que humilla a algún grupo ideológico con el que difieres es una señal de "identidad oposicionista", una identidad definida por aquello a lo que se opone. Es fácil ignorarlas porque no implican categorías propias, pero de igual forma pueden distorsionar tu juicio. Si te encanta odiar a los hippies, nerds, libertarios, fundamentalistas o cualquier otro grupo ideológico, una publicación como ésa te da un motivo para creer en todo lo que desacredite su cosmovisión. ¿Te molestan los veganos? Te da gusto enterarte de que la dieta vegana no es sana. ¿Te encanta desdeñar a los nerds? Quizá no leerás con mirada objetiva los artículos críticos sobre las empresas de tecnología.

7. Epítetos

Los epítetos estándar en el "discurso" político y cultural son por todos conocidos: guerreros de la justicia social, feminazis, machitos, aliados, etcétera.

Las "guerras de las mamis" tienen epítetos como "lactivistas", "Breastapo" o "defensoras de la fórmula (DFF)". A veces, las personas sin hijos llaman "criadores" a los padres o "engendros" a los niños. Y los epítetos generales para todos: idiota, loco, demente, imbécil.

Si recurres a este tipo de epítetos para hablar de cualquier tema es señal de que lo consideras una pelea entre individuos, no una pelea de ideas. No quiere decir que tu postura esté mal o que el otro bando esté bien, sólo que tu identidad está influyendo en tu juicio.

8. Defender tu postura

Cuanto más hayas defendido tu postura frente a otras personas, sobre todo en público, más ligada está a tu ego y reputación, y más difícil será cambiar de actitud después.

Si en el trabajo te conocen por apoyar el crecimiento rápido en lugar del lento, por ser pesimista en determinado proyecto, por ser partidario de las políticas respaldadas en información y no en el instinto, entonces esas posturas pueden parecer parte de tu identidad. Lo mismo si en tu grupo de amigos eres la defensora del CrossFit, la medicina alternativa o la educación en casa.

El problema se agrava si has tenido que defender tus ideas frente a críticas injustas o agresivas. Entonces, cambiar de opinión se siente como si dejaras ganar al enemigo. Una mujer que se identificaba como mujer sin hijos decidió ser madre y confesó que cambiar de opinión había sido sumamente difícil: "La gente me aseguraba que cambiaría de opinión, y sentía que me invalidaban. Me molestó demostrar que estaban en lo cierto".[28]

El problema con nuestra tendencia de convertir creencias en identidades no es que nos enfrenta con los demás. Al menos no es el problema que aquí me ocupa (llevarse bien es importante, desde luego, pero queda fuera de lo que comprende este libro).

El problema con la identidad es que destruye la capacidad de pensar con claridad. Tener una identidad te hace sentir como si tuvieras que defenderla en todo momento, lo que te lleva a centrarte en reunir evidencia a su favor. La identidad te orilla a rechazar, en automático, argumentos que parecen ataques contra tu persona o el estatus de tu grupo. Preguntas empíricas como "¿Qué tan importantes son los beneficios para la salud de amamantar?" se tornan en preguntas más emocionales y tensas que impiden pensar con claridad: "¿Soy una buena madre? ¿Soy una buena feminista? ¿Me juzgarán mis amigas? ¿Mi 'bando' quedó redimido o humillado?".

Y cuando una creencia es parte de tu identidad se vuelve mucho más difícil cambiar de opinión, incluso cuando los hechos se transforman radicalmente. En la década de 1980 se reunió evidencia que demostraba que el VIH se podía transmitir por medio de la leche materna. Los Centros para el Control y la Prevención de Enfermedades (CDC) publicaron recomendaciones para que las madres con VIH se abstuvieran de amamantar. Pero las defensoras de la lactancia rechazaron la advertencia.[29] La leche materna era buena, sana y natural, *no podía* ser peligrosa. Además, sospechaban de los motivos de la CDC, con quienes llevaban años riñendo. Concluyeron que la CDC estaba defendiendo los intereses de la industria de la fórmula.

Fue hasta 1998, y la acumulación de una montaña de evidencia, que las organizaciones en favor de la lactancia reconocieron que el VIH se puede transmitir por medio de la leche materna. Para entonces, muchos bebés ya habían contraído la enfermedad de manera innecesaria. Permitir que las creencias se conviertan en identidades puede ser mortal, en sentido literal.

CAPÍTULO 14

TÓMATE TU IDENTIDAD A LA LIGERA

La primera vez que me di cuenta del poder que esgrimen nuestras identidades en nuestro pensamiento me asombré. Fue hace unos diez años, cuando se publicó un ensayo muy popular sobre el tema, "Keep Your Identity Small" (Mantén tu identidad pequeña), de Paul Graham, inversor de empresas de tecnología. En él, Graham señaló el problema que describí en el capítulo anterior y advirtió: "Con cuantas más etiquetas te definas, más tonto pareces".[1] Inspirada en el ensayo de Graham, decidí evitar identificarme con cualquier ideología, movimiento o grupo.

Al poco tiempo me encontré con algunas dificultades.

Para empezar, eludir cualquier categoría resultó muy extraño. En ese entonces seguía una dieta más o menos vegana, cuando alguien estaba organizando una cena y me preguntaba mis restricciones alimentarias, era mucho más fácil y menos confuso responder que era vegana que decir: "Pues mira, no como huevos, tampoco lácteos ni carne…". Además, tener una alimentación restringida ya era suficiente imposición para mis amigos y familia. Cuando alguien me describía como "vegana", no iba a corregirlo: "De hecho, prefiero que me digan *persona que sigue una alimentación vegana*".

Pero en serio, había causas que quería apoyar, grupos y movimientos que creía que hacían un buen trabajo, como el altruismo efectivo.[2] Si no quería identificarme públicamente con un movimiento, sería difícil contribuir a difundir sus ideas.

Sí realicé algunos cambios tras esta incursión en la ausencia de identidad. Por ejemplo, dejé de describirme como demócrata, aunque oficialmente así estaba registrada para votar. Pero también acepté que hay un límite. Lo importante es impedir que estas identidades colonicen tus ideas y valores. A esto me refiero con no tomarte tu identidad de forma tan personal.

QUÉ IMPLICA TOMARTE TU IDENTIDAD A LA LIGERA

No tomarte tu identidad de manera tan personal quiere decir pensar en ella de manera práctica, no como la fuente central de orgullo y sentido de tu vida. Es una descripción, no una bandera para ondear con orgullo.

Por ejemplo, Ben, un amigo mío, se identificaba como feminista. Cuando escuchaba argumentos en contra del feminismo sentía que atacaban a su tribu; con frecuencia se encontraba a la defensiva y no siempre se involucraba en discusiones para responder a los críticos del feminismo.

Así que decidió tomarse su identidad más a la ligera. Cuando le preguntan si es feminista sigue respondiendo que sí, porque, fundamentalmente, esa categoría sigue describiendo sus opiniones. Pero en su fuero interno, se considera "un individuo que coincide con la mayoría de las ideas feministas".

Parecerá una distinción menor, pero para él es mayúscula. "Me resulta más fácil abordar estos debates por sus méritos; así que he cambiado de opinión sobre varios temas", cuenta. Aún más importante, ha dominado el impulso de lo que él llama "¡Alguien está equivocado en internet!", es decir, la necesidad de lanzarse a discusiones en línea improductivas sobre el feminismo.

Alguien que toma su identidad política con ligereza se alegra cuando su partido político gana las elecciones. Pero se alegra porque espera que su partido tenga un buen desempeño liderando el país, no por la humillante derrota del otro partido. No está tentado a provocar a los perdedores, como el caso de algunos demócratas que en 2012 se regodearon con "los berrinches de la derecha"[3] tras la victoria de Obama o los republicanos que se deleitaron con "las lágrimas liberales" vertidas por la victoria de Donald Trump en 2016.

Tomarse la identidad a la ligera supone concebirla como algo *contingente*, es decir, reconocerse liberal, siempre y cuando el liberalismo siga pareciendo justo; o reconocerse feminista, pero abandonar el movimiento si, por algún motivo, resultara perjudicial. Supone conservar las creencias y los valores propios, al margen de las creencias y los valores de la tribu, y reconocer —al menos en el fuero interno— los puntos donde éstos discrepan.

NO SOY UN REPUBLICANO BORREGO

A lo largo de su vida Barry Goldwater fue reconocido como "Sr. Republicano", "Héroe del Partido Republicano", "Padre del conservadurismo moderno estadunidense" y "Héroe del movimiento conservador estadunidense". En cierto sentido, la categoría era acertada, Goldwater era un ferviente anticomunista que creía en el gobierno regional y en los derechos de los estados. Pero curiosamente Goldwater se tomaba su identidad a la ligera. En su primer mitin durante su campaña para el Senado, anunció: "No soy un republicano borrego", advirtiendo a su público que no acataría las ideas del partido si no estaba de acuerdo con ellas.[4]

Fue una promesa de campaña que cumplió durante toda su carrera.

En la década de 1970, cuando el presidente republicano Richard Nixon era investigado por intervenir teléfonos y otros crímenes, Goldwater le pidió públicamente que se sincerara. Cuando la Casa Blanca[5] argumentó que la investigación era un esfuerzo partidista de los demócratas para desprestigiar al presidente, Goldwater defendió la integridad del senador demócrata al frente de la investigación ("Hasta ahora no ha emitido ninguna declaración partidista"). Y cuando Nixon siguió evadiendo la situación, mientras se seguía acumulando la evidencia en su contra, Goldwater lideró la delegación que visitó la Casa Blanca para informarle que había perdido el apoyo de la Cámara de Representantes y el Senado, y que debía esperar que lo condenaran. Nixon renunció al día siguiente.[6]

En la década de 1980, cuando el presidente republicano Ronald Reagan aseguró no tener conocimiento alguno del acontecimiento Irán-Contra, Goldwater se mostró escéptico y lo dijo. Un periodista que cubría la derrota de Goldwater en aquel entonces, recuerda: "Era clásico de Goldwater que su percepción de la verdad se impusiera sobre su partidismo o amistad".[7]

Aunque Goldwater siempre le fue fiel a sus principios conservadores fundamentales, sí cambió de opinión sobre algunos temas en particular. Según sus propios principios, los derechos homosexuales tenían lógica: "No tienes que estar de acuerdo, pero tienen el derecho constitucional a ser homosexuales", afirmó.[8] Esto no le ganó la simpatía de sus colegas conservadores. Tampoco su decisión de apoyar el aborto en la década de 1980 cuando votó para defender la resolución de la Suprema Corte en el caso Roe *vs.* Wade.

En 1994, las inversiones sospechosas del presidente Bill Clinton en la Whitewater Development Corporation generaron una investigación. Los republicanos lo acusaban, junto a su esposa, Hillary Clinton, de estar implicados en crímenes serios, entre ellos fraude. Para entonces, Goldwater tenía 85 años, era canoso y caminaba con bastón. No era entusiasta del presidente. Alguna vez declaró que Clinton no sabía "ni un carajo" de política internacional y que "lo mejor que podría hacer es callarse la boca".[9]

No obstante, dedicó una noche a estudiar los detalles del caso Whitewater para formarse una opinión justa. Al día siguiente, convocó a la prensa en su casa para compartir su conclusión: los republicanos no tenían un caso en contra de Clinton. "Nada de lo que he leído indica que sea un caso grave", anunció.[10] No se granjeó a otros republicanos. La sede del partido republicano y los programas de radio empezaron a recibir llamadas iracundas, el locutor de un programa conservador se quejó amargamente: "Goldwater debería saber que cuando tu partido está sobre la pista de un caso así, a punto de atrapar a la presa, no cancelas la búsqueda".[11]

La respuesta de Goldwater a las críticas fue tan franca como siempre: "¿Sabes qué? Me importa un comino".

¿PASARÍAS UNA PRUEBA IDEOLÓGICA DE TURING?

En 1950, Alan Turing, informático pionero, propuso una prueba que se podría emplear para decidir si la inteligencia artificial es consciente: ¿podría pasar como ser humano? Si un grupo de jueces conversaran con una máquina y un humano, ¿podrían distinguir a uno del otro?

A este experimento se le conoce como prueba de Turing. La prueba *ideológica* de Turing, que sugirió el economista Bryan Caplan, se fundamenta en una lógica similar.[12] Es una manera de resolver si entiendes una ideología a fondo: ¿puedes explicarla como lo haría un *creyente*? ¿De forma tan convincente que sería imposible determinar si eres un creyente genuino?

Si crees que el mejor lenguaje de programación que existe es el Haskell, ¿podrías explicar por qué hay gente que lo odia?

Si estás a favor del aborto legal, ¿podrías explicar por qué alguien no lo estaría?

Si estás convencido de que el cambio climático es un problema serio, ¿podrías explicar por qué alguien lo pondría en duda?

En teoría, consultarías a creyentes del otro bando para comprobar si pasaste la prueba. Pero no siempre es posible. Requiere mucho tiempo y no es tan fácil encontrar a alguien que te escuche pacientemente. La mayoría de las veces, pienso en la prueba de Turing como una especie de Estrella Polar, un ideal que guía mi mentalidad. ¿Por lo menos mi representación del otro bando suena como algo que éste diría o apoyaría?

Queda claro que, con este estándar, la mayoría de los intentos se quedan cortos.[13] El intento de una bloguera liberal para representar la cosmovisión conservadora es un buen ejemplo. Comienza así: "Si puedo decir algo en este momento tan desolador, cuando el mundo está en llamas, es esto: conservadores, los entiendo. Tal vez no es lo que esperan escuchar de una liberal, pero es cierto. Los entiendo".[14] Un inicio sincero, pero su intento por simpatizar con los conservadores se vuelve caricaturesco muy rápido. Ésta es su impresión sobre la visión conservadora sobre varios temas:

Capitalismo: "Los que están al mando deberían tener todas las riquezas posibles. Es el orden natural… no es ningún secreto; no hay que ser flojo. ¿Por qué todos los pobres son flojos?".

Feministas: "Esas mujeres son muy escandalosas, exigentes, estorban… ¿quiénes se creen?".

Aborto: "Vaya farsa… que las mujeres tomen esta clase de decisiones sobre su cuerpo".

Personas queer y transgénero: "No deberían existir. Son errores. Un momento, no; Dios no comete errores… ¡Oh, no! Ya no entiendo qué está pasando y no me gusta. Me siento aturdido. Fuera de control".

No es necesario mostrar este texto a un público conservador para predecir que reprobaría su prueba ideológica de Turing. Su interpretación "conservadora" del capitalismo es como el guion de un villano de caricatura. Su forma de expresarse sobre el feminismo, que las mujeres estorban y toman decisiones es propia de los liberales, no de los conservadores. Y su imitación de un conservador al darse cuenta de que su opinión de las personas queer y transgénero es inconsistente, una crítica gratuita que la bloguera no pudo resistir ("Son errores... Un momento, no. Dios no comete errores").

Parece que le resulta inevitable hablar con su propia voz como liberal que odia el conservadurismo, incluso cuando intenta ponerse en el lugar de los conservadores. El efecto general me recuerda al chiste del niño que llevó un permiso de su mamá a la escuela: "Querida maestra, por favor justifique la falta de Billy porque estuvo enfermo. Atentamente, mi mamá".

La prueba ideológica de Turing se suele considerar una prueba de conocimiento: ¿qué tan bien comprendes las creencias del otro bando? Pero también es una prueba emocional: ¿tomas tu identidad con suficiente ligereza como para no caricaturizar a tus oponentes ideológicos?

Incluso tener la disposición de hacer una prueba ideológica de Turing merece reconocimiento. Los individuos que se toman su ideología con mucha seriedad suelen recular ante la idea de "entender" una cosmovisión que les parece moralmente reprobable o nociva. Es como ayudar o consolar al enemigo. Pero si de verdad quieres cambiar el punto de vista de alguien, y no sólo burlarte de lo equivocado que está, es indispensable entender su visión.

AFERRARTE A TU IDENTIDAD TE IMPIDE CONVENCER A LOS DEMÁS

En marzo de 2014 la actriz de la televisión Kristin Cavallari anunció que ella y su esposo habían decidido no vacunar a su hijo. Habían investigado mucho, leído muchos libros y no les parecía que valiera la pena el riesgo. Un periodista respondió con desdén: "Ah, ¿sí? ¿Has leído libros?". Después se dirigió al público: "Ya basta, dejen de ponerle atención a las personalidades idiotas de la tele y escuchen a sus médicos. Vacunen a sus hijos o son pésimos padres. Punto".[15]

¿Quién conforma su público? ¿A qué persona hipotética convencería después de esa actitud despectiva, después de llamarlo un pésimo padre sin siquiera dar razones convincentes de por qué sus temores no están fundamentados?

Otro periodista reaccionó al anuncio de Cavallari escribiendo una guía educativa sobre la vacunación.[16] Un paso prometedor, a primera vista, porque el lenguaje de la guía exuda desprecio por los antivacunas ("tonterías anticientíficas") y condescendencia hacia sus lectores ("las vacunas son seguras, así es, vuélvelo a leer".)

Para defender la seguridad de las vacunas, el periodista cita al Departamento de Salud y se refiere a "pruebas científicas" que han demostrado que las vacunas son seguras. Pero la persona que pone en duda la eficiencia de las vacunas ya *sabe* que las instituciones médicas convencionales aseguran garantizar la seguridad de las vacunas. El problema es que no confía en esas instituciones. Citarlas como autoridades reconfirmará sus sospechas.

En conclusión, es difícil persuadir a alguien cuando te sientes moral e intelectualmente superior. Megan McArdle lo expresó de forma memorable: "Tras años de escribir en internet aprendí la ley de hierro de los comentarios, cuanto mejor te haga sentir tu mensaje sobre ti mismo, es menos probable que estés convenciendo a alguien".[17]

PARA INFLUIR EN NUESTRA CONTRAPARTE, HACE FALTA ENTENDERLA

Adam Mongrain es un periodista que detestaba a los antivacunas. "No sólo porque sabía que se equivocaban. Era más que eso. Me sentía moral e intelectualmente superior a ellos… Cada vez que alguien mencionaba, aunque fuera de paso, el tema de la sospecha contra las vacunas, ya tenía preparada una expresión, entre asombro y desaprobación", cuenta.[18]

Empezó a cambiar de actitud cuando se hizo amigo de una madre soltera —y después se casaron— que se oponía firmemente a vacunar a su hijo. No la consideraba idiota. Antes de que surgiera el tema de las vacunas, ya había tenido oportunidad de conocerla y respetarla, pues le parecía una persona inteligente y empática. Mongrain intentó entender *cómo* era posible que una persona inteligente y empática dudara de las vacunas. A medida que su relación progresaba, se dio cuenta de varias cosas.

La primera: no es una locura que alguien ponga en duda el consenso de los expertos en torno a las vacunas. Existen precedentes trágicos: la pintura con plomo, el tabaco y la sangría; en algún punto de la historia se garantizó su seguridad al público. Así que cuando expertos sostienen con toda confianza que las vacunas son completamente seguras, ¿se puede realmente culpar a la gente por mostrarse escéptica? La esposa de Mongrain tenía motivos personales para desconfiar de la comunidad médica. Cuando era adolescente tuvo un malviaje de drogas y le preocupaban los efectos secundarios. Acudió con un médico, pero se frustró por cómo el médico descartó sus inquietudes sin escucharla.

Cuando sospechas de las vacunas y la medicina tradicional es fácil encontrar evidencia que confirme tus sospechas. La industria de la medicina alternativa es inmensa y produce una profusión de artículos sobre casos de niños que después de vacunarse desarrollaron autismo. De hecho, la cuñada de Mongrain era parte de esa industria. Se decía ser "naturópata", haber estudiado ampliamente las vacunas y concluía que eran tóxicas. Cuando la esposa de Mongrain estaba indecisa, hablaba con su hermana, y esas conversaciones renovaban su escepticismo.

Mongrain se percató de que estas conductas no son exclusivas de quienes no creen en las vacunas. Todo el mundo lee fuentes que confirmen sus creencias y confían en las personas más cercanas. Es un hecho desafortunado que esta tendencia universal produzca resultados nocivos.

Cuando sintió que entendía la postura antivacunas de su esposa, Mongrain buscó oportunidades para abordar el tema sin ser condescendiente. La encontró en el verano de 2015, cuando descubrió que la vacuna Pandemrix causaba narcolepsia a los niños, hecho que la comunidad médica y los medios tradicionales se habían tardado en reconocer por miedo de darles argumentos a los antivacunas.

Por fortuna, la comunidad médica no tardó en corregir la dirección del barco, pero aun así para Mongrain la anécdota le permitió hacer concesiones con respecto a las preocupaciones de su esposa. "La noticia de Pandemrix me permitió abordarla desde otra perspectiva, reconocer que a veces la medicina toma malas decisiones y que los medios pueden ser cómplices. Se lo mencioné a mi esposa para demostrarle que sus preocupaciones me importan y que no creo que sean inaceptables".[19]

Reconocer las debilidades de tu "bando" puede ser muy útil para demostrarle a tu contraparte que no eres un fanático que repite los dogmas, y que puede escucharte. Después de varias conversaciones en torno a las vacunas, para nada beligerantes, de buena fe y con poco que perder, la esposa de Mongrain decidió, por cuenta propia, vacunar a su hija ese año.

¿TOMAR A LA LIGERA TU IDENTIDAD ES COMPATIBLE CON EL ACTIVISMO?

Ya vimos que aferrarte a tu identidad distorsiona la capacidad de pensar. Tener la certeza de poseer una claridad moral rotunda, de estar en el lado bueno, de luchar contra el mal, son condiciones ideales para la mentalidad de soldado.

Pero ¿qué pasa si también son las condiciones ideales del activismo? Cambiar el mundo exige pasión, dedicación, sacrificio. El soldado podrá tener una cosmovisión sesgada, en blanco y negro, pero por lo menos desborda la clase de pasión que mueve montañas. En cambio, el centinela es un pensador justo, es desapasionado y se enreda en matices como para actuar realmente.

O eso dice la sabiduría popular. Pero vamos a examinarlo de cerca.

Primero, no todas las "acciones" son iguales. Algunas acciones tienen más efecto que otras y algunas son mejores para afirmar tu identidad (te llenan con ese brillo satisfactorio que dice "estoy combatiendo para el bando justo"). A veces, hay acciones que hacen las dos cosas. Imagina a un demócrata apasionado que trabaja para la campaña de un candidato demócrata que compite por un estado disputado. Dedica sus días y sus noches a pelear por la victoria, una labor que reafirma su identidad y tiene un efecto contundente; en una carrera muy competida por un puesto importante, los esfuerzos del equipo de campaña pueden marcar la diferencia.

Sin embargo, es común que los activistas tengan que sacrificar su identidad por la causa, y cuanta menos importancia le concedas a tu identidad, más te puedes centrar exclusivamente en acciones que tengan mayor efecto para la causa. En el capítulo 10, describí cómo la Humane League se distanció de su enfoque original de manifestaciones beligerantes frente a los laboratorios que hacían pruebas con animales y adoptaron la estrategia de negociar con las grandes empresas para abogar por un trato más humanitario de los animales de granja. Ese giro aumentó su efecto, pero mediante una lente identitaria, hacer las paces con "una empresa maléfica" no es muy atractivo.

En cambio, muchas acciones que sirven para afirmar la identidad tienen poco efecto en el mundo real. Pensemos en alguien que pega calcomanías en su coche o se pelea con desconocidos en internet por sus opiniones. Algunas acciones que reafirman la identidad incluso tienen efectos negativos, son contraproducentes para tus objetivos. Seguro has escuchado de activistas que dedican buena parte de su energía a pelear con otros activistas con los que ya coinciden 95 por ciento, por desacuerdos que constituyen el 5 por ciento restante. Sigmund Freud lo denominó "narcisismo de las diferencias diminutas", la pelea más tentadora suele ser la que te distingue de tus compañeros ideológicos.

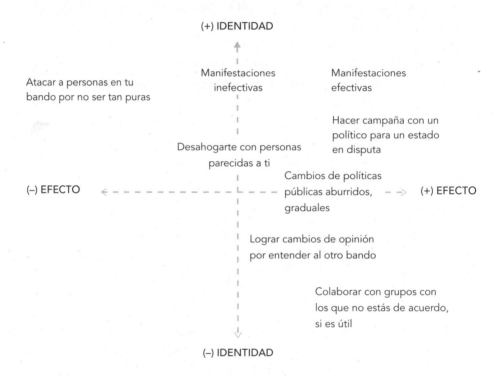

EJEMPLOS DE CÓMO LE VA A LOS TIPOS DE ACTIVISMO
EN LAS DIMENSIONES DE "IDENTIDAD" Y "EFECTO"

Un activista eficiente debe tomarse su identidad con la suficiente ligereza para hacer valoraciones claras sobre las mejores estrategias para lograr sus objetivos y, a la vez, trabajar con pasión para lograrlas. Un ejemplo brillante es la historia de un pequeño grupo de centinelas cuyos esfuerzos cambiaron el curso del sida: los científicos ciudadanos.

LOS CIENTÍFICOS CIUDADANOS Y LA CRISIS DEL SIDA

En el capítulo 7 conocimos a un grupo de activistas que trabajaron en Nueva York en la década de 1990, el Grupo de Acción para el Tratamiento. Vivieron al ritmo de una cuenta regresiva: sus amigos y amantes morían a una cadencia devastadora y la mayoría había contraído el virus.

En 1993, cuando recibieron la deprimente noticia de que el medicamento AZT no era mejor que un placebo, significó una importante puesta al día para los activistas. Anteriormente habían presionado al gobierno para que aprobara de inmediato nuevos medicamentos que habían parecido prometedores, en vez de someterlos a las pruebas estándar, lo cual puede tardar años. Se dieron cuenta de que había sido un error nacido de la desesperación. "Aprendí una lección importante como activista en favor de los tratamientos: en la medida de lo posible permitir que los resultados de los estudios determinen las políticas públicas que respaldo y defiendo. Ni mis esperanzas, ni mis sueños ni temores deben de guiar mi labor",[20] reconoció David Barr, miembro del grupo. A partir de entonces, su mandato fue: datos científicos correctos.

Ninguno era científico. Barr era abogado, otros activistas trabajaban en las finanzas, la fotografía o el guionismo. Pero eran ávidos autodidactas. Comenzaron con libros de texto de inmunología, se reunían todas las semanas en un "club de ciencias", se ponían tareas y llevaban un glosario con los términos que desconocían.

También estudiaron cómo funciona la investigación gubernamental, se familiarizaron con la estructura del financiamiento y cómo se conducían las pruebas médicas. La desorganización que revelaron los alarmó. "Fue como llegar al mago de Oz", dijo uno de los activistas, Mark Harrington. "Llegamos al centro del sistema y detrás de la cortina hay un idiota".[21]

Cuanto más aprendían, más se dieron cuenta de que no podían ganar la pelea con su estilo de activismo. Se habían centrado en manifestaciones escandalosas, como bloquear el tránsito o encadenarse a los escritorios de políticos. Una noche, fueron a casa de un senador conservador, Jesse Helms, y arropados por la oscuridad envolvieron su casa con un condón gigante.

Pero para mejorar el desarrollo y las pruebas los medicamentos necesitaban estar dentro, trabajar con los burócratas y científicos de los Institutos Nacionales de la Salud (NIH). Sus colegas activistas no recibieron muy bien esa decisión, la mayoría seguía furiosa con el gobierno por la respuesta lenta y, en ocasiones, apática frente a la crisis del sida. "Existía esta analogía que comparaba a los NIH con el Pentágono, que no debíamos reunirnos con ellos porque eran malvados", recuerda Harrington.[22]

Para ser honestos, también fue un cambio agridulce para el grupo. Se "cambiaban de bando", de estar fuera de las estructuras de poder a estar dentro; y, en el proceso, sacrificaban en cierta medida su pureza ideológica. "Sabía que nunca volveríamos a creer en nuestra integridad con tal pureza y fervor porque ahora estaríamos implicados y, por lo tanto, seríamos más responsables por algunas de las cosas que sucederían",[23] comentó Harrington.

Esa disposición para ceder la pureza ideológica rindió frutos. Los "científicos ciudadanos" estaban tan informados sobre los últimos desarrollos en la investigación del sida que, dentro de poco, los científicos de los NIH empezaron a tomar en serio sus propuestas. Una de las cuales fue conducir un nuevo estudio denominado "Estudio sencillo y numeroso", que uno de los activistas, Spencer Cox, había descubierto mientras estudiaba diseño de estudios clínicos. Con una cifra suficientemente relevante de pacientes, el estudio podía aportar respuestas sobre la eficiencia de un medicamento mucho más rápido —meses, en lugar de años—, sin sacrificar el rigor.

Como ya tenían la atención de la Administración de Medicamentos y Alimentos, pudieron convencer al comisionado de llevar la propuesta del estudio a las farmacéuticas, quienes, a cambio, acordaron utilizar una versión modificada para probar la última tanda de medicamentos contra el sida.

Anunciaron los resultados en una conferencia médica en enero de 1996. Fueron contundentes. Un medicamento mantenía la carga viral de los pacientes por debajo de niveles detectables hasta por dos años. Otro reducía la mortalidad 50 por ciento. Combinadas, representaban un periodo de gracia para los pacientes con sida.

Spencer Cox estaba entre el público, contemplando los resultados en la presentación con los ojos llorosos. "Lo hicimos. Vamos a vivir",[24] dijo. En el curso de los siguientes dos años, en Estados Unidos se desplomó la mortalidad por causa del sida en 60 por ciento. No fue el fin, para nada, pero había cambiado de curso.

En última instancia cooperar con los científicos gubernamentales revirtió la propagación del sida. Pero tomar tu identidad a la ligera no siempre implica cooperar por encima de la disidencia. Esas primeras manifestaciones disruptivas tuvieron un papel crucial para crear conciencia sobre el sida y presionar al gobierno para invertir más recursos con el fin de revertirlo. Para ser un activista efectivo es preciso percibir cuándo tendrá más efecto cooperar y cuándo será más efectiva la disidencia, según sea el caso.

Tomarse la identidad a la ligera te permite tomar esa decisión de la forma más conveniente. No es un favor que les haces a los demás, para ser agradable o civilizado. Es un favor que te haces a ti mismo: ser flexible, no permitir que la identidad te restrinja y seguir la evidencia a donde ésta te conduzca.

CAPÍTULO 15

UNA IDENTIDAD CENTINELA

U na noche en 1970 Susan Blackmore se encontró en el techo obser-
vando su propio cuerpo. Blackmore era estudiante de primer año en
la Universidad de Oxford, estudiaba psicología y fisiología. Como
muchos estudiantes de primer ingreso, había empezado a experimentar con
las drogas y le abrieron la mente. Pero este viaje en particular, durante el cual
experimentó que la consciencia dejaba su cuerpo, flotaba al techo y viajaba
por el mundo, le cambió la vida.

Blackmore concluyó que debía ser una experiencia paranormal, prueba de
que el universo y la consciencia humana tenían una relación más estrecha
de lo que sabía la ciencia tradicional. Decidió cambiar su rumbo académico y
estudiar parapsicología para obtener la evidencia científica de los fenómenos
paranormales en los que ahora creía.[1]

Blackmore entró a un programa de doctorado y dedicó años a hacer experimentos. Hizo pruebas de telepatía, precognición y clarividencia en individuos. Intentó experimentar con otros colegas, con gemelos, niños pequeños.
Aprendió a leer el tarot. Pero cada experimento producía resultados azarosos.

En las contadas ocasiones en las que sus experimentos daban resultados
significativos, se emocionaba mucho. Pero luego, recuerda, "como es obliga-
ción de todo científico, repetía el experimento, buscaba errores, volvía a sacar las estadísticas y variaba las condiciones, y en cada ocasión, encontraba

un error o volvía a obtener resultados azarosos". Con el tiempo tuvo que hacerle frente a la verdad: se pudo haber equivocado desde el principio, y los fenómenos paranormales no eran reales.

Fue duro reconocerlo, sobre todo porque para ese entonces Blackmore había cimentado su identidad en torno a su creencia en lo paranormal. Había estudiado para ser bruja, asistido a iglesias espiritistas, usaba ropa New Age, leía el tarot, cazaba fantasmas. Sus amigos no podían creer que estaba contemplando "cambiar de bando" para unirse a las filas de los escépticos. Todas las fuerzas del tribalismo la presionaban para seguir creyendo.

"Pero el en fondo, soy científica y siempre lo he sido. Los resultados me estaban diciendo fuerte y claro que me había equivocado."

CAMBIARLE EL GUION A LA IDENTIDAD

La identidad de Blackmore como creyente de los fenómenos paranormales le dificultó cambiar de opinión; sin embargo, encontró la manera. Además de esta identidad, Blackmore tenía otra lo suficientemente fuerte para contrarrestar la primera: buscaba la verdad. Se enorgullecía por someter sus conclusiones a un escrutinio riguroso, revisar sus resultados dos veces y, en última instancia, creer en los datos.

Es común entre quienes son buenos para enfrentar verdades difíciles cambiar de opinión, aceptar críticas y escuchar ideas opuestas. La mentalidad centinela no es una tarea que realicen de manera reticente, es un valor personal serio que los enorgullece.

En el curso de dos capítulos hemos visto que la identidad es un obstáculo para la mentalidad centinela, que pensarte "feminista" u "optimista" puede moldear tus ideas y conductas de forma invisible, ejerciendo presión para creer en ciertas cosas y defender ciertas posturas, sin importar si son o no ciertas. Este capítulo se centra en cómo conseguir que los fenómenos estén a nuestro favor, y no en nuestra contra, cambiando el guion y adoptando la mentalidad centinela como parte de nuestra identidad.

Podemos regresar a Joshua Harris, el pastor y autor de *I Kissed Dating Goodbye.* Harris había empezado a contemplar seriamente la posibilidad de que sus críticos tenían la razón. Tal vez el mensaje puritano de su libro era demasiado extremo. Quizá sí fue perjudicial para las relaciones y autoestima de algunos lectores, aunque nunca haya sido su intención. En todo caso la idea de repudiar su propio libro fue difícil. Como lo reconoció frente a un periodista: "Esto ha sido tan duro porque buena parte de mi identidad gira en torno a estos libros. Por eso soy conocido. En serio, ¿lo más importante que he hecho en mi vida fue un error garrafal?".[2]

La identidad le dificultó a Harris afrontar la verdad, pero, al final, la identidad también es el motivo por el cual tuvo éxito. En 2015 Harris dejó el cargo de pastor e ingresó a un posgrado en teología. A los cuarenta años, asistió por primera vez a una escuela tradicional de tiempo completo. De niño lo habían educado en casa y a los veintiún años, cuando se volvió famoso por su libro, se volvió pastor sin haber estudiado. El cambio suscitó una transformación en cómo se veía a sí mismo. Dejó de ser "el líder con respuestas". Ahora era "el alumno con preguntas" y descubrió que esa nueva identidad le facilitaba vislumbrar nuevas ideas, incluso cuando éstas lo sacaban de su zona de confort.[3]

Para 2018 Harris había terminado su búsqueda espiritual y encontró su respuesta: decidió descontinuar la publicación de *I Kissed Dating Goodbye*. Anunció su decisión en su página web: "Ya no coincido con la idea central según la cual deben evitarse las citas. Ahora creo que las citas pueden ser una parte sana de una persona que se está desarrollando en el plano sentimental y está aprendiendo qué cualidades son más importantes en una pareja".[4]

GRACIAS A LA IDENTIDAD LO DIFÍCIL ES GRATIFICANTE

Imagina que te prometiste que esta semana te vas a levantar todos los días cuando suene la alarma, en vez de perpetuar tu hábito de apagarla. El lunes en la mañana la alarma suena a las 5:30 a.m., pero estás exhausto y muy tentado a incumplir tu promesa. Compara las dos cosas que podrías decirte para motivarte a levantar de la cama:

1. "No debería incumplir las promesas que me hago a mí mismo."
2. "Soy la clase de persona que cumple sus promesas."

La primera frase presenta la situación en términos de tus obligaciones. La frase *no debería* sugiere a un padre u otra figura de autoridad, que mueve el dedo en señal de desaprobación. Si te levantas de la cama, lo haces de mala gana, porque te obligas a hacerlo. Por el contrario, la segunda presenta la situación en términos de tu identidad. Levantarte es una afirmación de tus valores, prueba de que estás siendo la persona que quieres ser.

Es lo mismo con la mentalidad centinela. Si te enorgullece ser centinela, es más fácil resistir la tentación de burlarte de alguien que no está de acuerdo contigo porque te puedes recordar que no eres la clase de persona a quien le gustan las bromas fáciles. Se vuelve más sencillo reconocer cuando cometes un error porque te recuerda que no te gusta poner pretextos, y sientes satisfacción y orgullo poder hacerlo. Y a veces, esa sensación de orgullo o satisfacción es suficiente para que el camino del centinela sea más tentador que el del soldado.

¿Por qué Jerry Taylor, antiguo negacionista del cambio climático, estuvo dispuesto a escuchar los argumentos que refutaran su postura y revisar sus hechos cuando le informaron que eran imprecisos? Por la identidad, porque le enorgullecía ser un profesional.

> La mayoría que se dedica a lo mismo que yo no acostumbra a hacerle frente a los argumentos más sólidos ni a los defensores más fuertes del otro bando. Se dedican a ser los mejores voceros para su causa, dentro de su comunidad. Yo quería que mi alcance fuera mayor. Como tuve grandes aspiraciones, debí hacerle frente a los mejores argumentos del otro bando.[5]

Quizá recuerdes que tras la conversación crucial en su oficina con el activista climático, Taylor vio a su colega y reconoció: "Parece que nos destrozó". Pero su reacción emocional no fue desesperación ni amargura. Taylor describió el momento como "estimulante".

Contempla cómo te sientes un día después de un entrenamiento particularmente extenuante. Los músculos se sienten adoloridos. Pero ¿acaso ese dolor, aunque incómodo, no es también satisfactorio? Es un recordatorio de que hiciste algo difícil que a largo plazo rendirá frutos. Si tienes identidad centinela, así se siente cuando te das cuenta de que tienes que cambiar de opinión. No es fácil, duele un poco percatarte de que cometiste un error o de que la persona con quien has estado discutiendo tiene la razón. Pero esa leve punzada es un recordatorio de que estás cumpliendo con tus propios estándares, que te estás fortaleciendo. Y esa sensación se vuelve disfrutable, del mismo modo que los músculos adoloridos pueden ser agradables para alguien que se está poniendo en forma.

En el capítulo 3 vimos que nuestros cerebros tienen un sesgo nato para las recompensas a corto plazo y que esto nos orilla a recurrir a la mentalidad de soldado con más frecuencia de la que deberíamos. Las identidades son un remedio. Cambian el panorama de los incentivos emocionales, nos permiten sentirnos satisfechos a corto plazo con decisiones que, en sentido estricto, rinden frutos a largo plazo.

TUS COMUNIDADES DEFINEN TU IDENTIDAD

A Bethany Brookshire siempre le preocupó no equivocarse. Pero en el curso de su vida, su capacidad para reconocer sus errores —incluso identificarlos— ha cambiado según en qué comunidad se encuentre.

En la preparatoria, Brookshire era parte de la clase de teatro, en donde la imperfección era normal, parte del proceso de aprendizaje. En ese contexto, le resultaba relativamente fácil identificar y hablar de los errores en sus actuaciones.

Cuando entró al doctorado las cosas cambiaron. En el despiadado entorno de la academia no era habitual reconocer los errores. Brookshire se percató de que su mente intentaba "justificar" sus errores y le resultaba difícil luchar contra ese impulso.

Diez años después, dejó la academia para dedicarse al periodismo y las cosas volvieron a cambiar. El editor de Brookshire valoraba cuando identificaba sus propios errores, así como la mayoría de sus lectores en línea. Una vez más normalizó reconocer sus errores. Cuando corrigió su impresión del prejuicio de género en sus correos recibió elogios. "Asombroso, qué buen seguimiento", comentó una persona. "Inspiración". "Necesitamos más".

Me he concentrado casi de manera exclusiva en lo que puedes hacer como individuo para cambiar tu forma de pensar, como si el mundo que te rodea permaneciera inmutable, porque quería que le sacaras provecho desde el principio. Pero en el mediano y largo plazo, una de las cosas más importantes que puedes hacer para transformar tu mentalidad es cambiar a la gente que te

rodea. Los seres humanos somos criaturas sociales y nuestros círculos sociales determinan nuestras identidades, sin que nos percatemos de ello.

Supongamos que les cuentas a tus amigos o colegas que no estás seguro de
coincidir 100 por ciento con una opinión política que todos comparten. ¿Es-
perarías que les diera curiosidad tu razonamiento o que se portaran hostiles?
Supongamos que estás discutiendo con alguien en tu grupo social. ¿Te sientes con la libertad de reflexionar antes de contestar o esperas que respondan
a cualquier titubeo tuyo con una sonrisa de suficiencia?

Puedes esforzarte para pensar con honestidad sin importar la comunidad
de la que formas parte. No obstante, tus amigos, colegas y público pueden
responder a tu favor o en contra.

Una de las razones por las que me incorporé al movimiento altruista eficaz
fue este viento favorable. Las organizaciones altruistas que son eficientes tienen páginas públicas tituladas "Nuestros errores". Individuos prominentes en
el movimiento publican entradas en blogs con títulos similares a: "Tres temas
clave sobre los que he cambiado de opinión".[6] Algunas de las censuras más
severas que he visto en el altruismo eficaz han estado dirigidas a otros individuos en el movimiento por exagerar o fomentar el altruismo eficaz desde una
postura intelectual deshonesta.

Y en términos generales, aceptan las críticas de buena fe. En 2013 mi amigo Ben Kuhn publicó una entrada en su blog titulada "Una crítica del altruismo eficaz".[7] Generó mucho debate, y los comentarios más positivos provenían
de altruistas eficaces: "Buen trabajo, pero fuiste muy compasivo con nosotros.
Añadiría estas críticas más severas…".

Ese mismo año Ben había solicitado hacer una pasantía en GiveWell, una de
las organizaciones de altruismo eficaz más prominentes, pero lo habían recha-
zado. Tras leer la crítica, GiveWell lo volvió a contactar para ofrecerle el puesto.

Como cualquier comunidad, el altruismo eficaz no es perfecto, y yo podría
añadir mis propias críticas a las de Ben. Pero en general, mi experiencia es
que hace un esfuerzo sincero por que la comunidad sea más rigurosa, no se
trata de alinearse, pero tampoco de elogiar ciegamente a nuestro "equipo". En
otros grupos sociales a los que he pertenecido, siempre había una amenaza
implícita que evitaba que llegara a ciertas conclusiones: *no puedes creer en
eso o te van a odiar*. Es liberador saber que entre altruistas eficaces no compartir el consenso no me costará puntos sociales, siempre y cuando haga un
esfuerzo genuino por entender.

PUEDES ELEGIR A LA CLASE DE PERSONAS QUE ATRAES

Los medios han calificado a Vitalik Buterin de "profeta", "mente maestra", "genio" y "la celebridad más importante del movimiento de *blockchain*". Se popularizó en 2013, cuando a sus diecinueve años fundó el *blockchain* Ethereum y su criptomoneda correspondiente, Ether, una de las más conocidas después de Bitcoin. La importancia de Buterin en el mundo de la criptomoneda es tal que, en 2017, el rumor de su supuesta muerte en un accidente automovilístico causó que se desplomara el precio del Ether, el equivalente a miles de millones de dólares en un par de horas.

Dada su reputación, uno esperaría que Buterin hablara con la certeza de un gurú, incluso como el líder de un culto. Sin embargo, es un líder peculiar que afirma: "Nunca he confiado 100 por ciento en la criptomoneda como sector. Revisa mis posts y videos, soy consistente de mi incertidumbre".[8]

En la cima de la criptomanía en diciembre de 2017, cuando el total de la capitalización de la criptomoneda en el mercado llegó a medio billón de dólares y otros personajes del sector se coronaban, Buterin tuiteó: "¿Pero nos lo *ganamos*?", y enumeró los motivos por los que el sector estaba sobrevalorado. Ha advertido una y otra vez que el mercado de las criptomonedas es un sector sumamente volátil que se podría desplomar en cualquier momento y que no deberían invertir dinero que no estén dispuestos a perder. De hecho, mucho antes de llegar a la cima, cobró 25 por ciento de sus acciones en Ether. Cuando algunos críticos lo acusaron de no confiar en su propia moneda, no le importó: "Mmm, no me voy a disculpar por tomar decisiones financieras sensatas".[9]

Buterin es igual de franco a propósito de los argumentos en favor y en contra de sus decisiones estratégicas, las fortalezas y debilidades de Ethereum. En una conversación en línea sobre las debilidades de Ethereum, participó sin previo aviso para decir: "En mi opinión las deficiencias más claras de Ethereum, en su situación actual son…" y enumeró siete problemas.[10]

Esa sinceridad a veces le da dolores de cabeza. Sus críticos lo parafrasean con poca gentileza: ("¡Buterin reconoce que no cree en Ethereum!") o lo reprenden por no mantener una actitud positiva.

¿Entonces por qué lo sigue haciendo? Porque, pese a que su estilo no atrae a todos, a quienes *sí* atrae suelen ser particularmente inteligentes, considerados y con rasgos de centinela, y es el tipo de público que quiere para Ethereum.

"En parte es un gusto intrínseco: con toda honestidad, preferiría conservar a mis mil seguidores de Twitter, a quienes respeto más que a todos los demás, y, por otra parte, es porque estoy convencido de que tener esa cultura incrementa las posibilidades de éxito de Ethereum", me contó.

No importa si se trata de fundar una empresa, aumentar tus lectores o tejer redes con posibles clientes: te construyes un nicho a partir de lo que dices y haces. Su quieres ser centinela, no vas a complacer a todo el mundo. Sin embargo —como seguro te dijeron tus padres cuando eras niño— de todas formas es imposible hacerlo. Así que por qué no complacer al tipo de personas que te gusta tener alrededor, a quienes respetas y que te motivan a ser una mejor versión de ti.

PUEDES ELEGIR A TUS COMUNIDADES EN LÍNEA

Pese a que hay muchas quejas sobre la toxicidad de Twitter y Facebook, e internet en general, no parecen existir muchos esfuerzos por crear una mejor experiencia en línea. Sin duda, abundan los trolls, los especialistas arrogantes, los presentadores insensibles y los influencers que actúan con deshonestidad intelectual. Pero no tienes que seguirlos. Puedes elegir leer, seguir y comunicarte con las excepciones a la regla.

En el capítulo 12 hablamos de una de esas excepciones, r/FeMRADebates, hogar de discrepancias productivas entre feministas y activistas por los derechos de los hombres. Otro ejemplo es ChangeAView.com, una comunidad en línea que fundó Kal Turnbul, preparatoriano finés, y que ahora incluye a más de medio millón de miembros.

En ChangeAView, los usuarios inician debates compartiendo un tema sobre el que están abiertos a cambiar de opinión. Por ejemplo, una publicación podría empezar así: "Cambia mi opinión: en sentido realista, no se puede hacer nada para prevenir el cambio climático" o "Cambia mi opinión: todas las drogas deberían ser legales". Los usuarios responden con argumentos en contra de la opinión y el usuario original otorga una "delta" a cualquiera que les motiva a cambiar de opinión de una u otra forma.[11] No suele implicar un cambio de 180 grados, sino una actualización menor, una excepción en su opinión o un contraargumento interesante que no conocían y todavía no están seguros de si los convence. Los usuarios quieren ganarse deltas. Son la moneda de estatus en ChangeAView, pues junto a los nombres de los miembros aparece la cantidad de deltas que tienen. Con el tiempo, los usuarios desarrollan estilos de comunicación que les otorguen más deltas, como aclarar las preguntas e intentar no insultar descaradamente a quienes intentan convencer.

En parte por las reglas explícitas de la comunidad y en parte por el tipo de personas a quienes atrae una comunidad así, el tono de los debates en ChangeAView es muy distinto de otros sitios en internet. No fue difícil encontrar ejemplos de comentarios como éstos, que en cualquier otra página serían atípicos:

- "Esta respuesta es muy interesante y me lleva por un camino totalmente inesperado. Gracias."[12]
- "No había contemplado esto. Creo que mereces un delta."[13]
- "No tengo un contraargumento. Quizá sea el argumento más convincente que haya visto aquí, hasta ahora, pero todavía no estoy seguro de que me haya hecho cambiar de opinión. Supongo que lo sigo procesando."[14]

A quienes lees, sigues y con quienes interactúas en línea contribuyen a moldear tu identidad de la misma manera que las personas en tus comunidades de "la vida real". Si interactúas con personas que te generan sentimientos de molestia, defensivos o rencorosos, esto puede reforzar la mentalidad de soldado. Pero si pasas tu tiempo en lugares como ChangeAView o r/FeMRADebates, puede reforzar la mentalidad centinela. Incluso puedes crear una "comunidad" medianamente unida conectando con personas que identifiques que son buenos representantes de la mentalidad centinela: blogueros, autores o personas en general en las redes sociales.

Nunca sabes cuáles serían los resultados.

Una semana en 2010 seguía un acalorado debate en línea sobre si una publicación de un post era o no sexista. El bloguero, Luke, un hombre en sus veinte, contribuyó para decir que había contemplado con cuidado los argumentos de sus críticos pero que no creía que su publicación tuviera nada de malo. De todas formas, se dijo estar abierto a cambiar de opinión. Incluso publicó una lista, "Por qué es posible que me equivoque", en la que resumió los mejores argumentos en su contra, e incluyó las referencias. Al mismo tiempo explicó por qué aún no lo convencían.

Luke volvió a publicar un par de días después; el debate ya acumulaba más de 1,500 comentarios en distintos blogs. Quería compartir que había encontrado un argumento que lo había convencido de que su publicación original era perjudicial.

Reconoció que había puesto en contra a muchos lectores que creyeron que su publicación original había sido moralmente dudosa. "Y ahora, al no estar de acuerdo con aquellos que vinieron en mi defensa y dijeron que no había nada malo en mi publicación, probablemente alejaré a más lectores".[15]

Admiraba tanto que Luke no hubiera cambiado de opinión, pese a la presión, como que haya terminado cambiando de opinión, cuando encontró argumentos sólidos. Decidí escribirle y compartir mi opinión: "Hola, soy Julia Galef, quería compartirte lo mucho que valoro tus publicaciones. Parece que realmente te preocupa la verdad".

"Hola, gracias, también respeto mucho tus publicaciones", respondió.

Diez años después, estamos comprometidos para casarnos.

PUEDES ELEGIR A TUS MODELOS

Cuando aspiras a encarnar una virtud suele haber por lo menos un modelo a seguir que la personifica y te motiva a hacerlo. Una emprendedora ambiciosa podría referirse a otros emprendedores que trabajaron días de dieciocho horas desde su garaje, sobreviviendo a base de ramen, y cuando se siente desmotivada, piensa en ellos para inspirarse a seguir adelante. Un padre que quiere ser paciente con sus hijos tiene en mente el ejemplo de sus padres, abuelos, maestros u otros adultos que lo trataron con una paciencia admirable.

Es el mismo caso para la mentalidad centinela. Cuando hablar con alguien que parece un centinela particularmente bueno, lo común es que le dé crédito a algún modelo, aquella persona que lo inspira. De hecho, eso quise hacer con las historias que incluyo en este libro. Transmitir no sólo la utilidad de la mentalidad centinela, sino por qué para algunos es emocionante, inspiradora e importante.

A todos nos inspiran cosas distintas, enfócate en quienes encarnen los aspectos de la mentalidad centinela que te parezcan más atractivos. Tal vez la capacidad de tomarte tu identidad a la ligera y centrarte en los efectos, como los científicos ciudadanos durante la crisis del sida. David Coman-Hidy, director de Humane League, me contó esta historia. La comparte con su equipo porque es su modelo de activismo: "Es la historia inspiradora por excelencia. Es el espíritu al que los activistas debemos aspirar; sí, habrá obstáculos, nos equivocaremos, sufriremos derrotas... Sin embargo, necesitamos valorar con sensatez para qué somos mejores".

Quizá te inspira la seguridad de estar cómodo frente a la incertidumbre. Julian Sanchez, escritor y miembro senior en el Instituto Cato en Washington, D.C. condujo la que resultó ser la última entrevista con el célebre filósofo político Robert Nozick, antes de su muerte en 2002. La conversación le dejó una huella profunda.

La mayoría de los filósofos a quienes Sanchez había leído argumentaban con agresividad. Su objetivo era obligarte a aceptar sus conclusiones, planteaban todas las posibles objeciones para después diezmarlas. Pero el enfoque de Nozick era distinto: "Te guiaba al tiempo que hacía un planteamiento. No ocultaba lo que le generaba dudas o confusión, y en ocasiones se iba por tangentes intrigantes y planteaba problemas que más tarde reconocía que no podía resolver"[16], recuerda Sanchez. Es como si estuviera diciendo: *No necesito parecer seguro porque no puedo estar seguro de la respuesta, nadie puede estarlo.*

Hoy en día Sanchez se inspira en esa actitud segura frente a la incertidumbre cuando escribe sobre tecnología, privacidad y política. "Nozick inspira mi sensibilidad estética; no tener la necesidad de sentirse seguro sobre todo es una señal de seguridad, de intelectualidad", me contó.

Tal vez te inspira más la idea de tener el valor de hacerle frente a la realidad. En el capítulo 7 conté la historia de Steven Callahan, cuya ecuanimidad durante sus semanas como náufrago le ayudó a prepararse para lo peor y tomar las mejores decisiones posibles cuando el panorama era desalentador. Una de las cosas que le ayudaron a ser ecuánime fue un modelo: otro sobreviviente de un naufragio, Dougal Robertson, quien se había quedado a la deriva, junto con su familia, cuando su barco se volcó en 1972 y los mantuvo a todos con vida más de cinco semanas.

La autobiografía de Robertson, *Sea Survival*, fue una de las pocas pertenencias que Callahan rescató de su barco mientras éste se hundía. No le había costado mucho dinero, pero en esas semanas que pasó en su balsa *Sea Survival* valía "una fortuna" para Callahan, no sólo por los consejos prácticos de supervivencia, también por la guía emocional.[17] Robertson subrayó la importancia de aceptar la realidad de tu nueva vida como náufrago, en vez de aferrarte a la ilusión de que te rescaten. Cada vez que pasaba un barco cerca de la balsa de Callahan, dolorosamente cerca pero demasiado lejos para verlo, recordaba la máxima de Robertson: *el rescate será una interrupción bienvenida de tu viaje de supervivencia.*

En lo personal, todas esas facetas de la mentalidad centinela me parecen inspiradoras, la disposición de priorizar los resultados por encima de la identidad, la comodidad con la incertidumbre, el valor para hacerle frente a la realidad. Pero si tuviera que escoger una sola faceta que me parece más inspiradora sería la idea de la honorabilidad intelectual: querer que triunfe la verdad y poner ese principio por encima de tu ego.

El ejemplo de honor intelectual que me gusta mucho es el que relata Richard Dawkins de sus años como alumno de la facultad de zoología en la Universidad de Oxford.[18] En aquel entonces en el sector de la biología había una controversia enorme en torno a una estructura celular llamada *aparato de Golgi*, ¿era real o una ilusión creada por nuestros métodos de observación?

Cierto día, llegó a la facultad un joven académico de Estados Unidos y dio una conferencia en la que presentó evidencia nueva y convincente para demostrar que, en efecto, el aparato de Golgi era real. En el público estaban los zoólogos más respetados de Oxford, un profesor mayor conocido que sostenía que el aparato de Golgi era una ilusión. Así que naturalmente, en el curso de la conferencia, todos veían de reojo al profesor para leer su semblante: *¿Cómo lo está tomando? ¿Qué va a decir?*

Al fin de la charla, el profesor se levantó de la silla, se acercó al frente del salón de conferencias y le dio la mano al académico invitado: "Estimado colega, le doy las gracias. Llevaba quince años en un error". Y el auditorio estalló en un aplauso.

Dawkins dijo: "Al recordar este incidente se me sigue haciendo un nudo en la garganta, también cada vez que cuento la anécdota. Es el tipo de individuo que quiero ser, y basta para que quiera elegir la mentalidad centinela, incluso cuando las tentaciones para recurrir a la mentalidad de soldado son fuertes".

CONCLUSIÓN

Cuando la gente se entera de que escribí un libro sobre cómo dejar de engañarse y ver el mundo de manera realista, asumen que mi cosmovisión debe ser severa. Como si propusiera renunciar a los sueños y hacerle frente a la dura realidad. Pero éste es un libro particularmente optimista. No me refiero a que invite a creer que las cosas son maravillosas sin importar nada. Me refiero a un optimismo justificado: creo que una valoración honesta de nuestra situación demuestra que tenemos motivos para alegrarnos.

La mayoría cree que tenemos que escoger entre ser felices y ser realistas. Y lo hacen, resignados. "Ni modo, el realismo o la felicidad." Un tema central de este libro es que *no* tenemos que escoger. Con un poco más de esfuerzo e inteligencia podemos tener los dos. Podemos encontrar estrategias para hacerles frente al miedo y a la inseguridad. Podemos arriesgarnos y perseverar frente a los obstáculos. Podemos influir, persuadir e inspirar. Podemos pelear para conseguir cambios sociales. Y podemos hacer todo esto entendiendo la realidad y trabajando con ella, no negándola.

Parte de "entender la realidad y trabajar con ella" es aceptar que la mentalidad de soldado es parte de nuestro "cableado". No quiere decir que no puedas cambiar la manera en que piensas. Pero sí debes dar pasos graduales en dirección de la mentalidad centinela, en vez de esperar convertirte en un centinela hecho y derecho de la noche a la mañana.

Antes de cerrar este libro, traza un plan para dar esos pasos graduales. Recomiendo empezar eligiendo un puñado de hábitos de centinela, no más de dos o tres. Éstas son algunas ideas:

1. La próxima vez que tomes una decisión, pregúntate qué tipo de sesgo afecta tu juicio en esa situación y después realiza el experimento mental relevante (prueba del advenedizo, de conformidad, del sesgo del *statu quo*).
2. Cuando te descubras aseverando algo con certeza ("No hay manera de que...") reflexiona si estás tan seguro de ello.
3. La próxima vez que algo te preocupe y sientas la tentación de racionalizarlo, mejor haz un plan concreto para saber qué hacer si se materializara.
4. Encuentra un escritor, medio de comunicación o fuente de opinión con ideas divergentes a las tuyas, pero con buenas posibilidades de hacerte cambiar de opinión, alguien que te parezca razonable o con quien tengas intereses en común.
5. La próxima vez que te des cuenta de que alguien está actuando de manera "irracional", como un "loco" o "groseramente", reflexiona por qué esa conducta tiene sentido para esa persona.
6. Busca oportunidades para actualizarte, aunque sea un poco. ¿Puedes encontrar una excepción a tus creencias o evidencia empírica que te haga sentir un poco menos seguro de tu postura?
7. Recuerda una disputa que hayas tenido y que te haya motivado a cambiar de perspectiva o contactar a la persona para contarle que lo hiciste.
8. Elige una idea en la que creas firmemente e intenta realizar una prueba ideológica de Turing del otro bando (ganas puntos extra si encuentras a quien califique tu intento).

Sin importar en qué otros hábitos te centres: mantente alerta para identificar ejemplos propios de razonamiento motivado y, cuando lo hagas, *enorgullécete por haberlo notado*. Recuerda, el razonamiento motivado es universal, si lo identificas es porque no eres inmune. Ser más consciente de su presencia es un paso crucial para limitarlo y deberías sentirte bien por ese avance.

También creo que el optimismo justificado es pertinente para la humanidad en general. Saber que la mentalidad de soldado está grabada en las profundidades del cerebro —y lo difícil que nos resulta identificarla, ya no digamos superarla, incluso si somos inteligentes y tenemos buenas intenciones—, me ha hecho más tolerante frente a la falta de sensatez de alguien más. (Después de haber reconocido innumerables ejemplos de mi propio razonamiento motivado no estoy en posición de juzgar a nadie.)

A fin de cuentas, somos un puñado de simios cuyos cerebros se desarrollaron para defendernos a nosotros mismos y a nuestras tribus, no para evaluar, sin prejuicios, evidencia científica. ¿Así que para qué molestarnos con la humanidad por no ser excelentes en algo para lo que no evolucionamos? ¿No tendría más sentido valorar las maneras en las que *sí* trascendemos nuestro legado genético?

Hay muchas maneras. Jerry Taylor pudo haber seguido defendiendo el negacionismo climático, pero le importó la verdad e investigó la evidencia contra su bando y cambió de opinión. Josh Harris pudo haber seguido promoviendo *I Kissed Dating Goodbye*, pero eligió escuchar a sus críticos, reflexionar sobre sus aportaciones y descontinuar el libro. Bethany Brookshire no tenía que revisar sus afirmaciones sobre el sesgo de género para corregirse y aun así lo hizo. Te puedes concentrar en la capacidad de la humanidad para ser egoísta y sentirte amargado. O en la otra cara de la moneda: los Picquarts del mundo que están dispuestos a pasar años de su vida asegurándose de que triunfe la verdad e inspirarte para estar a su altura.

No somos una especie perfecta. Pero deberíamos estar orgullosos de lo lejos que hemos llegado, no sentirnos frustrados de que estamos por debajo de cierto estándar idealista. Y cuando elegimos ser menos soldados y más centinelas podemos hacerlo aún mejor.

AGRADECIMIENTOS

Estoy muy agradecida con la gente de Portfolio que me ayudó a elaborar este libro y me acompañó con absoluta paciencia mientras escribía, reescribía y volvía a reescribir. Kaushik Viswanath, tus comentarios siempre fueron atinados e incisivos. Nina Rodríguez-Marty, das las mejores pláticas motivacionales. Stephanie Frerich, muchas gracias por apostar por mí. Y no puedo imaginar a un mejor agente que William Callahan en Inkwell, quien guio a esta autora primeriza por el proceso, con apoyo y flexibilidad incondicional, consejos conocedores y energía positiva.

El tiempo que he convivido con eficaces altruistas me benefició enormemente. Se trata de una comunidad donde abunda la mentalidad centinela y las personas cuyas mentes y corazones admiro. Soy muy afortunada de tener una comunidad que toma en serio las ideas y aborda las discrepancias con una actitud que sugiere: "Vamos a trabajarlo juntos para resolver por qué lo vemos con otros ojos".

Un sinfín de personas generosas contribuyó con su tiempo permitiéndome entrevistarlas, compartiendo experiencias y ampliando mis ideas de maneras desafiantes. Aunque por desgracia esta lista estará incompleta, quiero agradecer a algunos de los individuos cuyas aportaciones se me quedaron grabadas y terminaron influyendo en los argumentos de mi libro: Will MacAskill, Holden Karnofsky, Katja Grace, Morgan Davis, Ajeya Cotra, Danny Hernandez, Michael Nielson, Devon Zuegel, Patrick Collison, Jonathan Swanson, Lewis Bollard, Darragh Buckley, Julian Sanchez, Simine Vazire, Emmett Shear, Adam d'Angelo, Harjeet Taggar, Malo Bourgon, Spencer Greenberg, Stephen Zerfas y Nate Soares.

Este libro pudo no haber llegado a su fin sin la ayuda de Churchill, Whistler, Zoe, Molly, Winston y todos los perros de Noe Valley (y sus dueños que me dejaron acariciarlos). Me mantuvieron cuerda durante los meses solitarios que me dediqué a la edición. Gracias, son los mejores perros.

Estoy totalmente agradecida con mis amigos y familia, quienes me apoyaron en el curso de este proceso de escritura. Me enviaron mensajes cariñosos cuando estaba encerrada como ermitaña; fueron comprensivos cuando tenía que cancelar planes y supieron cuándo evitar preguntarme cómo iba el libro. A mi hermano, Jesse, a mi amigo Spencer: cada vez que compartía con ustedes las ideas con las que estaba lidiando, terminaba con ideas iluminadoras que mejoraron el libro. A mi mamá y mi papá: gracias por el amor y el apoyo, y por ponerme el mejor ejemplo de la mentalidad centinela.

Sobre todo quiero agradecer a mi prometido Luke, por ser un apoyo invaluable, fuente de inspiración y modelo a seguir. Me ayudaste a concebir la tesis de este libro, hiciste sugerencias brillantes, me consolaste cuando la pasé mal y me escuchaste con mucha paciencia cuando me quejé amargamente sobre la mala metodología de las ciencias sociales. No podría pedir a un mejor compañero.

LAS PREDICCIONES DE SPOCK

1.	Kirk: ¿No te pudiste acercar a otros niños? Spock: Imposible. Conocen muy bien la zona. Como ratones. Kirk: Lo voy a intentar. *Kirk lo logra.*[1]
2.	Spock: Si los romulanos son descendientes de mi sangre vulcana, y creo que es probable… *Es correcto, los romulanos son descendientes de la raza vulcana.*[2]
3.	Spock: Caballeros, al perseguirme acaban de echar por tierra las pocas posibilidades que tenían de sobrevivir. *Todos sobreviven.*[3]
4.	Spock, a la deriva en un planeta con varios miembros de la tripulación envía una señal de auxilio y, al mismo tiempo, asegura que es ilógico porque es "improbable" que alguien la vea. *El Enterprise la ve y los rescata.*[4]
5.	El capitán Kirk está siendo juzgado por negligencia. Spock testifica que es "imposible" que sea culpable porque "conoce al capitán". *Es correcto, Kirk es incriminado.*[5]
6.	Kirk: Spock, había 150 hombres, mujeres y niños en esa colonia. ¿Es probable que hayan sobrevivido? Spock: absolutamente no, capitán. *De hecho, hay muchos sobrevivientes, y todos están bien.*[6]
7.	Spock: Lo que describes se conoció en lengua vernácula como píldora de la felicidad. Y como científico, deberías saber que eso no es posible. *De hecho, es posible y Spock cae preso en los efectos de una.*[7]

8.	Spock: Las probabilidades de que nos maten son de 2,2287.7 en 1. Kirk: ¿2,2287.7 en 1, bastante bien, no? *Los dos sobreviven.*[8]
9.	Kirk: Spock, ¿Podemos derribar a esos dos guardias? ¿Cuáles son las probabilidades de que salgamos de aquí? Spock: para ser preciso, difíciles. Diría que 7,824.1 en 1. *Al final los dos escapan.*[9]
10.	Kirk: ¿Qué probabilidades existen de que escapemos? Spock: Menos de 7,000 en 1, capitán. Es asombroso que hayamos llegado tan lejos. *Al final los dos escapan.*[10]
11.	Spock: Las probabilidades de que sobrevivan no son prometedoras. Ni siquiera sabemos si la explosión será lo suficientemente potente. Kirk: Es un riesgo calculado, Spock. *Sobreviven.*[11]
12.	Kirk: ¿Cree que podríamos crear una disrupción sónica con dos comunicadores? Spock: Las probabilidades de que funcione son escasas. *Funciona.*[12]
13.	McCoy: Las probabilidades de que nuestros amigos sobrevivan no son buenas. Spock: No, diría que 400… *McCoy lo interrumpe, pero seguro iba a decir "400 en 100". Todos sobreviven.*[13]
14.	Chekov: Tal vez es una nube de polvo interestelar. Spock: Es poco probable, Ensign. *En efecto, no es una nube de polvo estelar sino una criatura espacial gigante que succiona la energía.*[14]
15.	Kirk: Spock, si revierten los circuitos del neuroanalizador de McCoy, ¿puede instalar un campo que atore el proyector de parálisis? Spock: Dudo de las posibilidades de éxito, capitán… Kirk: ¿Hay alguna probabilidad? Spock: Muy baja. *En efecto, no funciona.*[15]

16.	Kirk: Spock, ¿es posible que exista una civilización más avanzada en otro rincón de este planeta, capaz de construir ese obelisco o desarrollar un sistema deflector? Spock: Sumamente improbable, capitán. Los sensores sólo indican una forma de vida. *Spock tiene razón.*[16]
17.	Spock: En esta nave no hay vida… probabilidad 997, capitán. *De hecho, en la nave habita una forma de vida alienígena peligrosa.*[17]
18.	Kirk: ¿Puede reprogramar el transportador para que nos regrese como estábamos? Spock: Tal vez. Pero tenemos pocas probabilidades, 99.7 en una. *El transportador funciona, todo sale bien.*[18]
19.	Kirk: Spock, ¿cree que Harry Mudd esté ahí abajo? Spock: La probabilidad de su presencia en Motherlode es de 81 por ciento, más o menos .53 *Mudd sí está.*[19]
20.	Em: Nos vamos a morir aquí. Spock: Es probable. *Sobreviven.*[20]
21.	Em: ¿[El saboteador] es uno de nosotros…? Spock: 82.5 por ciento en favor de esa posibilidad. *En efecto, el saboteador está en el grupo.*[21]
22.	Kirk: Spock, ¿qué probabilidades tenemos? Spock: Si la densidad no aumenta, deberíamos salir vivos. *Lo hacen.*[22]
23.	Spock: ¡Capitán, interceptar las tres naves es imposible! *Kirk lo logra.*[23]

RESPUESTAS DE LA PRÁCTICA DE CALIBRACIÓN

Ronda 1: datos de animales

1. Falso. La ballena azul es el mamífero más grande, no el elefante.
2. Verdadero.
3. Falso. El milpiés es el animal que tiene más patas, algunos tienen hasta 750. El ciempiés puede tener hasta 345.
4. Verdadero. Los primeros mamíferos surgieron hace unos 200 millones de años. Los dinosaurios se extinguieron hace aproximadamente 65 millones de años.
5. Falso.
6. Falso. Los camellos almacenan grasa, no agua, en las jorobas.
7. Verdadero.
8. Verdadero. Un panda gigante come casi exclusivamente bambú.
9. Falso. Hay dos mamíferos que ponen huevos: el ornitorrinco y la equidna.
10. Verdadero.

Ronda 2: personajes históricos

11. Confucio (551 a.C.) nació antes que Julio César (100 a.C.).
12. Mahatma Gandhi (1869) nació antes que Fidel Castro (1926).
13. Nelson Mandela (1918) nació antes que Anna Frank (1929).
14. Cleopatra (69 a.C.) nació antes que Mahoma (*ca.* 570).
15. Juana de Arco (*ca.* 1412) nació antes que William Shakespeare (1564).
16. Sun Tzu (544 a.C.) nació antes que George Washington (1732).
17. Genghis Khan (*ca.* 1160) nació antes que Leonardo da Vinci (1452).

18. Karl Marx (1818) nació antes que la reina Victoria (1819).

19. Marilyn Monroe (1926) nació antes que Saddam Hussein (1937).

20. Albert Einstein (1879) nació antes que Mao Tse-Tung (1893).

Ronda 3: poblaciones mundiales al 2019

21. Alemania (84 millones) tiene más habitantes que Francia (65 millones).

22. Japón (127 millones) tiene más habitantes que Corea del Sur (51 millones).

23. Brasil (211 millones) tiene más habitantes que Argentina (45 millones).

24. Egipto (100 millones) tiene más habitantes que Botsuana (2 millones).

25. México (128 millones) tiene más habitantes que Guatemala (18 millones).

26. Panamá (4 millones) tiene más habitantes que Belice (390,000).

27. Haití (11 millones) tiene más habitantes que Jamaica (3 millones).

28. Grecia (10 millones) tiene más habitantes que Noruega (5 millones).

29. China (1.43 mil millones) tiene más habitantes que la India (1.37 mil millones).

30. Irán (83 millones) tiene más habitantes que Irak (39 millones).

Ronda 4: datos científicos generales

31. Falso. Marte tiene dos lunas: Fobos y Deimos.

32. Verdadero.

33. Falso. El latón está compuesto de zinc y cobre, no de hierro y cobre.

34. Verdadero. Una cucharada de aceite tiene unas 120 calorías, y una cucharada de mantequilla tiene unas 110 calorías.

35. Falso. El elemento más ligero es el hidrógeno no el helio.

36. Falso. Los virus causan un resfriado común, no las bacterias.

37. Verdadero.

38. Falso. Las inclinaciones del eje de la tierra generan las estaciones.

39. Verdadero.

40. Verdadero.

NOTAS

Capítulo 1. Dos formas de pensar

[1] Las descripciones en este capítulo del asunto Dreyfus se basan en los libros de Jean-Denis Bredin, *The Affair: The Case of Alfred Dreyfus* (Londres: Sidgwick and Jackson, 1986); Guy Chapman, *The Dreyfus Trials* (Londres: B. T. Batsford Ltd., 1972); y Piers Paul Read, *The Dreyfus Affair: The Scandal That Tore France in Two* (Londres: Bloomsbury, 2012).

[2] "Men of the Day. —No. DCCLIX— Captain Alfred Dreyfus", *Vanity Fair*, 7 de septiembre de 1899, https://bit.ly/2LPkCsl

[3] Vale la pena mencionar que los fiscales de Dreyfus inclinaron la balanza de la justicia cuando entregaron al juez un dosier de cartas falsas que incriminaban a Dreyfus. No obstante, los historiadores no creen que los oficiales que lo arrestaron querían inculparlo desde el inicio. Más bien se convencieron de que era culpable y estuvieron dispuestos a jugar sucio para asegurar su condena.

[4] El artículo de Ziva Kunda, "The Case for Motivated Reasoning", *Psychological Bulletin* 108, núm. 3 (1990): 480-498, https://bit.ly/2MMybM5, popularizó el concepto de razonamiento motivado direccional.

[5] Thomas Gilovich, *How We Know What Isn't So: The Fallibility of Human Reason in Everyday Life* (Nueva York: The Free Press, 1991), p. 84.

[6] Robert B. Strassler, ed., *The Landmark Thucydides* (Nueva York: The Free Press, 2008), p. 282.

[7] George Lakoff y Mark Johnson estudian la metáfora "la discusión es una guerra" en el influyente *Metaphors We Live By* (Chicago: University of Chicago Press, 1980).

[8] Si se indaga en el origen de las palabras que no tienen relación aparente con la metáfora bélica, se revela lo contrario. *Rebatir* una afirmación implica que es incorrecta, pero en su origen la palabra se refería a *repeler un ataque*. *Acérrimo* alude a creencias, pero también a *una construcción sólida*. Si alguien *abroquela* sus ideas, las *defiende con broquel o escudo*.

9   Ronald Epstein, Daniel Siegel y Jordan Silberman, "Self-Monitoring in Clinical Practice: A Challenge for Medical Educators", *Journal of Continuing Education in the Health Professions* 28, núm. 1 (invierno de 2008): 5-13.

10 Randall Kiser, *How Leading Lawyers Think* (Londres y Nueva York: Springer, 2011), p. 100.

Capítulo 2. ¿Qué protege el soldado?

1   G. K. Chesterton, "The Drift from Domesticity", en *The Thing* (1929), loc. 337, Kindle. [Publicado en español como *La cosa y otros artículos de fe*, Sevilla: Espuela de Plata, 2010.]

2   G. K. Chesterton, *The Collected Works of G. K. Chesterton*, vol. 3 (San Francisco: Ignatius Press, 1986), p. 157.

3   James Simpson, *The Obstetric Memoirs and Contributions of James Y. Simpson*, vol. 2 (Filadelfia: J. B. Lippincott & Co., 1856).

4   Leon R. Kass, "The Case for Mortality", *American Scholar* 52, núm. 2 (primavera de 1983): 173-91.

5   Alina Tugend, "Meeting Disaster with More Than a Wing and a Prayer", *The New York Times*, 19 de julio de 2008, https://www.nytimes.com/2008/07/19/business/19shortcuts.html

6   *Election*, director Alexander Payne (MTV y Bona Fide Productions, 1999).

7   R. W. Robins y J. S. Beer, "Positive Illusions About the Self: Short-term Benefits and Long-term Costs", *Journal of Personality and Social Psychology* 80, núm. 2 (2001): 340-52, doi:10.1037/0022-3514.80.2.340

8   Jesse Singal, "Why Americans Ignore the Role of Luck in Everything", *The Cut*, 6 de mayo de 2016, https://www.thecut.com/2016/05/why-americans-ignore-the-roleofluckineverything.html

9   wistfulxwaves (usuario de Reddit), comentario sobre "Masochistic Epistemology", Reddit, 17 de septiembre de 2018, https://www.reddit.com/r/BodyDysmorphia/comments/9gntam/masochistic_epistemology/e6fwxzf/

10 A. C. Cooper, C. Y. Woo y W. C. Dunkelberg, "Entrepreneurs' Perceived Chances for Success", *Journal of Business Venturing* 3, núm. 2 (1988): 97-108, doi:10.1016/0883-9026(88)900201

11 Daniel Bean, "Never Tell Me the Odds", *Daniel Beam Films* (blog), 20 de abril de 2012, https://danielbeanfilms.wordpress.com/2012/04/29/never-tellmethe-odds/

[12] Nils Brunsson, "The Irrationality of Action and Action Rationality: Decisions, Ideologies and Organizational Actions", *Journal of Management Studies* 19, núm. 1 (1982): 29-44.

[13] La distinción entre los beneficios emocionales y sociales es el meollo del debate entre la psicología y la psicología evolutiva sobre la función verdadera de la mentalidad de soldado. La psicología describe los beneficios emocionales del razonamiento motivado como una especie de "sistema inmunitario psicológico" que evolucionó para proteger nuestra salud emocional, muy parecido a la evolución del sistema inmunitario para proteger la salud física.

La idea de un sistema inmunitario psicológico es muy atractiva. No obstante, la psicología evolutiva le encuentra un pero: no tiene sentido. No hay razón por la que la evolución otorgue a la mente la capacidad de hacerse sentir bien. Sin embargo, *sí* existe un motivo por el que la evolución nos otorgó la capacidad de vernos bien. Si convencemos a los demás de que somos fuertes, leales y tenemos un estatus alto, tendrán más ganas de someterse y aparearse con nosotros. La psicología evolutiva argumenta que los beneficios sociales del razonamiento motivado son la causa de nuestra evolución, y los beneficios emocionales son sólo los efectos secundarios.

También existe una tercera posibilidad: en muchos casos, la mentalidad de soldado no es un rasgo evolutivo. Lo hacemos porque se siente bien y podemos. Punto. Por analogía, la masturbación no *evolucionó per se*. El deseo sexual sí evolucionó, al igual que nuestras manos... y los seres humanos descubrimos cómo combinarlos.

[14] Robert A. Caro, *Master of the Senate: The Years of Lyndon Johnson III* (Nueva York: Knopf Doubleday Publishing Group, 2009), p. 886.

[15] Z. J. Eigen y. Listokin, "Do Lawyers Really Believe Their Own Hype, and Should They? A Natural Experiment", *Journal of Legal Studies* 41, núm. 2 (2012): 239-267, doi:10/1086/667711

[16] Caro, *Master of the Senate*, p. 886.

[17] Debo esta analogía entre las creencias y la ropa a Robin Hanson, "Are Beliefs Like Clothes?", http://mason.gmu.edu/~rhanson/belieflikeclothes.html

[18] Randall Munroe, "Bridge", *XKCD*, https://xkcd.com/1170

[19] Peter Nauroth *et al.*, "Social Identity Threat Motivates Science-Discrediting Online Comments", *PloS One* 10, núm. 2 (2015), doi:10.1371/journal.pone.0117476

[20] "Do Lawyers Really Believe Their Own Hype, and Should They?", de Eigen y Listokin, reporta este resultado. Existe un efecto contraproducente similar cuando se

negocia: en un ejercicio simulado, antes de leer los hechos, los alumnos se convencen de que su parte —asignada al azar— tiene la razón y exigen más dinero al negociar. Como resultado, es menos probable que lleguen a un acuerdo y, en promedio, terminan con menos dinero. Véase George Loewenstein, Samuel Issacharoff, Colin Camerer y Linda Babcock, "Self-Serving Assessments of Fairness and Pretrial Bargaining", *Journal of Legal Studies* 22, núm. 1 (1993): 135-159.

Capítulo 3. Por qué la verdad es más valiosa de lo que creemos

[1] Bryan Caplan, "Rational Ignorance Versus Rational Irrationality", KYKLOS 54, núm. 1 (2001): 2-26, doi:10.1111/1467-6435.00128. En este estudio, Caplan sugiere que la gente manipula qué creencias adopta según su esfuerzo: es mayor para las preguntas sobre las que quiere tener creencias muy puntuales y menor sobre las que quiere tener creencias falsas. Y a veces así funciona la mentalidad de soldado. Si frente a un argumento estamos en la modalidad "¿Puedo aceptarlo?", entonces lo hacemos sin analizarlo. Pero en otras, la mentalidad de soldado implica esmerarnos más para justificar una creencia falsa.

[2] El mejor debate sobre cómo el sesgo presente y el sesgo de impresión afectan el proceso de tomar decisiones se encuentra en George Ainslie, *Picoeconomics: The Strategic Interaction of Successive Motivational States Within the Person* (Cambridge, Reino Unido: Cambridge University Press, 1992).

[3] Andrea Gurmankin Levy *et al.*, "Prevalence of and Factors Associated with Patient Nondisclosure of Medically Relevant Information to Clinicians", *JAMA Network Open* 1, núm. 7 (30 de noviembre de 2018): e185293, https://jamanetwork.com/journals/jamanetworkopen/fullarticle/2716996

[4] "Up to 81% of Patients Lie to Their Doctors—And There's One Big Reason Why", *The Daily Briefing*, 10 de diciembre de 2018, https://www.advisory.com/daily-briefing/2018/12/10/lying-patients

[5] Joanne Black, "New Research Suggests Kiwis Are Secretly Far More Ambitious Than We Let On", *Noted*, 4 de abril de 2019, https://www.noted.co.nz/health/psychology/ambition-new-zealanders-more-ambitious-thanweleton/

[6] Mark Svenvold, *Big Weather: Chasing Tornadoes in the Heart of America* (Nueva York: Henry Holt and Co., 2005), p. 15.

Capítulo 4. Señales de un centinela

[1] u/AITAthrow12233 (Reddit user), "AITA if I don't want my girlfriend to bring her cat when she moves in?", Reddit, 3 de noviembre de 2018, https://www.reddit.com/r/AmItheAsshole/comments/9tyc9m/aita_if_i_dont_want_my_girlfriend_to_bring_her/

[2] Alexandra Wolfe, "Katie Couric, Woody Allen: Jeffrey Epstein's Society Friends Close Ranks", *Daily Beast*, 1 de abril de 2011, https://www.thedailybeast.com/katie-couric-woody-allen-jeffrey-epsteins-society-friends-close-ranks

[3] Isaac Asimov, "A Cult of Ignorance", *Newsweek*, 21 de enero de 1980.

[4] Richard Shenkman, *Just How Stupid Are We? Facing the Truth About the American Voter* (Nueva York: Basic Books, 2008).

[5] Este patrón no implica que los liberales y los conservadores ejerzan el razonamiento motivado en torno al cambio climático en el mismo grado, sólo que la gente, en general, ejerce el razonamiento motivado en torno a este tema.

[6] Dan M. Kahan, "'Ordinary Science Intelligence': A Science-Comprehension Measure for Study of Risk and Science Communication, with Notes on Evolution and Climate Change", *Journal of Risk Research* 20, núm. 8 (2017): 995-1016, doi:10.1080/13669877.2016.1148067

[7] Caitlin Drummond y Baruch Fischhoff, "Individuals with Greater Science Literacy and Education Have More Polarized Beliefs on Controversial Science Topics", *Proceedings of the National Academy of Sciences* 114, núm. 36 (2017): 9587-9592, doi:10.1073/pnas.1704882114

[8] Yoel Inbar y Joris Lammers, "Political Diversity in Social and Personality Psychology", *Perspectives on Psychological Science* 7 (septiembre de 2012): 496-503.

[9] Estas preguntas provienen de dos de las medidas de "rigidez" más comunes. La primera es de la Escala de autoritarismo de derecha, y está diseñada para medir la "personalidad autoritaria". La 2, 3 y 4 son de la Escala de conservadurismo Wilson, diseñada para identificar "el autoritarismo, el dogmatismo, el fascismo y la actitud anticientífica". G. D. Wilson y J. R. Patterson, "A New Measure of Conservatism", *British Journal of Social and Clinical Psychology* 7, núm. 4 (1968): 264-269, doi:10.1111/j.2044-8260.1968.tb00568.x

[10] William Farina, *Ulysses S. Grant, 1861-1864: His Rise from Obscurity to Military Greatness* (Jefferson, Carolina del Norte: McFarland & Company, 2014), p. 147.

[11] Charles Carleton Coffin, *Life of Lincoln* (Nueva York y Londres: Harper & Brothers, 1893), p. 381.

[12] William Henry Herndon y Jesse William Weik, *Herndon's Informants: Letters, Interviews, and Statements About Abraham Lincoln* (Champaign: University of Illinois Press, 1998), p. 187.

[13] Bethany Brookshire (@BeeBrookshire), Twitter, 22 de enero de 2018, https://bit.ly/2Awl8qJ

[14] Bethany Brookshire (@BeeBrookshire), Twitter, 29 de enero de 2018, https://bit.ly/2GTkUjd

[15] Bethany Brookshire, "I went viral. I was wrong", blog post, 29 de enero de 2018, https://bethanybrookshire.com/iwent-viraliwas-wrong/

[16] Regina Nuzzo, "How Scientists Fool Themselves—And How They Can Stop", *Nature*, 7 de octubre de 2015, https://www.nature.com/news/how-scientists-fool-themselves-and-how-they-can-stop1.18517

[17] Darwin Correspondence Project, "Letter no. 729", consulta el 5 de enero de 2020, https://www.darwinproject.ac.uk/letter/DCP-LETT-729.xml

[18] Darwin Correspondence Project, "Letter no. 2791", consulta el 7 de febrero de 2020, https://www.darwinproject.ac.uk/letter/DCP-LETT-2791.xml

[19] Darwin Correspondence Project, "Letter no. 2741", consulta el 10 de enero de 2020, https://www.darwinproject.ac.uk/letter/DCP-LETT-2741.xml

Capítulo 5. Cómo percatarse de los prejuicios

[1] Max H. Bazerman y Don Moore, *Judgment in Managerial Decision Making* (Nueva York: John Wiley & Sons, 2008), p. 94.

[2] u/spiff2268 (usuario de Reddit), comentario "[Serious] Former Incels of Reddit. What brought you the ideology and what took you out?", Reddit, 22 de agosto de 2018, https://www.reddit.com/r/AskReddit/comments/99buzw/serious_former_incels_of_reddit_what_brought_you/e4mt073/

[3] Greendruid, comentario, "Re: Democrats may maneuver around GOP on healthcare", Discussion World Forum, 26 de abril de 2009, http://www.discussion world forum.com/showpost.php?s=70747dd92d8fbdba12c4dd0592d72114&p=7517&postcount=4

[4] Andrew S. Grove, *Only the Paranoid Survive: How to Exploit the Crisis Points That Challenge Every Company* (Nueva York: Doubleday, 1999), p. 89.

[5] Un giro que tomé prestado de Hugh Prather, *Love and Courage* (Nueva York: MJF Books, 2001), p. 87.

6   Una versión más frecuente de este experimento mental es: "¿Qué le dirías a un amigo en la misma situación?". Puede ser útil pero implica un posible sesgo: que seas demasiado blando con ese amigo.

7   Es probable que, en algún punto de su vida, mi prima Shoshana se encontrara con Barack Obama, porque él utilizó un truco similar con sus asesores cuando era presidente. En esencia, se trató de una prueba de sumisión: si alguien estaba de acuerdo con una de sus opiniones, Obama fingía cambiar de opinión. Después les pedía que le explicaran por qué habían coincidido. "Todo líder tiene fortalezas y debilidades, y una de mis fortalezas es tener un buen detector de mentiras", aseguró Obama.

8   Julie Bort, "Obama Describes What Being in the Situation Room Is Like—and It's Advice Anyone Can Use to Make Hard Decisions", *Business Insider*, 24 de mayo de 2018, https://www.businessinsider.com/obama-describes-situation-room-gives-advice-for-making-hard-decisions-2018-5

9   Por favor, intercambia "feministas" y "conservadores" por dos grupos con los que el ejemplo funcione mejor para ti.

10 Los lectores avezados se habrán dado cuenta de que la prueba del sesgo del *statu quo* no es un experimento mental pulcro; al darle la vuelta al *statu quo*, añades un costo de transacción a esta decisión. Pero como es un experimento mental, puedes asumir que el costo de transacción es cero.

11 Se podría decir que hay una diferencia entre (1) elegir no invitar a ciudadanos europeos a la sociedad y economía del Reino Unido, en primer lugar, y (2) rescindir dicha invitación una vez extendida. En efecto, es otra posible asimetría en la prueba del sesgo del *statu quo*. Es útil identificar si es tu oposición fundamental, si es el caso.

12 Nick Bostrom y Toby Ord, "The Reversal Test: Eliminating Statu quo Bias in Applied Ethics", *Ethics* 116, núm. 4 (julio de 2006): 656-679, https://www.nickbostrom.com/ethics/statusquo.pdf, describe una versión más matizada de la prueba de *statu quo* aplicada en el terreno de la política pública.

Capítulo 6. ¿Qué tan seguro estás?

1   *Star Trek Beyond*, dirigida por Justin Lin (Hollywood: Paramount Pictures, 2016).

2   *Star Trek: The Original Series*, temporada 2, capítulo 11, "Friday's Child", transmitido el 1 de diciembre de 1967 en NBC.

[3] *Star Trek: The Original Series*, temporada 1, capítulo 26, "Errand of Mercy", transmitido el 23 de marzo de 1967 en NBC.

[4] *Star Trek: The Original Series*, temporada 1, capítulo 24, "This Side of Paradise", transmitido el 2 de marzo de 1967 en NBC.

[5] "As a percentage, how certain are you that intelligent life exists outside of Earth?", Reddit, 31 de octubre de 2017, https://www.reddit.com/r/Astronomy/comments/79up5b/as_a_percentage_how_certain_are_you_that/dp51sg2/

[6] "How confident are you that you are going to hit your 2017 sales goals? What gives you that confidence?", Quora, https://www.quora.com/How-confident-are-you-that-you-are-goingtohit-your-2017-sales-goals-What-gives-you-that-confidence

[7] Filmfan345 (usuario de Reddit), "How confident are you that you won't convert on your deathbed?", Reddit, 3 de febrero de 2020, https://www.reddit.com/r/atheism/comments/eycqrb/how_confident_are_you_that_you_wont_convert_on/

[8] M. Podbregar *et al.*, "Should We Confirm Our Clinical Diagnostic Certainty by Autopsies?" *Intensive Care Medicine* 27, núm. 11 (2001): 1752, doi:10.1007/s00134-001-1129x

[9] Tuve que permitirme cierta licencia creativa para poner las predicciones de Spock en estas categorías. Por ejemplo, la categoría de "probable" incluye cuando declaró que algo es una "probabilidad estadística" y cuando predijo "82.5 de probabilidad". Para fines de los resultados de la gráfica centré las producciones "imposibles" en 0% de probabilidad, "muy improbable" en 10% de probabilidad, "improbable" en 25% y "probable" en 75%. En todo caso, debe leerse como una representación impresionista y aproximada de la calibración de Spock y no una curva de calibración literal.

[10] Douglas W. Hubbard, *How to Measure Anything: Finding the Value of "Intangibles" in Business* (Hoboken, Nueva Jersey: John Wiley & Sons, 2007), p. 61.

[11] Robert Kurzban, *Why Everyone (Else) Is a Hypocrite* (Princeton, Nueva Jersey: Princeton University Press, 2010).

[12] La técnica en esta sección es una adaptación de Douglas W. Hubbard, *How to Measure Anything: Finding the Value of "Tangibles" in Business* (Hoboken: John Wiley & Sons Inc., 2007). p. 58.

[13] Para que sea justa, esta apuesta también debería cobrarse en un año, igual que la apuesta del coche con piloto automático, para que la posibilidad de una recompensa inmediata no altere mi decisión.

Capítulo 7. Cómo hacerle frente a la realidad

1 Steven Callahan, *Adrift: Seventy-six Days Lost at Sea* (Nueva York: Houghton Mifflin, 1986). [Publicado en español como *A la deriva: setenta y seis días perdido en el mar*, Madrid: Capitán Swing, 2019, traducción de Miguel Marqués.]

2 *Ibid.*, p. 84.

3 *Ibid.*, p. 39.

4 *Ibid.*, p. 45.

5 Carol Tavris y Elliot Aronson, *Mistakes Were Made (But Not by Me): Why We Justify Foolish Beliefs, Bad Decisions, and Hurtful Acts* (Nueva York: Houghton Mifflin Harcourt, 2007), p. 11.

6 Daniel Kahneman, *Thinking, Fast and Slow* (Nueva York: Farrar, Straus and Giroux, 2013), p. 264. [Publicado en español como *Pensar rápido, pensar despacio*, Madrid: Penguin Random House, 2020.]

7 Darwin Correspondence Project, "Letter no. 3272", consultado el 1 de diciembre de 2019, https://www.darwinproject.ac.uk/letter/DCP-LETT-3272.xml

8 Charles Darwin, *The Autobiography of Charles Darwin* (Nueva York: W. W. Norton & Company, 1958), p. 126. [Publicado en español como *Autobiografía*, Madrid: Nórdica Libros, 2021, traducción de Íñigo Jáuregui.]

9 *The Office*, temporada 2, capítulo 5, "Halloween", dirección: Paul Feig, guion: Greg Daniels; se estrenó el 18 de octubre de 2005 en NBC.

10 Stephen Fried, *Bitter Pills: Inside the Hazardous World of Legal Drugs* (Nueva York: Bantam Books, 1998), p. 358.

11 Treatment Action Group.

12 David France, *How to Survive a Plague: The Inside Story of How Citizens and Science Tamed AIDS* (Nueva York: Knopf Doubleday Publishing Group, 2016), p. 478.

13 Porque el autoengaño puede ser saludable.

14 Douglas LaBier, "Why Self-Deception Can Be Healthy for You", *Psychology Today*, 18 de febrero de 2013, https://www.psychologytoday.com/us/blog/the-new-resilience/201302/why-self-deception-canbehealthy-you

15 Joseph T. Hallinan, *Kidding Ourselves: The Hidden Power of Self-Deception* (Nueva York: Crown, 2014). [Publicado en español como *Las trampas de la mente: ¿por qué miramos sin ver, olvidamos las cosas y creemos estar por encima de los demás*, Barcelona: Editorial Kairós, 2010.]

16 Stephanie Bucklin, "Depressed People See the World More Realistically—And Happy People Just Might Be Slightly Delusional", *Vice*, 22 de junio de 2017, https://

www.vice.com/en_us/article/8x9j3k/depressed-people-see-the-world-more-rea
listically

[17] J. D. Brown, "Evaluations of Self and Others: Self-Enhancement Biases in Social
Judgments", *Social Cognition* 4, núm. 4 (1986): 353-376, http://dx.doi.org/10.1521/
soco.1986.4.4.353

[18] Es cierto que si, en promedio, las personas se creen mejor que sus colegas, es evidencia de que por lo menos algunas personas se autoengañan. A fin de cuentas, el
mundo real no es como Lake Wobegon, en donde "todos los niños son excepciona-
les". Pero también es de suponer que muchos —tal vez la mayoría que se cree mejor
que sus colegas—, de alguna u otra forma están percibiendo correctamente que
están por encima del promedio. Y muy probablemente esos individuos pueden ser
responsables del aumento en la felicidad y el éxito que observamos en el estudio.

[19] Shelley Taylor y Jonathon Brown, "Illusion and Well-being: A Social Psychological
Perspective on Mental Health", *Psychological Bulletin* 103, núm. 2 (1988): 193-210,
doi.org/10.1037/0033-2909.103.2.193

[20] *Ibid.*

[21] Ruben Gur y Harold Sackeim, "Lying to Ourselves", entrevista de Robert Krulwich,
Radiolab, WNYC Studios, 10 de marzo de 2008, https://www.wnycstudios.org/
podcasts/radiolab/segments/91618-lyingtoourselves

[22] Este cuestionario aparece en R. C. Gur y H. A. Sackeim, "Self-deception: A Con-
cept in Search of a Phenomenon", *Journal of Personality and Social Psychology* 37
(1979): 147-169. Se ha citado como evidencia de los efectos del autoengaño en libros populares como *The Elephant in the Brain*, de Robin Hanson y Kevin Simler,
así como en podcasts populares como *Radiolab*.

Capítulo 8. Motivarse sin engañarse

[1] La referencia más antigua de la que se tiene registro parece provenir de una edición
de 1947 de *Reader's Digest*, que no citaba el origen (*The Reader's Digest*, septiembre de 1947; vía Garson O'Toole "Whether You Believe You Can Do a Thing or Not,
You Are Right", *Quote Investigator*, 3 de febrero de 2015, https://quoteinvestigator.
com/2015/02/03/you-can/).

[2] No se cita la referencia.

[3] Jonathan Fields, "Odds Are for Suckers", blog post, http://www.jonathan fields.
com/odds-are-for-suckers/

4 Cris Nikolov, "10 Lies You Will Hear Before You Chase Your Dreams", Motivation-Grid, 14 de diciembre de 2013, https://motivationgrid.com/lies-you-will-hear-pursue-dreams/

5 Victor Ng, *The Executive Warrior: 40 Powerful Questions to Develop Mental Toughness for Career Success* (Singapur: Marshall Cavendish International, 2018).

6 Michael Macri, "9 Disciplines of Every Successful Entrepreneur", Fearless Motivation, 21 de enero, 2018, https://www.fearlessmotivation.com/2018/01/21/9disciplinesofevery-successful-entrepreneur/

7 William James, "The Will to Believe", https://www.gutenberg.org/files/26659/26659h/26659h.htm

8 Jeff Luden, "Equity at 100: More Than Just a Broadway Baby", *Weekend Edition Saturday*, NPR, 25 de mayo de 2013, https://www.npr.org/2013/05/25/186492136/equityat100-more-than-justabroadway-baby

9 Shellye Archambeau, "Take Bigger Risks", entrevista de Reid Hoffman, *Masters of Scale*, podcast, https://mastersofscale.com/shellye-archambeau-take-bigger-risks/

10 Norm Brodsky, "Entrepreneurs: Leash Your Optimism", *Inc.*, diciembre de 2011, https://www.inc.com/magazine/201112/norm-brodskyonentrepreneursasperennial-optimists.html

11 Se podría decir que la popularidad del fax fue una amenaza que Brodksy debió de haber anticipado. En años anteriores las ventas se habían duplicado año con año, según M. David Stone, "PC to Paper: Fax Grows Up", *PC Magazine*, 11 de abril de 1989.

12 Ben Horowitz, *The Hard Thing About Hard Things* (Nueva York: HarperCollins, 2014).

13 Elon Musk, "Fast Cars and Rocket Ships", entrevista de Scott Pelley, *60 Minutes*, al aire el 30 de marzo de 2014 en CBS, https://www.cbsnews.com/news/tesla-and-spacex-elon-musks-industrial-empire

14 Catherine Clifford, "Elon Musk Always Thought SpaceX Would 'Fail' and He'd Lose His Paypal Millions", CNBC.com, 6 de marzo de 2019, https://www.cnbc.com/2019/03/06/elon-muskonspacexialways-thoughtwewould-fail.html

15 Rory Cellan-Jones, "Tesla Chief Elon Musk Says Apple Is Making an Electric Car", BBC, 11 de enero de 2016, https://www.bbc.com/news/technology-35280633

16 "Fast Cars and Rocket Ships", *60 Minutes*.

17 Elon Musk y Sam Altman, "Elon Musk on How to Build the Future", *YCombinator* (blog), 15 de septiembre de 2016, https://blog.ycombinator.com/elon-musk-on-how-to-build-the-future/

18   Paul Hoynes, "'Random Variation' Helps Trevor Bauer, Cleveland Indians Beat Houston Astros", Cleveland.com, 27 de abril de 2017, https://www.cleveland.com/tribe/2017/04/random_variation_helps_trevor.html

19   Alex Hooper, "Trevor Bauer's Random Variation Downs Twins Again", CBS Cleveland, 14 de mayo de 2017, https://cleveland.cbslocal.com/2017/05/14/trevor-bauers-random-variation-downs-twins-again/

20   Merritt Rohlfing, "Trevor Bauer's Homers Have Disappeared", *SB Nation* (blog), 26 de mayo de 2018, https://bit.ly/2RCg8Lb

21   Los estragos emocionales de las discrepancias son peores de lo que sugiere esta gráfica. Le tenemos aversión a perder, es decir, el dolor de la pérdida es mayor que el placer de una ganancia de relevancia similar. Por lo tanto, si no aprendes a esperar estas variantes, los puntos más bajos de la gráfica se sentirán aún más bajos de lo que son.

22   Zack Meisel, "Trevor Bauer Continues to Wonder When Lady Luck Will Befriend Him: Zack Meisel's Musings", Cleveland.com, junio de 2017, https://www.cleveland.com/tribe/2017/06/cleveland_indians_minnesota_tw_138.html

23   "Amazon CEO Jeff Bezos and Brother Mark Give a Rare Interview About Growing Up and Secrets to Success". Summit, 14 de noviembre de 2017. YouTube, https://www.youtube.com/watch? v= Hq89wYzOjfs

24   *Ibid.*

25   Nate Soares, "Come to Your Terms", Minding Our Way, 26 de octubre de 2015, http://mindingourway.com/cometoyour-terms/

Capítulo 9. Influir sin arrogancia

1   "Amazon's Source", *Time*, 27 de diciembre de 1999.

2   "Jeff Bezos in 1999 on Amazon's Plans Before the Dotcom Crash", CNBC, https://www.youtube.com/watch?v=GltlJO56S1g

3   Eugene Kim, "Jeff Bezos to Employees: 'One Day, Amazon Will Fail' But Our Job Is to Delay It as Long as Possible", CNBC, 15 de noviembre de 2018, https://www.cnbc.com/2018/11/15/bezos-tells-employees-one-day-amazon-will-fail-andtos-tay-hungry.html

4   Jason Nazar, "The 21 Principles of Persuasion", *Forbes*, 26 de marzo, 2013. www.forbes.com/sites/jazonnazar/2013/03/26/the-21-principles-of-persuasion

5   Mareo McCracken, "6 Simple Steps to Start Believing in Yourself (They'll Make

You a Better Leader)", *Inc.*, 5 de febrero de 2018, https://www.inc.com/mareo-mccracken/having-trouble-believinginyourself-that-means-your-leadershipissu-ffering.html

6 Ian Dunt, "Remain Should Push for an Election", politics.co.uk, 24 de octubre, 2019, www,politics.co.uk/blogs/2019/10/24/remain-should-push-for-an-election

7 Claude-Anne Lopez, *Mon Cher Papa: Franklin and the Ladies of Paris* (New Haven: Yale University Press, 1966).

8 Benjamin Franklin, *The Autobiography of Benjamin Franklin* (Nueva York: Henry Holt and Company, 1916), www.gutenberg.org/files/20203/20203h/20203h.htm

9 *Ibid.*

10 Maunsell B. Field, *Memories of Many Men and of Some Women: Being Personal Recollections of Emperors, Kings, Queens, Princes, Presidents, Statesmen, Authors, and Artists, at Home and Abroad, During the Last Thirty Years* (Londres: Sampson Low, Marston, Low & Searle, 1874), p. 280.

11 C. Anderson *et al.*, "A Status-Enhancement Account of Overconfidence", *Journal of Personality and Social Psychology* 103, núm. 4 (2012): 718-735, https://doi.org/10.1037/a0029395

12 M. B. Walker, "The Relative Importance of Verbal and Nonverbal Cues in the Expression of Confidence", *Australian Journal of Psychology* 29, núm. 1 (1977): 45-57, doi:10.1080/00049537708258726

13 Brad Stone, *The Everything Store: Jeff Bezos and the Age of Amazon* (Nueva York: Little, Brown & Company, 2013).

14 D. C. Blanch *et al.*, "Is It Good to Express Uncertainty to a Patient? Correlates and Consequences for Medical Students in a Standardized Patient Visit", *Patient Education and Counseling* 76, núm. 3 (2009): 302, doi:10.1016/j.pec.2009.06.002

15 E. P. Parsons *et al.*, "Reassurance Through Surveillance in the Face of Clinical Uncertainty: The Experience of Women at Risk of Familial Breast Cancer", *Health Expectations* 3, núm. 4 (2000): 263-73, doi:10.1046/j.1369-6513.2000.00097.x

16 "Jeff Bezos in 1999 on Amazon's Plans Before the Dotcom Crash".

17 Randall Kiser, *How Leading Lawyers Think* (Londres y Nueva York: Springer, 2011), p. 153.

18 Matthew Leitch, "How to Be Convincing When You Are Uncertain", Working in Uncertainty, http://www.workinginuncertainty.co.uk/convincing.shtml

19 Dorie Clark, "Want Venture Capital Funding? Here's How", *Forbes*, 24 de noviembre de 2012, https://www.forbes.com/sites/dorieclark/2012/11/24/want-venture-capital-funding-heres-how/#39dddb331197

[20] Stone, *The Everything Store*.
[21] "Jeff Bezos in 1999 on Amazon's Plans Before the Dotcom Crash".
[22] "Jeff Bezos 1997 Interview", grabada en junio de 1997 en la conferencia Special Libraries (SLA) en Seattle, Washington. Video de Richard Wiggans, https://www. youtube.com/watch? v= rWRbTnE1PEM
[23] Dan Richman, "Why This Early Amazon Investor Bet on Jeff Bezos' Vision, and How the Tech GiantCreated Its 'Flywheel'", *Geekwire*, 3 de enero de 2017, https:// www.geekwire.com/2017/early-amazon-investor-bet-jeff-bezos-vision-tech-giant-created-flywheel/

Capítulo 10. Cómo equivocarse

[1] Philip E. Tetlock y Dan Gardner, *Superforecasting: The Art and Science of Prediction* (Nueva York: Crown, 2015), p. 4. [Publicado en español como *Superpronosticadores: el arte y la ciencia de la predicción*, Buenos Aires: Katz Editores, 2016.]
[2] GJP también venció a los competidores afiliados a alguna universidad, como la Universidad de Michigan y el MIT, por un amplio margen, entre 30 y 50%, e incluso superó a analistas de inteligencia profesionales con acceso a información clasificado. Tras dos años, los resultados del GJP eran tan superiores a los de su competencia académica, que la IARPA se deshizo de los otros equipos. Tetlock y Gardner, *Superforecasting*, pp. 17-18.
[3] Jerry Taylor, "A Paid Climate Skeptic Switches Sides", entrevista de Indre Viskontas y Stevie Lepp, *Reckonings*, 31 de octubre de 2017, http://www.reckonings.show/epi sodes/17
[4] Philip E. Tetlock, *Expert Political Judgment: How Good Is It? How Can We Know?* (Princeton, Nueva Jersey: Princeton University Press, 2017), p. 132. [Publicado en español como *El juicio político de los expertos*, Madrid: Capitán Swing, 2016, traducción de Jorge Sola.]
[5] Desde luego, como vimos en el capítulo 6, incluso un pronosticador bien calibrado puede equivocarse, pese a sentirse seguro. Pero el pronosticador promedio es arrogante, es decir, se equivoca más de lo que cree.
[6] Tetlock y Gardner, *Superforecasting*.
[7] Aquí se emplea el puntaje de Brier para obtener la medida de error. La pendiente del puntaje de Brier de los superpronosticadores en el curso de un año (tras promediar el segundo y tercer año del torneo) fue de -0.26. Para los pronosticadores

regulares, la misma cifra fue 0.00. Mellers *et al.*, "Identifying and Cultivating Superforecasters as a Method of Improving Probabilistic Predictions", *Perspectives
on Psychological Science* 10, núm. 3 (2015): 270, tabla 1, doi:10.1177/17456916
15577794. Mellers *et al.* definen el puntaje de Brier como "la suma de las diferencias al cuadrado entre los pronósticos y la realidad (la realidad se representa: el suceso, 1 y lo demás, 0), de 0 (mejor) a 2 (peor). Supongamos que una pregunta tiene
dos posibles respuestas y un pronosticador predijo 0.75 de probabilidad de una de
ellas y 0.25 para la segunda. El puntaje Brier sería: (1-0.75)2 + (0-0.25)2=0.125".
("Identifying and Cultivating Superforecasters", p. 269).

[8] Bethany Brookshire, "I went viral*. I was wrong", BethanyBrookshire.com (blog),
29 de enero, 2018, https://bethanybrookshire.com/iwent-viraliwas-wrong/

[9] Scott Alexander, "Preschool: I was wrong", Slate Star Codex, 6 de noviembre de
2018, https://slatestarcodex.com/2018/11/06/preschooliwas-wrong/

[10] Buck Shlegeris, "'Other people are wrong' vs 'I am right'", Shlegeris.com (blog),
http://shlegeris.com/2019/02/22/wrong

[11] Devon Zuegel, "What Is This thing?" DevonZuegel.com (blog), https://devonzu
egel.com/page/whatisthis-thing

[12] Dylan Matthews, "This Is the Best News for America's Animals in Decades. It's
About Baby Chickens", *Vox*, 9 de junio de 2016, https://www.vox.com/2016/6/9/
11896096/eggs-chick-culling-ended

Capítulo 11. Acepta la confusión

[1] No es relevante que el mapache de la izquierda no tenga antifaz; éste es un rasgo
común entre los mapaches.

[2] Earl Warren, National Defense Migration Hearings: Part 29, San Francisco Hearings, February 1942, 11011, https://archive.org/details/nationaldefensem29unit

[3] Charles Darwin, carta para Asa Gray, 3 de abril de 1860, https://www.darwinpro
ject.ac.uk/letter/DCP-LETT-2743.xml

[4] Charles Darwin, *The Autobiography of Charles Darwin* (Nueva York: W. W. Norton & Company, 1958), p. 141.

[5] *Star Trek: The Original Series*, temporada 1, capítulo 16, "The Galileo Seven",
transmitida el 5 de enero de 1967 en NBC.

[6] Philip E. Tetlock. *Expert Political Judgment: How Good Is It? How Can We Know?*
(Princeton, Nueva Jersey: Princeton University Press, 2017), p. 134.

[7] Bruce Bueno de Mesquita, *The War Trap* (New Haven: Yale University Press, 1983).

[8] Deepak Malhotra y Max H. Bazerman, *Negotiation Genius: How to Overcome Obstacles and Achieve Brilliant Results at the Bargaining Table and Beyond* (Nueva York: Bantam Books, 2008), p. 261. [Publicado en español como *El negociador genial: cómo obtener grandes resultados en la mesa de negociación, y más allá*, Barcelona: Ediciones Urano, 2013.]

[9] Christopher Voss, *Never Split the Difference: Negotiating as if Your Life Depended on It* (Nueva York: HarperCollins, 2016), p. 232. [Publicado en español como *Rompe la barrera del no: 9 principios para negociar como si te fuera la vida en ello*, Madrid: Penguin Random House, 2016.]

[10] Todos los detalles históricos en esta sección de la investigación del ayuntamiento y del Hospital Homeopático de Londres provienen de Michael Emmans Dean, "Selective Suppression by the Medical Establishment of Unwelcome Research Findings: The Cholera Treatment Evaluation by the General Board of Health, London 1854", *Journal of the Royal Society of Medicine* 109, núm. 5 (2016): 200-205, doi:10.1177/0141076816645057

[11] Comentario de u/donnorama, "Whoops", 18 de junio, 2018, https://www.reddit.com/r/antiMLM/comments/8s1uua/whoops/

[12] Gary A. Klein, *Sources of Power: How People Make Decisions* (Cambridge: MIT Press, 2017), p. 276.

[13] M. S. Cohen, J. T., Freeman y B. Thompson, "Critical Thinking Skills in Tactical Decision Making: A Model and a Training Strategy", en J. A. Cannon-Bowers y E. Salas (eds.), *Making Decisions Under Stress: Implications for Individual and Team Training* (Washington, D.C.: American Psychological Association, 1998), 155-189, https://doi.org/10.1037/10278-006

[14] Sophia Lee, "Hindsight and Hope", *World*, 28 de enero de 2018, https://world.wng.org/2018/01/hindsight_and_hope

Capítulo 12. Sal de tu burbuja

[1] Rachael Previti, "I Watched Only Fox News for a Week and This Is What I 'Learned'", *Tough to Tame*, 18 de mayo de 2019, https://www.toughtotame.org/iwatched-only-fox-news-foraweek-and-heres-whatilearned

[2] Ron French, "A Conservative and Two Liberals Swapped News Feeds. It Didn't

End Well", *Bridge Magazine*, 6 de abril de 2017, https://www.bridgemi.com/quality-life/conservative-and-two-liberals-swapped-news-feedsitdidnt-end-well

3 Christopher A. Bail *et al.*, "Exposure to Opposing Views on Social Media Can Increase Political Polarization", *Proceedings of the National Academy of Sciences* 115, núm. 37 (2018): 9216-9221, doi:10.1073/pnas.1804840115

4 "Discuss Gender Equality", Reddit, https://www.reddit.com/r/FeMRADe bates/

5 Los derechos de los hombres es un movimiento que cree que la sociedad discrimina a los hombres. Sus miembros suelen ser hostiles con el feminismo.

6 proud-slut (usuario Reddit), comentario en "In Defense of Feelings and a Challenge for the MRAs", Reddit, 19 de enero de 2015, https://www.reddit.com/r/FeMRADe bates/comments/2sxlbk/in-defense-of-feelings-and-a-challenge-for-the/cntu4rq/

7 proud-slut (usuario Reddit), comentario en "You Don't Hate Feminism, You Just Don't Understand It", Reddit, 24 de julio de 2014, https://www.reddit.com/r/Fe MRADebates/comments/2bmtro/you-dont-hate-feminism-you-just-dont-un derstand-it/cj6z5er/

8 avantvernacular (usuario de Reddit), comentario en "Who has positively changed your view of a group from the opposite side on this sub?", Reddit, 29 de mayo de 2014, https://www.reddit.com/r/FeMRADebates/comments/26t0ic/who-has-posi tively-changed-your-view-of-a-group/chubl5t/

9 proud-slut (Reddit user), comentario en "I'm leaving", Reddit, 7 de agosto de 2014, https://www.reddit.com/r/FeMRADebates/comments/2cx56b/im-leaving/

10 Jerry Taylor, "A Paid Climate Skeptic Switches Sides", entrevista de Indre Viskontas y Stevie Lepp, *Reckonings*, 31 de octubre de 2017, http://www.reckonings.show/episodes/17

11 Jerry Taylor, "Episode 3: A Professional Climate Denier Changes His Mind", entrevista con Quin Emmett y Brian Colbert Kennedy, *Important Not Important*, podcast, https://www.importantnotimportant.com/episode3jerry-taylor-transcript

12 Doris Kearns Goodwin, *Team of Rivals: The Political Genius of Abraham Lincoln* (Nueva York: Simon & Schuster, 2005).

13 Cass R. Sunstein, *Going to Extremes: How Like Minds Unite and Divide* (Oxford: Oxford University Press, 2009), p. 29.

14 *Bill Moyers Journal*, transmitido el 1 de febrero de 2008 en PBS, http://www.pbs.org/moyers/journal/02012008/transcript1.html

15 "Lincoln put him in the Cabinet and then seems to have ignored him", en T. Harry Williams, "Review of Lincoln's Attorney General: Edward Bates of Missouri", *Civil War History* 12, núm. 1 (1966): 76, Project MUSE, doi:10.1353/cwh.1966.0034

16 Brian McGinty, *Lincoln and the Court* (Cambridge: Harvard University Press, 2008), p. 228.

17 Scott Alexander, "Talking Snakes: A Cautionary Tale", Less Wrong, 12 de marzo de 2009, https://www.lesswrong.com/posts/atcJqdhCxTZiJSxo2/talking-snakesac autionary-tale

18 Sarah McCammon, "Evangelical Writer Kisses an Old Idea Goodbye", NPR News, 17 de diciembre de 2018, https://www.npr.org/transcripts/671888011

Capítulo 13. Las creencias constituyen identidades

1 Courtney Jung, *Lactivism: How Feminists and Fundamentalists, Hippies and Yuppies, and Physicians and Politicians Made Breastfeeding Big Business and Bad Policy* (Nueva York: Basic Books, 2015), p. 19.

2 Kerry Reals, "Jamie Oliver, I Branded Myself a Failure Because of Pro-Breastfeeding Propaganda. Think Before You Speak", *The Independent*, 20 de marzo de 2016, https://www.independent.co.uk/voices/jamie-oliveribranded-myselfafailure-be causeofpro-breastfeeding-propaganda-think-before-you-a6942716.html

3 Glosswitch, "Our Regressive, Insensitive, and Cultish Attitudes Toward Breastfeeding", *New Statesman*, 11 de febrero, 2013, https://www.newstatesman.com/lifestyle/2013/02/our-regressive-insensitive-and-cultish-attitude-breastfeeding

4 Adriana1987, "Breastfeeding Propaganda", BabyCentre, 7 de marzo, 2017, https://community.babycentre.co.uk/post/a30582443/breastfeeding_propaganda

5 Eco Child's Play, "The Preemptive Strike on Breastfeeding", 18 de marzo de 2009, https://ecochildsplay.com/2009/03/18/the-preemptive-strike-on-breast feeding

6 Jung, *Lactivism*, p. 50.

7 "Breastfeeding vs. Bottle Debate Gets Ugly", ABC News, 21 de agosto de 2001, https://abcnews.go.com/GMA/story?id=126743& page=1

8 Lauren Lewis, "Dear 'Fed Is Best' Campaigners, Parents, and Internet Trolls", *Breastfeeding World* (blog), 14 de abril de 2017, http://breastfeedingworld.org/20 17/04/fedupwith-fedisbest/

9 Justin McCarthy, "Less Than Half in U.S. Would Vote for a Socialist for President", Gallup, 9 de mayo de 2019, https://news.gallup.com/poll/254120/less-half-vote-socialist-president.aspx

10 J. Paul Nyquist, *Prepare: Living Your Faith in an Increasingly Hostile Culture* (Chicago: Moody Publishers, 2015).

[11] Haley Swenson, "Breastfeed or Don't. You Do You", *Slate*, 30 de abril de 2018, https://slate.com/human-interest/2018/04/why-simply-giving-distressed-friends-permissiontoquit-breastfeeding-wasatotal-cop-out.html

[12] Stephanie Fairyington, "It's Time for Feminists to Stop Arguing About Breastfeeding and Fight for Better Formula", *The Observer*, 1 de septiembre de 2012, https://observer.com/2012/09/time-for-feministstostop-arguing-about-breastfeeding-and-fight-for-better-formula/

[13] Catskill Animal Sanctuary, "Optimism Is a Conscious Choice", https://casa nctuary.org/optimismisaconscious-choice/

[14] Morgan Housel, "Why Does Pessimism Sound So Smart?", *The Motley Fool*, 21 de enero de 2016, https://www.fool.com/investing/general/2016/01/21/why-does-pessimism-soundsosmart.aspx

[15] P. R. Freeman y A. O'Hagan, "Thomas Bayes's Army [The Battle Hymn of Las Fuentes]", en *The Bayesian Songbook*, edición de Bradley P. Carlin (2006), p. 37, https://mafiadoc.com/the-bayesian-songbook-universityofminnesota_5a0ccb29 1723ddeab4f385aa.html

[16] "Breathing Some Fresh Air Outside of the Bayesian Church", *The Bayesian Kitchen* (blog), http://bayesiancook.blogspot.com/2013/12/breathing-some-fresh-air-out side-of.html

[17] Sharon Bertsch McGrayne, "The Theory That Will Never Die", talk given at Bayes 250 Day, reimpreso en *Statistics Views*, 17 de febrero de 2014, https://www.statis ticsviews.com/details/feature/5859221/The-Theory-That-Will-Never-Die.html

[18] Deborah Mayo, "Frequentists in Exile", *Error Statistics Philosophy* (blog), https://errorstatistics.com/about2/

[19] Randall Munroe, "Frequentists vs. Bayesians", *XKCD* #1132, https://xkcd.com/1132

[20] Phil, comentario en Andrew Gelman, "I Don't Like This Cartoon", *Statistical Modeling, Causal Inference, and Social Science* (blog), 10 de noviembre de 2012, https://statmodeling.stat.columbia.edu/2012/11/10/16808/#comment-109389

[21] "This is what makes science so damn wonderful", I Fucking Love Science (grupo), https://www.facebook.com/IFuckingLoveScience/posts/2804651909555802? comment_id= 2804656062888720& reply_comment_id= 2804664182887908

[22] Amy Sullivan, "The Unapologetic Case for Formula-Feeding", *New Republic*, 31 de julio de 2012, https://newrepublic.com/article/105638/amy-sullivan-unapologe tic-case-formula-feeding

[23] Suzanne Barston, *Fearless Formula Feeder*, http://www.fearlessformulafeeder.com/

[24] Megan McArdle, "How to Win Friends and Influence Refugee Policy", *Bloomberg Opinion*, 20 de noviembre de 2015. https://www.bloomberg.com/opinion/artic les/20151120/six-bad-arguments-forustotakeinsyrian-refugees

[25] Stephanie Lee Demetreon, "You Aren't a Feminist If...", *Odyssey*, 3 de abril de 2017, https://www.theodysseyonline.com/youre-not-really-feminist

[26] DoubleX Staff, "Let Me Tell You What the Word Means", *Slate*, 7 de octubre de 2010, https://slate.com/human-interest/2010/10/letmetell-you-what-the-word-me ans.html

[27] Kris Wilson, *Cyanide and Happiness* #3557, 14 de mayo de 2014, http://explosm. net/comics/3557/

[28] saratiara2, post #9 en "Anyone CFBC and Change Their Mind?", WeddingBee, marzo de 2014, https://boards.weddingbee.com/topic/anyone-cfbc-and-change- their-mind/

[29] Jung, *Lactivism*, capítulo 7.

Capítulo 14. Tómate tu identidad a la ligera

[1] Paul Graham, "Keep Your Identity Small", publicación de blog, febrero de 2009, http://www.paulgraham.com/identity.html

[2] Mencioné este movimiento en el capítulo 12. Emplea la razón y la evidencia para encontrar las mejores estrategias para hacer el bien.

[3] Lindy West, "My Ten Favorite Kinds of Right-Wing Temper Tantrums", *Jezebel*, 8 de noviembre de 2012, https://jezebel.com/myten-favorite-kindsofright-wing-tem per-tantrums-5958966

[4] Jeffrey J. Volle, *The Political Legacies of Barry Goldwater and George McGovern: Shifting Party Paradigms* (Nueva York: Palgrave Macmillan, 2010), p. 8.

[5] Godfrey Sperling, "Goldwater's Nonpartisan Brand of Honesty", *Christian Science Monitor*, 9 de junio de 1998, https://www.csmonitor.com/1998/0609/060998.opin. column.1.html

[6] Peter Grier, "Richard Nixon's Resignation: The Day Before, a Moment of Truth", *Christian Science Monitor*, 7 de agosto de 2014, https://www.csmonitor.com/USA/Politics/ Decoder/2014/0807/Richard-Nixonsresignation-the-day-before-a-moment-of-truth

[7] Godfrey Sperling, "Goldwater's Nonpartisan Brand of Honesty", *Christian Science Monitor*, 9 de junio de 1998, https://www.csmonitor.com/1998/0609/060998.opin. column.1.html

[8] Bart Barnes, "Barry Goldwater, GOP Hero, Dies", *Washington Post*, 30 de mayo de 1998, https://www.washingtonpost.com/wpsrv/politics/daily/may98/goldwater30.htm

[9] Lloyd Grove, "Barry Goldwater's Left Turn", *Washington Post*, 28 de julio de 1994. https://www.washingtonpost.com/wpsrv/politics/daily/may98/goldwater072894.htm

[10] Timothy Egan, "Goldwater Defending Clinton; Conservatives Feeling Faint", *The New York Times*, 24 de marzo de 1994, https://nyti.ms/2F7vznS

[11] Egan, "Goldwater Defending Clinton".

[12] Bryan Caplan, "The Ideological Turing Test", *Library of Economics and Liberty*, 20 de junio de 2011, https://www.econlib.org/archives/2011/06/the_ideological.html

[13] Incluye los intentos de los propios defensores de la prueba. Alguna vez alguien mencionó lo importante que es pasar una prueba ideológica de Turing y, al final, señalar: "Claro que muchos no quieren hacerla porque temen cambiar de opinión". No me parece el motivo que tendría cualquier persona para no realizar la prueba.

[14] Erin K. L. G., "In Which I Tell Conservatives I Understand Them Because I Used to Be One", *Offbeat Home & Life*, 14 de enero de 2019, https://offbeathome.com/iusedtobeconservative/

[15] Chez Pazienza, "Kristin Cavallari Is a Sh*tty Parent Because She Refuses to Vaccinate Her Kids", *Daily Banter*, 14 de marzo de 2014, https://thedailybanter.com/2014/03/kristin-cavallariisashtty-parent-because-she-refusestovaccinate-her-kids/

[16] Ben Cohen, "A Quick Guide to Vaccines for Morons and Celebrities", *Daily Banter*, 18 de marzo de 2014, https://thedailybanter.com/2014/03/aquick-guidetovaccines-for-morons-and-celebrities

[17] Megan McArdle, "How to Win Friends and Influence Refugee Policy", *Bloomberg*, 20 de noviembre de 2015, https://www.bloomberg.com/opinion/articles/20151120/six-bad-arguments-forustotakeinsyrian-refugees

[18] Adam Mongrain, "I Thought All Anti-Vaxxers Were Idiots. Then I Married One", *Vox*, 4 de septiembre de 2015, https://www.vox.com/2015/9/4/9252489/anti-vaxx-wife

[19] Julia Belluz, "How Anti-Vaxxers Have Scared the Media Away from Covering Vaccine Side Effects", *Vox*, 27 de julio de 2015, https://www.vox.com/2015/7/27/9047819/H1N1-pandemic-narcolepsy-Pandemrix

[20] David Barr, "The Boston AIDS Conference That Never Was—And Other Grim

Tales", Treatment Action Group, January/February 2003, http://www.treatment
actiongroup.org/tagline/2003/january-february/necessary-diversions

21 David France, *How to Survive a Plague: The Inside Story of How Citizens and
Science Tamed AIDS* (Nueva York: Knopf Doubleday Publishing Group, 2016),
pp. 355-356.

22 Mark Harrington, interview by Sarah Schulman, *ActUp Oral History Project*, 8 de
marzo de 2003, 46, http://www.actuporalhistory.org/interviews/images/harring
ton.pdf

23 Steven Epstein, *Impure Science: AIDS, Activism, and the Politics of Knowledge*
(Berkeley: University of California Press, 1996).

24 France, *How to Survive a Plague*, p. 507.

Capítulo 15. Una identidad centinela

1 Susan Blackmore, "Why I Had to Change My Mind", en Richard Gross (ed.),
Psychology: The Science of Mind and Behaviour, 6ª ed, (Londres: Hodder Education, 2010), pp. 86-87. Earlier draft via https://www.susanblackmore.uk/chapters/
whyihadtochangemymind/

2 Ruth Graham, "Hello *Goodbye*", *Slate*, 23 de agosto de 2016, https://slate.com/
human-interest/2016/08/ikissed-dating-goodbye-authorismaybe-kindofsorry.
html

3 Josh Harris, "3 Reasons I'm Reevaluating *I Kissed Dating Goodbye*", True LoveDa-
tes.com, 1 de agosto de 2017, https://truelovedates.com/3reasonsimreevaluatingi
kissed-dating-goodbyebyjoshua-harris/

4 Josh Harris, "A Statement on *I Kissed Dating Goodbye*", blog post, https://joshha
rris.com/statement/

5 Jerry Taylor, "A Paid Climate Skeptic Switches Sides", entrevista de Indre Viskontas y Stevie Lepp, *Reckonings*, 31 de octubre de 2017, http://www.reckonings.
show/episodes/17

6 Holden Karnofsky, "Three Key Issues I've Changed My Mind About", Open Phi-
lanthropy Project (blog), 6 de septiembre de 2016, https://www.openphilan thro
py.org/blog/three-key-issues-ive-changedmymind-about

7 Ben Kuhn, "A Critique of Effective Altruism", *Less Wrong* (blog), 2 de diciembre de
2013, https://www.lesswrong.com/posts/E3beR7bQ723kkNHpA/acritiqueofeffec
tive-altruism

8   Vitalik Buterin (@vitalikButerin), en Twitter, 21 de junio de 2017, https://twitter.
    com/VitalikButerin/status/877690786971754496

9   vbuterin (usuario de Reddit), comentario en "We Need to Think of Ways to In-
    crease ETH Adoption", Reddit, 21 de abril de 2016, https://www.reddit.com/r/
    ethtrader/comments/4fql5n/we_need_to_think_of_ways_to_increase_eth_adop
    tion/d2bh4xz/

10 vbuterin (Reddit user), comentario en "Vitalik drops the mic on r/btc", Reddit, 5 de
    julio de 2017, https://www.reddit.com/r/ethtrader/comments/6lgf0l/vitalik_drops_
    the_mic_on_rbtc/dju1y8q/

11 La delta es una letra griega que se usa en las matemáticas para expresar un cambio
    gradual.

12 phileconomicus (usuario de Reddit), comentario sobre "CMV: Mass shootings are
    a poor justification for gun control", Reddit, 7 de agosto de 2019, https://www.
    reddit.com/r/changemyview/comments/cn7td1/cmv_mass_shootings_are_a_
    poor_justification_for/ew8b47n/? context= 3

13 pixeldigits (usuario de Reddit), comentario en "CMV: Companies having my per-
    sonal data is not a big deal", Reddit, 7 de septiembre de 2018, https://www.reddit.
    com/r/changemyview/comments/9dxxra/cmv_companies_having_my_perso
    nal_data_is_not_a/e5mkdv7/

14 shivux (usuario de Reddit), comentario en "CMV: The U.S. is doing nothing wrong
    by detaining and deporting illegal immigrants", Reddit, 24 de julio de 2019, https://
    www.reddit.com/r/changemyview/comments/ch7s90/cmv_the_us_is_doing_
    nothing_wrong_by_detaining/eus4tj3/

15 Luke Muehlhauser, "I apologize for my 'Sexy Scientists' post", Common Sense
    Atheism, 22 de julio de 2010, http://commonsenseatheism.com/? p= 10389

16 Julian Sanchez, "Nozick", blog post, 24 de enero de 2003, http://www.juliansan
    chez.com/2003/01/24/nozick/

17 Steven Callahan, Adrift (Nueva York: Houghton Mifflin, 1986), loc. 563 de 2977,
    Kindle.

18 Richard Dawkins, The God Delusion (Nueva York: Houghton Mifflin Harcourt,
    2006), p. 320.

Anexo A

[1] *Star Trek: The Original Series*, temporada 1, capítulo 8, "Miri", transmitido el 27 de octubre de 1966 en NBC.

[2] *Star Trek: The Original Series*, temporada 1, capítulo 14, "Balance of Terror", transmitido el 15 de diciembre de 1966 en NBC.

[3] *Star Trek: The Original Series*, temporada 1, capítulo 16, "The Galileo Seven", transmitido el 5 de enero de 1967 en NBC.

[4] *Star Trek: The Original Series*, "The Galileo Seven".

[5] *Star Trek: The Original Series*, temporada 1, capítulo 20, "Court Martial", transmitido el 2 de febrero de 1967 en NBC.

[6] *Star Trek: The Original Series*, temporada 1, capítulo 24, "This Side of Paradise", transmitido el 2 de marzo de 1967 en NBC.

[7] *Star Trek: The Original Series*, "This Side of Paradise.

[8] *Star Trek: The Original Series*, temporada 1, capítulo 25, "The Devil in the Dark", transmitido el 9 de marzo de 1967 en NBC.

[9] *Star Trek: The Original Series*, temporada 1, capítulo 26, "Errand of Mercy", transmitido el 23 de marzo de 1967 en NBC.

[10] *Star Trek: The Original Series*, "Errand of Mercy".

[11] *Star Trek: The Original Series*, temporada 2, capítulo 6, "The Doomsday Machine", transmitido el 20 de octubre de 1967 en NBC.

[12] *Star Trek: The Original Series*, temporada 2, capítulo 11, "Friday's Child", transmitido el 1 de diciembre de 1967 en NBC.

[13] *Star Trek: The Original Series*, temporada 2, capítulo 16, "The Gamesters of Triskelion", transmitido el 5 de enero de 1968 en NBC.

[14] *Star Trek: The Original Series*, temporada 2, capítulo 18, "The Immunity Syndrome", transmitido el 19 de enero de 1968 en NBC.

[15] *Star Trek: The Original Series*, temporada 2, capítulo 22, "By Any Other Name", transmitido el 23 de febrero de 1968 en NBC.

[16] *Star Trek: The Original Series*, temporada 3, capítulo 3, "The Paradise Syndrome", transmitido el 4 de octubre de 1968 en NBC.

[17] *Star Trek: The Animated Series*, temporada 1, capítulo 1, "Beyond the Furthest Star", transmitido el 8 de septiembre de 1973 en NBC.

[18] *Star Trek: The Animated Series*, temporada 1, capítulo 4, "The Lorelei Signal", transmitido el 29 de septiembre de 1973 en NBC.

[19] *Star Trek: The Animated Series*, temporada 1, capítulo 10, "Mudd's Passion", transmitido el 10 de noviembre de 1973 en NBC.

[20] *Star Trek: The Animated Series*, temporada 1, capítulo 16, "The Jihad", transmitido el 12 de enero de 1974 en NBC.

[21] *Star Trek: The Animated Series*, "The Jihad".

[22] *Star Trek: The Animated Series*, temporada 2, capítulo 3, "The Practical Joker", transmitido el 21 de septiembre de 1974 en NBC.

[23] *Star Trek Beyond*, dirigida por Justin Lin (Hollywood, CA: Paramount Pictures, 2016).

ÍNDICE ANALÍTICO

Esta obra se imprimió y encuadernó
en el mes de marzo de 2022,
en los talleres de Impregráfica Digital, S.A. de C.V.,
Av. Coyoacán 100–D, Col. Del Valle Norte,
C.P. 03103, Benito Juárez, Ciudad de México.